SMALL TRAUMAS

TINY TRAUMAS:
When You Don't Know
What's Wrong,
But Nothing Feels Quite Right

# なぜか「なんとなく生きづらい」の正体

メグ・アロール
心理学者

野中香方子 訳

河出書房新社

人生の過程には必ず凹凸があります。
薄い紙で指を切ったようなその傷は、気づかないうちに心の奥深くに蓄積され、
クレジットカードの利子のように増えていきます。

積もりに積もったそれらはやがて、疲労、不安、自信のなさなどを引き起こし、
あなたの人生に決定的な影響を与えてしまうのです。

本書では、この〝ごく小さな心の傷〟＝〝スモール・トラウマ〟に対処することで、
本来のあなたに見合った人生を取り戻す方法を示します。

CONTENTS

はじめに 8

Chapter 1
スモール・トラウマはなぜ重要なのか？ 14

Chapter 2
「いつまでも幸せに暮らしました」という幻想
——幸福感とスモール・トラウマ 48

Chapter 3
心地よい麻痺
——無感情とスモール・トラウマ 70

Chapter 4
生まれながらにストレスフル
――ストレス／不安とスモール・トラウマ　94

Chapter 5
完璧主義のパラドックス
――完璧主義／先延ばしとスモール・トラウマ　123

Chapter 6
見かけ倒し？
――自己不信とスモール・トラウマ　147

Chapter 7
心をすり減らしながら食べる
――食事とスモール・トラウマ
170

Chapter 8
愛は何のために
――愛情とスモール・トラウマ
191

Chapter 9
眠れば、たぶん夢を見る
――睡眠とスモール・トラウマ
218

Chapter 10
人生の過渡期
――ライフステージとスモール・トラウマ 244

Chapter 11
深淵に飛びこもう
――人生のためのスモール・トラウマ処方箋 268

謝辞 295

注釈 i

# はじめに

何かが、物足りない。

深刻に悩んでいるわけではない。ただ、うまく表現できないけれど……自分は十分評価されていないし、十分愛されていないように感じる。家庭に大きな不満はなく、仕事にもそこそこ満足（仕事とはそういうもの）。友人もいるし、あたたかな住まいがあり、日々の食卓には食べ物が並ぶ。つまり、生きるために必要なことが満たされているかという点では、十分なはず。それなのに、ただなんとなく……幸せを感じられない。「幸せな人生を送りましょう」と、親から教師、友人、職場に至るまで、社会のありとあらゆるものが、私たちに訴えかけているのに。

こんなふうに感じるとき、あなたの人生にそれほど悪いことは起きていないかもしれない。けれども、「何か」が起きているのは確かです。「些細なことを気にするな」とはよく言われますが、**些細なことこそ、心の中の空洞を徐々に広げていきます**。ＳＮＳに載っている他の人たちの完璧に幸せそうな人生を前に、その空洞は憂鬱で不安な火花を放ち続けるのです。

私のクライアントの大半は、深刻なトラウマとは縁のない人生を送ってきました。虐待は受けていないし、戦争地域で暮らしたわけでも、幼くして親を亡くしたわけでもありません。けれども誰の人生にも小さな凸凹はつきもので、それらは着実に傷跡を残していきます。そうした小さな傷は、「心を穏やかに保って、日々の生活を続けなさい」という社会規範の影に隠れて、クレジットカードの利子のように、知らない間に蓄積していくのです。

心の中に積もったこの沈泥《シルト》は、最終的に幸福感に強い影響を与えます。現時点ではすべてを破壊するほどではないとしても、多くの人はその重力に引かれて、疲労や不安、自信喪失に陥っていきます。放っておくと、やがて心身の健康が損なわれます。**些細なこと、すなわち小さなトラウマを無視してはいけないのです。**

愛する人の死、離婚、体の損傷や疾患といった大きなトラウマは、不安障害やうつなどの精神疾患につながることがわかっています。そして幸いなことに多くの人は、大きなトラウマ、少なくとも精神疾患につながるようなトラウマや虐待を経験することなく暮らしています。

しかし実のところ、私が日々診察室で目にする不調の原因は、大きなトラウマではありません。むしろ、親子の不和、ライバルによる嫌がらせ、頻繁な（転校や転職をともなう）引っ越し、成果主義、金銭のやりくりの苦労、といった小さなトラウマが不調を引き起こしているのです。それらのせいでクライアントは無力感やうんざりした気分に囚われ、中には高機能不安症や過度の完璧主義に陥ってしまう人もいます。

もっとも、そうした症状は、かかりつけ医が病気として認めて治療するようなものではありません。医学書に書かれている診断基準には当てはまらないし、医師が「この1年の間に、何か不幸な出来事がありましたか」と尋ねても、答えはおそらく「いいえ」でしょう。こうして人々は、「**深刻な病気ではないけれど、気力の湧かない日々**」に取り残されます。そうなるのは、ひそかに蓄積する小さなトラウマのせいだということを、彼らは知りません。

このかなりよく見られる現象には、日常的でわかりやすい言葉がふさわしいので、本書では「**スモール・トラウマ**」と呼ぶことにします。人生を価値あるものにするのは小さな出来事ですが、私たちの活力や輝きや可能性を奪っているのも日々の小さな出来事なのです。このスモール・トラウマに気づくことができれば、それを利用して心の免疫力を高め、将来、大きなトラウマに見舞われても、その破壊的影響から自分を守ることができるはずです。

あなたにはそうする力があります。あなたならきっとできます。思っている以上に、あなたにはその力があるのです。**本書を読み終える頃には自分の力を信じられるようになっているでしょうし、日々の不安と苛だちは消えているでしょう。**私の言葉を信じてください。私は心理学者ですが、あなたが想像しているような「学者」ではありません。診察室に長椅子はないし、髭をはやしておらず、偉そうに頷いたりもしません。だからあなたは、過去の経験や過ち、ネガティブな思考を恥じる必要はないのです。

本書には、20年を超える私自身の研究と診療の経験から真実だとわかっていることだけを書きました。私の診察室を訪れた人は、一人残らず何らかのスモール・トラウマを経験していました。スモール・トラウマの事例は数えきれないほどありますが、本書では私が特定したスモール・トラウマの症状を紹介しましょう。「症状」と呼ぶのは、それらは医学的に定義されたものではないけれど、人々への影響に共通のパターンが見られるからです。

あなたはこれらの症状の1つかそれ以上に馴染みがあり、悩んでいるのは自分だけだと思っているかもしれません。けれども、今、知っておいてほしいのは、**これらの症状はこの社会に蔓延している**ということです。医学的に定義できるものではないので、どれほど多くの人が同じ症状に悩まされているかを、正確な割合や数字でお伝えすることはできませんが、私の経験と観察から、これだけは断言できます。もしあなたがスモール・トラウマを経験していなくても、あなたにきわめて近い人が経験しているはずなのです。

スモール・トラウマの症状には、軽度のパニック、継続的な気分の落ち込み、さらには、不眠症や体重増加、慢性疲労などの健康問題が含まれます。本書ではこれらの症状を見ていきながら、それぞれの問題に取り組むための実践的で具体的な方法をお教えしましょう。人生の主導権を取り戻し、二度とスモール・トラウマの奴隷にならないようにするためです。今日、心理療法を受けるのは容易なことではありませんが、読書療法によって症状が軽減することが研究によってわかっています。今あなたが本書を読みながら行っているのは、まさに読書療法なのです。

人生には厄介な問題が付きものですが、それらの扱いはできるだけシンプルにしておきましょう。そのために本書では、私が考案した**3ステップの方法**「**AAAアプローチ**」を活用します。

## AAAアプローチ

**ステップ1　気づき**（**Awareness**）

あなた自身のスモール・トラウマと、それが経験にどう影響しているかに「気づき」、人生のコントロールを取り戻しましょう。

**ステップ2　受容**（**Acceptance**）

これは往々にしてプロセスのうちで最も困難な段階で、多くの人がこの段階でつまずくのを私は見てきました。けれども、「受容」しなければ、スモール・トラウマはあなたの人生に強く影響し続けるでしょう。

**ステップ3　行動**（**Action**）

「受容」だけで終わらず、「行動」を起こし、望む生活を積極的に築いていきましょう。

初めのうち、少なくともこのプロセスをよく理解するまでは、この3つのステップを順番通りに行うことが大切です。クライアントが結果を急いで、いきなりステップ3の「行動」に進むのを、私はしばしば見てきましたが、それは傷口を洗わないまま絆創膏を貼るようなものです。そんなことをしたら、泥や砂が閉じ込められて感染症を引き起こし、いっそう深刻な事態を招きます。また、**まずスモール・トラウマに「気づき」、それが人生に及ぼしている影響を「受容する」というステップを踏まなければ、「行動」の効果はすぐ消えてしまうのです。**

これまで心理療法やセルフヘルプのテクニックを幅広く試してきた人の中には、「気づき」は十分できても、それに続く「受容」の段階を飛ばして、「行動」に走る人がいます。これはその人が悪いわけではありません。私たちはスピーディで、結果をすぐ得ようとする社会に生きているので、多くの人は、2分でできてTikTokに投稿できるような安直な解決策を望みがちなのです。**AAAアプローチは時間がかかりすぎると思えるかもしれませんが、慣れるに従って容易になり、やがて完全に習得できるでしょう。**

始める前に注意事項をもう1つ述べておきましょう。「どのくらい時間がかかりますか?」と、私はよく尋ねられますが、答えは「人それぞれ」です。体の病気の治療に時間がかかるように、感情と心理が回復するには、そのためのスペースと時間が必要とされます。スモール・トラウマがもたらした傷が深く大きければ、それだけ回復までに多くの作業が求められます。その作業は言うなれば「努力」であり、そうする価値があることを私は保証します。**あなたの人生には努力するだけの価値があるのです。**

その途上で厳しい現実に直面することもあるでしょうが、あきらめてはいけません。スモール・トラウマを経験したことはあなたの責任ではありませんが、それをどうにかできるのは、あなただけなのです。そしてすでにあなたは困難に取り組むための大切な一歩を踏み出しました。同じように困難と闘っている人々を私は毎週目の当たりにしています。あなたも私たちと共に、この旅を始めましょう。

第1章では、AAAアプローチを始めるにあたって、スモール・トラウマとは何なのか、なぜ重要な意味を持つのかについて、もう少し詳しく掘り下げましょう。

Chapter 1

# スモール・トラウマはなぜ重要なのか？

この章では次の項目について掘り下げます：

◎トラウマは心身の健康にどう影響するか
◎大きなトラウマとスモール・トラウマの違い
◎数も種類も多いスモール・トラウマの源
◎心の免疫システム
◎どうすればスモール・トラウマを心の抗体にできるか

誰もが知っている通り、人生におけるありとあらゆる経験が私たちを形作っています。本章では大きなトラウマとスモール・トラウマの違いを見ていきます。その2つを定義しておけば、多くの人が長い年月をなんとなく嫌な気分で過ごしている理由が見えてくるでしょう。また本章では、スモール・トラウマの原因について実例を挙げながら見ていきます。この種の心理的ダメージは、日常の風景に隠れていて、見つけにくいのですが、実のところ、まさにそれが、スモール・トラウマが有害である理由の1つなのです。

心理学は比較的新しい学問分野であり、堅牢な研究が行われるようになったのは、ほんの一世紀ほど前からなので、この分野がスモール・トラウマを理解するまでに少々時間がかかったことを、お許しください。本章ではまず、心理学の現場で何が起きているかを見て、専門家の研究と調査が人々の生活をどのように反映しているかを確認しましょう。あなたも自らの事例をハッシュタグ#スモール・トラウマで共有すれば、他の人の孤独感を薄め、エビデンスを増やすことができます。さあ、スタートしましょう。

## 大きなトラウマと健康

比較的最近まで、研究者や心理学者は、人生に起きる重大でネガティブな出来事に関心を寄せがちでした。それらは急性の精神疾患をもたらし、専門家の助けが必要とされるので、当然と言えるでしょう。その精神疾患には、大うつ、全般性不安障害、心的外傷後ストレス障害など、精神医療のバイブル『精神疾患の分類と診断の手引』（DSM）に記された、命に関わる（あるいは命に関わるほど辛い）疾患が含まれます。

実際、DSMにリストアップされた状況――心身の健康に影響する恐ろしい状況――の多くは、大きなトラウマと呼べるものです。交戦地帯での体験、幼少期の性的・身体的・感情的虐待、レイプや性的被害、火事や、地震・竜巻・台風などの自然災害に巻き込まれること、あるいは強盗やテロなどの暴力行為を受けたこと、これらはすべて大きなトラウマになります。

最新のDSM第5版（DSM－5）には、157件にのぼる診断可能な疾患が記されています。その数は、1952年にこの大きな重い本が初めて出版されたときの1・5倍です。それが意味するのは、私たちがメンタルヘルスの問題をより多く抱えるようになったということでしょうか。いくらかはそうでしょう。けれども主な原因は、私たちが人生における経験や苦しみをより正確に認識・定義できるようになったからなのです。そして今では、大きなトラウマ以外の一般的な出来事も、感情や機能の問題を引き起こし得るということが、認識されつつあります。

## 大半の人がいつかは経験するメジャー・ライフイベント

幸い、私たちの多くは、大きなトラウマになるような深刻な出来事を経験しませんが、誰でもいつかは愛する人を失うでしょうし、少なからぬ人が離婚を経験します。また、喜ばしいはずの出来事（出産、結婚、クリスマスさえも）が強いストレスを感じさせることもあります。精神科医のトーマス・ホームズとリチャード・レイはそれらを「メジャー・ライフイベント」と名づけました。

彼らは5000件を超える治療記録に目を通し、何らかの出来事がもたらした強いストレスが、後の健康問題と関連しているかどうかを調べました。最も強いトラウマになる出来事（配偶者の死）から、軽い法律違反のようにそれほど重大でないけれどもストレスになる出来事（多くの人は、交通違反の罰金を払った経験があるでしょう）までをリストアップし、それぞれの「点数」、すなわち「人生を変える度数」を評価しました。その結果、個々の出来事の点数の高さ（つまり、深刻さ）と、そうした出来事が年間に起きた回数が、健康問題の重要な指標になっているように思えました。そこで彼らは、患者の「人生を変える度数」を合計し、300点以上だと病気になるリスクがきわめて高く、299点以下150点以上ならそのリスクは中程度、150点未満ならリスクはわずかだと結論づけました（注1）。

つまり、人生における経験のいくつかは心身の健康問題につながりやすく、とりわけ短期間に連続して起きた場合は、健康を危険にさらす可能性が高いということです。けれども、これが話のすべてではありません。ホームズとレイの理論を裏づける研究は多いものの、いくつかの研究では、度数の合計が基準値に達していなくても健康を害した人が何人もいることが確認されました。なぜ、メジャー・ライフイベントはある人には害になり、他の人には害にならないのでしょうか。ここで舞台に登場するのがスモール・トラウマです。

## スモール・トラウマというミッシングリンク

私は、研究者としてのキャリアをスタートさせた頃、「慢性疾患研究チーム」に所属し、あらゆる種類の疾患とそれらが患者に及ぼす影響について研究していました。私が本を書くようになったのは、このときの経験がきっかけです。「身体疾患の心理学」という私たちの講座を受講する学生たちには、長期的な健康問題を抱えていたり、落ち込みや不安を感じていたりする人が少なからずいたのです。それは心理学科の3年生にとって、珍しいことではありませんでした。

このような状況を知って、私は同僚と共に本を書き始めました。退屈な学術雑誌に載せる論文ではなく、一般向けの本です。その過程で私は、深刻な大きなトラウマも、研究者が話題にするメジャー・ライフイベントも、自分たちが研究している多くの症状を説明できないことに気づいたのです。スモール・トラウマのことは、心理学者フランシーン・シャピロの研究を読んで知っていました。現在、シャピロはEMDR（眼球運動による脱感作と再処理法）の開発者として知られていますが、彼女はトラウマの概念を拡大し、大きなトラウマやメジャー・ライフイベントだけでなく、**多くの人がしばしば経験する小さなトラウマ**も含めるようにしました。小さなトラウマとは、たとえば、心理的ネグレクト、無関心、社会的な屈辱、家族の問題などです。**これらの小さな打撃が長期的には心や体の問題につながること**を、シャピロは研究と診療を通じて知ったのでした。

この種のトラウマは「リトルt」と呼ばれていますが、私はそれを「スモール・トラウマ」と名づけました。この本でもその表現を用いましょう。もっとも、リトルtであれスモール・トラウマであれ、アカデミックなデータベースで見つけるのは難しく、研究論文や臨床報告はもとより、一般書にさえ「小さな、わずかな、ちっぽけなトラウマ」は載っていません。多くの重要なテーマと同様に、それは無視され、軽視され、うやむやにされてきたのです。

このテーマに関して、私が見つけた一本の論文は、過敏性腸症候群（IBS）を抱える人々の大きなトラウマとスモール・トラウマについて考察していました。私はおなじみの結論を予想しました。つまり、トラウマが大きいほど症状は重くなり、患者の生活により深刻な影響をもたらすと考えたのです。

けれども、予想に反して、IBSの症状の重さにつながるのは、大きなトラウマやメジャー・ライフイベントではなく、スモール・トラウマの方でした（注2）。激しい虐待やネグレクトを経験した人より、親が冷淡だったりよそよそしかったりした人の方が、IBSになりやすかったのです。この発見には驚かされ、頭の中で花火が上がったような気がしました。**スモール・トラウマはただ重要なだけではないのです。こうした患者にとっては、大きなトラウマよりもっと重要なのです！**

このひらめきのせいで、私はスモール・トラウマに心を奪われ、周囲の学生や後に治療にあたった患者たちに見られる多くの問題はスモール・トラウマで説明できるのではないかと考えるようになりました。

DSM−5には診断可能な疾患が157件、記載されていますが、メンタルの疾患のすべてをカバーしているわけではありません。また、私のクリニックを訪れる人の大半は、特定の疾患のチェックリストを満たしてはいません。それが意味するのは、その人たちは助けを必要としていない、あるいは、助けるに値しないということでしょうか？　私は声を大にして「ノー」と言います。

私たちはまだ問題の表面をひっかいたにすぎません。どの学問分野でもそうですが、最初にスポットライトがあたるのは最も明白で深刻な事例です。そして科学の分野では、それに続いて、あまり目立たないけれど、注目に値する研究にも光があたるようになるのです。

## 人生は航海のようなもの

それほど重大でない出来事が大きな影響をもたらすことを説明するために、私はよく次の比喩を用います。あなたの人生が船だとしましょう。あなたは何年も航海を続けています。時がたつうちに、船はいくつか岩にぶつかるでしょう。激しい嵐も経験し、魚に船底をかじられたりもします。そうした小さな傷は、特に問題ではありません。あなたがそれらの傷に気づき、修理する道具を持っている場合はなおさらです。けれども、船の舵取りは忙しく、とりわけ嵐の中を進んでいるときには、ひび割れに気づかないこともあるでしょう。**通常、問題が生じて、**（**たとえば、原因はわからないけれど、船のスピードが落ちて**）**初めてあなたは自分が窮地に立たされていることを知るのです。**これがスモール・トラウマの仕組みです。

## スモール・トラウマを理解するまでの旅

私はこのたとえを心に留めて、スモール・トラウマの事例を集め始めました。特に注目したのは、単独ではそれほど問題にならないけれど、他のスモール・トラウマや社会的プレッシャーと組み合わさるとやっかいになるスモール・トラウマです。本書で紹介するのは、そのすべてではなく（そんなことをしたら、とてつもないページ数になるでしょう）、私がよく見かけるスモール・トラウマのいくつかです。

メジャー・ライフイベントと同様に、**スモール・トラウマは人生のどこかで経験し、それがもたらす心理的な凹みは往々にして年を重ねるうちに深くなっていきます。**その結果、やがてメンタルヘルスか行動に一定のパターンが生じます。これらが「はじめに」で述べたスモール・トラウマの「症状」であり、本書で探究していくものです。まずは、あなたも馴染みがあるはずの、よくあるスモール・トラウマを見ていきましょう。

## 幼い頃のスモール・トラウマ

トラウマ研究の多くは、幼少期の経験に焦点をあてます。それはもっともなことで、幼少期は神経回路網が形成される時期なので、身の回りで起きることが多大な影響を及ぼし得るのです。子ども時代をまったく傷つかずに過ごせる人はいませんし、そうできるはずもありません。**幼少期の経験は人格を形成する上で、大きな役割を果たすのです。**

何年も前の出来事が心の中に消すことのできない傷を残すことは少なくありません。この先では、あなたやあなたの大切な人によく見られる、幼少期のスモール・トラウマの例をいくつか挙げましょう。

### 親の罠

最初の養育者(多くの場合、母親と父親ですが、里親、おば、おじなど、幼少期に世話をしてくれた人)との絆は「愛着スタイル」につながります。1950年代後半から70年代にかけて、ジョン・ボウルビィやメアリー・エインスワースといった著名な心理学者が、子どもは環境に反応して、行動・気質の4パターンのいずれかを身につけることを発見しました(注3)。

詳しくは第8章で考察しますが、愛着スタイルについてはこれまでに無数の研究と実験が行われ、**養育者の接し方によって、子どもがこの世界をどのくらい安全だと思うかが決まることが証明されています。**繊細で一貫性のある養育環境で育った子どもには安定型愛着が見られますが、親がよそよそしかったり注意散漫だったりすると、回避型愛着が形成されます。愛着の型が重要な意味を持つのは、それが大人になってからの人間関係に良くも悪くも影響するからです。安定型を除く3つの愛着(回避型、混乱型、不安型)は、人を望ましくない状況に導き、気分の落ち込みを長引かせます。

スモール・トラウマが世代を超えて伝わることもありますが、往々にして養育者はそれを自覚していません。また、現実的な問題のせいで子どもが孤独を感じることもあります。たとえば、私たちの多くは「鍵っ子」で、学校から帰っても家には誰もおらず、フルタイムで働く両親が戻ってくるまで、自分のことは自分でしなければなりませんでした。もっとも、それは親のせいではありません。多くの国で生活費が高騰しているため、親と養育者の多くは、請求書を支払い、家を維持するために、家庭を犠牲にして働かなければならないのです。実のところ、このような社会自体が多くの人にスモール・トラウマをもたらしています。

ここで左翼的な批判を始めるつもりはありませんし、このことだけが人々に多大な心理的苦痛を与えているわけでもありません。けれども、幼い頃の孤独感に起因する愛着スタイルが、大人になってからの人間関係（恋愛関係だけでなく、友人や、他の人との交流においても）に影響するのは確かです。もしそれが人生に問題を引き起こしているのであれば、こうした仕組みを理解することで、シナリオを書き換えることができるでしょう。

また、養育者と子どもの性質がまったく違うという場合もあります。一部の人は、親がまるで異星人《エイリアン》のように感じられたり、自分と似たところが全然なかったりします。たとえばある外交的な父親は、サッカーの試合があるたびに息子を連れていこうとしますが、息子がやりたいことは、羽毛布団にもぐって、懐中電灯を頼りに物語を書くことだったりするのです。これを子育ての失敗と呼ぶ人はいないでしょうし、それどころか、コンフォートゾーン（居心地のいい場所）から子どもを連れ出すのは良いことだと言う人も少なからずいるでしょう。けれども研究によると、こうしたミスマッチが愛着に小さな傷を残すことがあるのです（注4）。実のところ安定型の愛着を育てるのは、ありのままの自分が受け入れられ、愛されている、という経験なのです。

このように幼少期の経験が大人になってからの人格に良くない影響を及ぼす事例は数えきれないほどあります。覚えていてほしいのは、その原因は育児放棄や虐待ではなく、ましてや養育者が「悪人」だったわけでもないということです。単に、養育者と子どもの気質が合わなかったというだけかもしれません。だからこそ、スモール・トラウマを理解することが欠かせないのです。**たとえあからさまに悪い扱いを受けなくても、私たちは経験や状況や人間関係に影響されます。**この気づきがなければ（「気づき」はAAAアプローチの第一歩です）、私たちは説明しがたい不足感に囚われ、無駄に時間を過ごしてしまうでしょう。

## 学校に由来するスモール・トラウマ

学校が好きでも嫌いでも、私たちは成長期の大半を学校で過ごします。学校であなたはフェリス・ビューラー(青春映画『フェリスはある朝突然に』の主人公で、学校をさぼって街に繰り出す男子高校生)だったかもしれません。校長の秘書グレースは、フェリスを敵視するルーニー校長にこう言います。「フェリスはとても人気がありますよ。スポーツマンもカーマニアもあの子のことが大好きです。オタクも、はすっぱな子も、喧嘩っぱやい子も、ヤク中の子も、ダサイ子も、ぼんくらも、皆彼のことが好きで、素敵な若者だと思っているんです」。

あなたはフェリスでなければ、スポーツマン、カーマニア、オタクだったかもしれません。つまり学校は世界の縮図で、私たちはしばしば分類されるのです。しかも、友だちによってだけでなく、自分の中に生まれつつあるアイデンティティによっても(注5)。

スモール・トラウマは、深刻な虐待からではなく、わかりにくい相互作用から生じます。子ども時代のいじめは大きなトラウマであり、悲しいことに、それに耐えている子どもは多くいます。けれども、**いじめを受けていなくても、あからさまでない意地悪、仲間はずれ、運動場での屈辱、試験のストレス、それに、有意義な学習よりも成績順位が重視される環境は、すべてスモール・トラウマになるのです。**

私が2、3年前に診断したモウは、分類するとしたら間違いなく「大いなる成功者」でした。一流の経営者で、高額な給与を得ていて、結婚生活は長く、優秀な子どもが二人います。言うなればパーティの主役で、良い友人がたくさんいて、素晴らしい家庭、スピードの出る車、ほかにもいろいろ持っていて、人生に満足しきっているように見えました。

それにもかかわらず、モウは体重が増え続けていました。得意客とのランチが多いことや、自分の能力を惜しみなく発揮して家族のために最高の食事やワインを買えるようになったからだと、彼は言い訳しました。この説明は、私にとっても彼にとっても納得できるものではありませんでした。そこで私はこう尋ねました。

「それほど深刻とは思えないけれど、あなたに重要な影響を与えた、あるいはあなたを変えた出来事や経験はありませんか?」。

私は最初のセッションで、ほぼすべてのクライアントにこの質問を投げかけます。そしてほぼ例外なく現れるのは、ある種のトラウマです。この質問によって、好ましい記憶を思い出す人もいます。けれども、嫌な出来事は、好ましい出来事よりしつこく心の奥底に張りついているため、通常見つかるのは、なんらかのスモール・トラウマです。

モウが語ったのは次のような記憶でした。

「私が9歳のとき、弟のヴァンがADHDだと診断されました。今では、ADHDは学校でも地域社会でも理解され、他の親たちにも受け入れられていますが、当時はそうではなかった。誰もがヴァンのことを、手に負えない悪い子だ、いつも周囲の関心をひこうとしている、と思っているようでした。そんなわけで、学校にいるときの私は、常に片方の目でヴァンを見ているような感じで、先生も含め誰もヴァンをいじめていないことを確かめていました。と言っても、いじめる子を殴ったりしたわけではありません。ヴァンのことを放っておいてほしかったので、皆を笑わせ、注目を集めたのです。私は間違いなくクラスの道化役で、他の子どもや先生を笑わせれば笑わせるほど、ヴァンへの注目は薄れました。私が何事も笑いとばすのは、多分そのせいです(と言って彼は笑いました)。けれども、それを理由にするべきじゃないということはわかっています。私が太っているのはヴァンのせいじゃありません。ヴァンは何も悪くない。決して非難されるべきではないのです」。

この告白には重要なカギがあり、モウの優しさも感じられました。けれども、それはほんの始まりにすぎず、その後私と彼は、経験がどのように重なって無益で有害な感情や行動（モウの場合は過食）につながるかを学んでいきました。モウは高血圧で、医師から糖尿病予備軍だと警告されていました。高カロリーの食事と酒を無分別に摂り続けるのをやめなければならないことを、彼は自覚していました。

## スモール・トラウマは「累積」する

次に診察室に来たとき、モウはいつもの陽気な彼ではありませんでした。椅子に腰掛けると、肩をいくぶん丸め、床をじっと見つめました。そしてこう言ったのです。「たった1つの質問がきっかけになって、ずいぶん多くのことに気づきました。信じられないほどだし、圧倒されるように感じます。と言っても、ヴァンの状況をどうにかしようとしていたことが、今の自分に影響しているというのは、どうにも受け入れがたく思えるのです」。

そこで私とモウは、時間をかけて彼のスモール・トラウマの迷路を徹底的に調べ、点と点をどうつなげばいいかを模索することにしました。

「はじめに」で述べたAAAアプローチを実践しましたが、モウは「気づき」から「受容」へ進むことに心理的苦痛を感じていました。なぜなら、ヴァンのADHDと自分の太り続けるウエストに直接関係があることを、モウは受け入れられなかったからです。その見方はあまりにも単純すぎるという彼の意見に私は同意し、スモール・トラウマの根本的な教義《テネット》の1つである「この種のトラウマは累積する」を掘り下げることにしました。

これが、大きなトラウマとスモール・トラウマの大きな違いです。**通常、大きなトラウマになるのは、心身への強い打撃になることが誰の目にも明らかな出来事（あるいは、虐待のような一連の出来事）です。一方、スモール・トラウマは、特定の文脈の中で時間をかけて積み重なっていく小さな出来事なのです。**

モウが言ったように、もし彼とヴァンが現在の学校で育っていたら、二人の経験はまったく違うものになっていたはずです。ADHDなどの障害についての知識は大いに進歩し、今では本人や家族を格段にうまくサポートできるようになりました。四十数年前はそうではなかったので、モウのスモール・トラウマを歴史と時代の文脈に位置づける必要がありました。そうすることで彼は、「ヴァンを守ろうとしたことをスモール・トラウマと見なすと、ヴァンを悪者扱いすることになる」という考えから脱却できました。このようにスモール・トラウマの文脈に「気づく」と、アプローチの2つ目のA、すなわち「受容」のためのスペースを確保できるのです。

## 点と点をつなぐと……

スモール・トラウマについて捜査を始めると、水門が開いたかのように一気につながりが見えてくることがあります。モウは、自らの感情や恐れを隠すために休み時間や昼休みや放課後に過食していたことを、スモール・トラウマとしてつなぎ始めました。彼の家族は食べることを大切にしていたので、食事は愛情や慰めと結びついていましたが、この結びつきだけが彼を過食へ駆り立てたわけではありません。体重が増えるにつれて、モウは「面白い子」というペルソナを作り上げていきました。それは彼の「スーパーパワー」になり、人々の心ない言動から、彼だけでなく家族をも守ってくれました。

モウは皆に好かれました。学校を卒業して最初の営業職についてからも、見込み客を贅沢な食事に誘うと、必ずと言っていいほど契約がとれました。まさに一挙両得でした。ユーモアと食事は、いじめから守ってくれただけでなく、成功と経済的安定をもたらしたのです。こうしてスモール・トラウマのせいで始まったものが、今ではすっかり人生に定着していたので、医師から食事とライフスタイルを変える必要があると繰り返し忠告されても、そんなことができるはずはない、とモウは思ったのでした。

スモール・トラウマを理解することは非常に重要なのに見過ごされがちであることが、この事例からもおわかりいただけたでしょう。モウは、ヴァンとその障害が自分に与えた影響について語るのが恥ずかしかったので、これらの出来事を意識から締め出しました。加えて、自分が経験したことはヴァンに比べるとそれほどひどくない、という思いから、自分の感情を軽んじました。**このように、自分は気遣われたり同情されたりするに値しない、と考えることも、スモール・トラウマの明らかな特徴です。**基本的にスモール・トラウマは大きなトラウマほどひどく見えないので、人は「気づき」から「受容」へと進みにくいのです。

総じて私たちは、大きなトラウマやメジャー・ライフイベントだけが重要だと考えがちですが、そうではありません。モウを私の診療室へ導いたのは学校での経験だけではありませんが、その経験は彼にとって重要な意味を持ち、長い年月にわたって強く影響しつづけました。モウはヴァンのことを大切に思っていて、守りたかったので、からかいやいじめに対して過敏になり、クラスの道化役を演じた方が楽だと思うようになったのです。

この事例は、1つのエピソードからスタートして遡っていくことが有益であることを示しています。けれども、より多くのスモール・トラウマを見つけることも有益です。

## 人間関係に由来するスモール・トラウマ

スモール・トラウマの原因になる人間関係は、主な養育者との関係だけではありません。プラトニックな関係やロマンティックな関係も心に傷を残すことがあります。なぜなら初恋は忘れられないものだから。そうでしょう？

ここで少々お断りしておきたいのですが、本書にはクリシェ（決まり文句）が多く出てきます。なぜなら、クリシェにはクリシェになる理由があるからです。それらは容易に気づき理解できる普遍的な現象についての共通認識なのです。

スモール・トラウマが将来の人間関係の選択と成功にどのように影響するかは、第8章で掘り下げますが、ここでは人間関係全般のスモール・トラウマをざっと見ていきましょう。

### 離れていった相手

前述した愛着スタイルは幼少期に形成されますが、その物語は、親や養育者だけで終わるわけではありません。幸運にも幼い頃に養育者と強く安全な絆を築けたとしても、その後に経験する人間関係がスモール・トラウマを引き起こし、心の羅針盤をゆがめることがあります。

ずいぶん前に別れたのに、今もあなたの心を乱す人はいませんか？　あなたはソーシャルメディアでその人を追跡したりはしないでしょうが、時折その人のことを考えます。特に人生がうまくいっていないときには、その人のことが頭に浮かびます。関係が終わっていても、こうしたことはスモール・トラウマになり得ます。なぜなら、**親密な関係はすべて私たちの心を開かせ、傷つきやすくするからです。**おそらく本章の冒頭を読んであなたの頭に浮かんだのは、そのような関係でしょう。

私がお伝えしたいのは、関係が終わった理由が何であれ、そこには学ぶべきものがあるということです。それを見つけるまでの道のりはきわめて辛いものになるかもしれません。だから、辛抱強く、優しく、自分の内面を掘り下げていきましょう。

モウは、大人になってからの最大の難問は人との関係だと言いました。今では幸せな結婚生活を送っていますが、彼の心の奥底には、もう1つのスモール・トラウマが刺さっていました。

サラと出会ったとき、ぼくは20歳そこそこで、まだ大学生でした。同じグループにいたので、多くの時間を一緒に過ごし、意味はおわかりいただけると思いますが、「親密な関係」になりました。ぼくとしては、付き合っているつもりでした。そこである日、ビールを2、3杯飲んでから、両親に会いにきてくれるだろうかと尋ねました。そのときのひどく驚いた彼女の表情は、今も忘れられません。それから彼女は大笑いして、こう言いました。「あのね、女の子は付き合っている男の子をランクづけするものよ。あなたは最下位!」その後、長い間、ぼくは女性と付き合いませんでした。

拒絶されたのは、自分が太っていて、グループの道化役になっているからだとモウは確信しました。多くの悪循環と同様に、この心の痛みはさらなる過食を招きました。しかも、この拒絶によって変わったのはサラとの関係だけではありません。徐々にモウはその友人グループから離れていったのでした。

これはまさにスモール・トラウマの仕業です。心に刻まれた小さな傷は、10年におよぶ交際によるものかもしれないし、短期間の熱っぽい恋愛の産物かもしれません。いずれにしても、スモール・トラウマの重要性は、それがあなたにどう影響したかによって決まるのです。

感情に注目することは重要です。なぜなら、人生に刻まれた傷は、未来に影響するだけでなく、(少なくともある程度は)日々の、時々刻々の感情に影響するからです。モウの事例に希望が持てるのは、彼がスモール・トラウマに気づいただけでなく、これらの出来事と感情と行動の連鎖が自分をやけ食いに向かわせたことを理解し、「受容」できるようになったからです。

スモール・トラウマの点と点をつなぐことが精神のトレーニングになり、モウは重荷から解放され、力を得ることができました。その後、モウがAAAの「行動」の段階へどのように進んでいったかは、第7章でお伝えしましょう。

## いじわるな女の子、友人を装う敵

心の傷や痛みの原因として主に語られるのは片思いや失恋ですが、**友人、知り合い、同僚との関係の破綻もスモール・トラウマになり得ます。**

私は診察室での経験から、特に女性の友人関係は心の健康に強く影響すると感じています。その背景には、生存反応の男女差に基づく進化上の理由があるのですが、私たちは男女平等を求めるあまり、それを見落としがちです。

古典的な「闘争か逃走」反応は有名で、よく語られます。私たちの遠い祖先は、捕食者に直面したときに生き延びるために、全力で闘うか、さもなければ逃げました。いずれにしても、生き延びるために、人間の体は複雑な生理的プロセスを発動しなければなりませんでした。心臓は筋肉に多くの血液を送り、エネルギー効率を高めるためにグルコースが分泌され、危険を察知するために瞳孔が開きます。けれども、ストレス反応はこれだけではありません。

医学および心理学の初期の研究の大半では、被験者は男性でした。ストレス反応に関する研究もそれは同じです。けれども、その後の研究で女性について調べたところ、やはり強い闘争・逃走反応が見られたものの、「思いやりと絆」のパターンも見られることがわかりました。

祖先の生活において、女性は幼児の世話をし、集団の安全のために結束を高める役割を果たしていたのでしょう。もし集団の中で、ある女性が地位の高い女性を怒らせたら、トラブルになり、最悪の場合、彼女は集団から追い出されたかもしれません。当時、そのような追放は本人と家族に悲惨な結末をもたらしました。

そういうわけで、一般に女性は直接の対立を避けがちで、社会の秩序を維持し平和を保つために、人の気持ちを読んだり、人を喜ばせたり、慎重な行動をとったりします。そうした社会的行動は、文化的に望ましくない感情の隠蔽や、極端な場合、自我の抑制につながるかもしれません。もちろん男性も社会的な行動をとることができますが、女性は、集団の複雑な力関係の中で生き残るために「思いやりと絆」が脳と神経系に組み込まれていて、社会的行動をとりがちなようです。一方、男性は、言い争いや、殴り合いの喧嘩をしても、何もなかったかのように振る舞うことができます!

もちろんこの考え方は単純すぎるでしょうし、人間の行動の複雑さを否定するつもりはありませんが、この観点に立つと、いくつかの複雑な現象の意味が見えてきます。さらに、スモール・トラウマの調査を重ねていけば、私たちが何をし、どう感じるかについて、より繊細な絵を描き、理解を深めていくことができるでしょう。

## もし森で木が倒れたら……

もっとも、男性も女性も本質は社会的存在であり、集団に属し、受け入れられることは、水、空気、食べ物、安全と同等に、生存するためにきわめて重要です。これは決して大袈裟に言っているわけではありません。成長して自分のことを自分でできるようになってからも、私たちのアイデンティティと安全は、他者との交流に支えられています。「森の中で木が倒れて下敷きになったとして、叫び声が聞こえる範囲に人がいなかったらどうなるか」という思考実験も有益ですが、むしろ私は次の問いを投げかけます。もしも、他者との関係性から自分を見ることができなかったら、自分はどんな人間だと言えるでしょうか。

## 仕事に由来するスモール・トラウマ

あなたの仕事は、単なるジョブですか。それともキャリアでしょうか、あるいは天職でしょうか。もしあなたが仕事を生活に必要なお金を稼ぐための手段としか見ていないのであれば、それを大切なキャリアや天職と見なしている人たちほど幸福ではないでしょう。もし「ジョブ」をしているのであれば、あなたは朝の9時から夕方の5時までの大半を、ビーチで貝殻のネックレスを売ることや、ベストセラーを書くこと、宝くじをあてて働かなくてよくなることを夢想して過ごすかもしれません。そうだとしたら、スモール・トラウマは毎日少しずつあなたに傷を刻んでいくでしょう。

誰しも安全な住まいを確保しなければなりません。それは仕事がジョブでもキャリアでも同じですが、キャリアは自分が選んだ仕事で、自分の目標や野心を追求できますが、日々の請求書に支払いをするためのジョブでそうするのは難しいでしょう。

一方、天職では、自分の核になっている信条とアイデンティティが仕事の内容と一致します。そして伝統的に私たちは、天職には医師や聖職者、困っている人を助ける専門職が該当すると考えてきました。けれども今では、残念ながらこれらの職業にも現代生活につきものの退屈な骨折り仕事がともなうようになっています。その証拠に、ある女医は慢性の不安に悩まされています。

医師であることは私の人生そのものであり、私はずっと医師になりたかったのに、毎朝、恐怖を感じながら目覚めてしまいます。眠れたとしても、問題は解決しません。仕事量は現実離れしていて、患者たちは何週間も予約がとれなかったことを憤りながら診察室に入ってきます。「相談する健康問題は1つにしてください」と、待合室に貼り紙をしているのに、あまりに長く待たされたせいで、何もかも言わずにはいられないという患者もいます。その上、書類の作成と会議は、時間（や、お金）がないのに延々と続きます。私は常に溺れているような気分で、自分が内科の医師だとは思えなくなりました。

女医であるアニタは、仕事のストレスや体調不良だけでなく、職場の官僚主義から生じるスモール・トラウマにも悩まされていました。これらのことは、天職やキャリアであったはずのものを、満足を得られない仕事に変えてしまいます。私は多くの専門職でそれを見てきました。学究の世界、ジャーナリズム、法曹界、工学の世界、その他ありとあらゆる専門職においてです。

魂を破壊するようなこの変容は、仕事由来のスモール・トラウマの急激な増加を招いています。従来、それは「やりたくない仕事」にしか見られなかったのですが……。現在、多くの仕事はベルトコンベヤー式にこなされています。弁護士はずっとメモをとりつづけ、教師は書類の山を片づけ、看護師はクビにならないために作業を次々にこなしています。その例は他にもいくらでもありますが、私が言いたいことはもうおわかりいただけたでしょう。

## 仕事に満足しているように見える人も……

では、幸運にも仕事に満足している人々についてはどうでしょうか？　彼らは楽々と人生を送っているのでしょうか？　そうでもなさそうです。キャリアには、さらなる研修、昇進、ステイタスや社会的地位の向上、そして通常、より多くの報酬がつきものです。

その滑りやすい階段をのぼる過程では、スモール・トラウマに対する特別な反応が生じやすいのです。**インポスター症候群（仕事で成功しているのに自分を過小評価してしまう心理状態）、終わりのない業績評価、激しい競争、明確な序列といった嵐に休みなく襲われると、人は能力不足を感じ、いつかそれがばれるのではないかという不安に苛まれます。**

自信に溢れ、仕事を完璧にこなし、まさに絶好調、という人をあなたは知っているかもしれません。けれども、彼らも自信のなさに苦しめられているはずです。自信満々に見えるのは、自分を偽っているのがばれるのを恐れているからなのです。これはあなたのことかもしれません。実を言えば、私たちの多くはそう感じているのですが、怖くて口に出せないのです。そのことがしばしばスモール・トラウマになります。インポスター症候群は深刻な問題なので、それについては第6章で詳しく述べます。あなたがインポスター症候群でなくても、あなたが知っている誰かは、その症候群になっていて、「ばれる」のを恐れているはずです。

## 社会に由来するスモール・トラウマ

仕事に関する問題は、スモール・トラウマのより広範でよりマクロな源泉、すなわち現代社会へと私たちを導きます。現代社会には素晴らしい側面がたくさんあり、心身の健康状態という点でも、2、300年前の世界に戻りたいとは誰も思わないはずです。それでも現代社会にはスモール・トラウマの原因になる要素が溢れています。

私たちはグローバル経済の中で暮らしていて、その経済は多くの人の生活水準を押し上げましたが、その反面、自分と比較する相手が数百万人どころか、数十億人になりました。圧倒されるように感じるでしょうし、それも当然です。けれども、ご安心ください。解決に焦点を当てた本書のツールを使えば、これらのスモール・トラウマの源泉をうまくコントロールできるようになるでしょう。

### 「〜ができたら」という奮闘の輪

**「〜ができたら、きっと幸せになれる」――この考えが何度、あなたの頭に浮かんだことでしょう。**もう少しお金があったら、昇進したら、完璧なパートナーを見つけたら、子どもができたら……願望は限りなく続きます。

これを私は「奮闘の輪」と名づけました。私たちは成果や目標を目指して仕事に励み、奮闘し、振り返る時間をほとんど取ろうとしません。しかし実際には、ハムスターのように奮闘の輪を回しているだけなのです。休息も終わりもなく、ひたすら消耗するだけです。「いつか」ではなく、今を重視しなければ、この状態は永遠に続きます。

目標は重要ではないと言うつもりはありません。そうではなく、**「もう少しがんばって働いて、お金を儲け、恋人ができたら、すべてを手に入れることができて幸せになれる」という誤解が蔓延している、**と私は言いたいのです。現代の消費社会は絶えず耳元でサブリミナル的にこの約束をささやきます。人間の価値を富や所有物や地位によって測ろうとする社会の破壊的性質について語るのは、私が最初ではないし、もちろん最後でもないでしょう。また、この文化を変えることはできないでしょう。けれども、それが私たちの考え方や自信にどう影響し、どのようにスモール・トラウマを引き起こしているかに気づくことはできるはずです。

## デジタル上のスモール・トラウマ

今日では、私たちが生きる世界は現実の世界だけではなくなりました。完全なデジタルの世界が存在し、そこでもスモール・トラウマは発生します。この世界は新しく、アメリカ開拓時代の西部にも似て、何が許され何が許されないかというルールやコンセンサスが欠如しています。偽情報の急増、個人情報のセキュリティリスク、オンラインでのいじめ、荒らし、ストーカー行為、リベンジポルノ、キャンセル・カルチャー等々、私たちはスモール・トラウマを経験するまったく新しい世界を作り出してしまったのです。

デジタル技術の進歩には数えきれないほどの恩恵がありますが、バーチャル世界で経験する危害については、ようやく理解され始めたところです。また、愚かな過ちも含め、行動のすべてがアップロードされ、オンライン上に永遠に保存されることは、生きることの本質を恐ろしいものに変えてしまいました。「自分が10代だった頃にソーシャルメディアがなくてよかった！」というセリフを何度耳にしたことでしょう。

しかしこれが、若い人たちが生き方を学んでいる世界なのです。

## 完璧に白い歯

私が「ありえないほど完璧な歯」と呼ぶ現象は、お年寄りにも若い人にも、自分は無能で、つまらない存在だ、と感じさせます。これはソーシャルメディアでの話ですが、原因は個々のプラットフォームにではなく、人間が本来、人と自分を比べがちなことにあります。

インスタなどの「完璧」な写真は修正されている可能性が高いとわかっていても、無修正の写真と同じく見た人の自尊心を損なうことが、研究によって明らかになりました。この傾向については第6章で掘り下げますが、グローバル化した世界では、**私たちが知らない、おそらく会うことのない無数の人々と自分を比較できることが心の健康に影響してきたこと**は、広く認められています。

## 孤独という伝染病

私たちはかつてないほどつながっていますが、かつてないほど孤独です。新型コロナウイルス感染症が流行する前から孤独と社会的孤立は増えていましたが、コロナは多くの人を精神的危機の瀬戸際まで追いこみました。ここで再度、強調したいのは、人間は社会的な生き物だということです。在宅勤務、Zoom、eコマースなど、ウイルス・パンデミックを乗り越えるテクノロジーがあるのは素晴らしいことですが、**温かな触れあいのない生活は多くの人にとってスモール・トラウマになります。**

慢性的な孤独は1日にタバコを15本吸うのと同じくらい健康に悪いことがわかっています。コロナ以前、慢性的な孤独は、主に高齢者の問題と見なされていましたが、当時から、孤独のせいで問題を抱える若者がいました。ここで重要なのは、孤独は社会的孤立の原因ではなく、症状だということです。

慢性的な孤独をコロナがもたらした社会的制約と見なすのは簡単ですが、コロナ以前からすでにこの世界は、無数の人が誰にも会わず、もちろんハグも、背中を優しく叩かれることもなく、何日も過ごす世界になっていたのです。

1950年代から1960年代にかけて、アメリカの心理学者ハリー・ハーロウはアカゲザルの赤ちゃんを母親から引き離す実験を行いました。その写真を見ると胸が痛みますが、この研究は、安心感の重要性を理解するための土台になりました。彼は檻の中に、哺乳瓶を取りつけた針金製の「代理」母と、哺乳瓶はないけれどタオルでくるんだ「代理」母を置きました。哀れな子ザルはどちらに惹かれたでしょう？当時の科学者たちは、哺乳類の子どもは食べ物をくれる養育者に愛着を持つはずだ、と考えましたが、答えは後者でした。ハーロウと同僚は、乳幼児は生き延びるために「接触による安心感」を求めることを発見したのです。つまり、子ザルも私たちも、触れたりしがみついたりするものがないと安心できないのです。心の健康に関してZoomが役に立たないのはそのためです。

## 代理トラウマとパーマクライシス

**他の人が大きなトラウマやメジャー・ライフイベントを経験するのを見ることで生じるスモール・トラウマもあり、それは「代理トラウマ」と呼ばれます。**苦しむ人々と数千キロも離れていても、心が痛むことがあります。コロナのパンデミックのように、苦しみが長期間におよぶ場合はなおさらです。

ドゥーム・スクロールとは、取り憑かれたようにネットでネガティブなニュースを読み続ける行動のことで、365日24時間ニュースが届くこの世界では、代理トラウマになる可能性があります。また、私たちはパーマクライシス（政治的・文化的・社会経済的な混乱が続き、終わりが見えない状況）にあるようです。それが事実なのか、それとも世界観にすぎないのかははっきりしませんが、少なからぬ人が、自分はパーマクライシスの中にいて、やがて集団的トラウマを抱えることになりかねない、と感じているのは確かです。また、気候変動のせいで世界各地で起きている災害を容易に知ることができるため、多くの人が「地球の未来についての深刻な悩み（気候不安と呼ばれる）に圧倒されそうだ」と言うのも無理はありません。

この不安が高じて、絶望的でディストピア的な未来を思い描くようになると、モチベーションは低下し、「環境うつ病」を引き起こします。それは環境行動だけでなく、人生のあらゆる領域に影響を及ぼす恐れがあります（注6）。

## スモール・トラウマと心の免疫システム

あなたが経験したスモール・トラウマがかなり辛いものであっても、体の免疫システムと「心の免疫システム」を比較することで、その捉え方を変えることができます。

体の免疫システムには、生来備わっている自然免疫と、時間をかけて獲得する獲得免疫（適応免疫）があります。自然免疫のシステムは遺伝子に組み込まれていますが、獲得免疫の方は、自然界に溢れる病原体に対処するために体が獲得する免疫なので、スイッチを入れ、微調整する必要があります。親が子どもに外遊びや友だちと遊ぶことを勧め、子どもが風邪や少々の病気にかかってもよしとするのはそのためです。**病原体への免疫反応が起きることで抗体が得られ、将来、より大きな脅威を撃退できるようになるのです。**

つまり、私たちの免疫システムは、病原体の攻撃に対処しなければならなかったので強靭になったのです。もし危害をすべて避けていたら、今ほど強くはならなかったでしょう。

心の免疫システムもまったく同じです。私たちは生来、ストレス反応を備えていますが、それはかなり荒削りなツールなので、人生の試練や苦難を乗り越えるには、他の対処法を年月をかけて学ぶ必要があります。しかも、**それらの対処法がしっかり身につくのは、心の免疫システムが脅威と闘ったときだけ**なのです。

幼い子どもにとっては、「だめ」と言われることも脅威でしょう。幼児はそれを耐えがたく感じて、泣いたり癇癪を起こしたりするかもしれません。けれども環境が愛情に満ちていれば、この経験は心の免疫システムを強化します。こうして「心の抗体」が育つと、バウンダリー（自分と他者を区別する境界線）を無理なく受け入れられるようになります。

「だめ」と言われた子どもの例では、その子が安全で安心できる環境にいれば、バウンダリーという心理的病原体によって心の免疫システムが強化されます。そうであるかないかが、危害をおよぼすスモール・トラウマと、生涯にわたって私たちを助けてくれるスモール・トラウマとの違いです。そして**心の免疫システムが強くなれば、人生で遭遇するメジャー・ライフイベントに難なく対処できます**。

誰しも傷つくことなく人生を終えることはできませんが、中には、どんな嵐も乗り越えられそうな人がいます。彼らは常人にはとても耐えられそうにない苦難を乗り越えます。雑誌の記事や自伝、テレビのドキュメンタリー番組でも、数々の苦難を乗り越えた人々のことが語られます。それらの個人的なストーリーを詳しく見ていくと、大きなトラウマを経験した人もいれば、人生を通じてスモール・トラウマを数多く経験した人もいることがわかります。後者にとってスモール・トラウマは心の抗体になり、メジャー・

ライフイベントに遭遇したときに守ってくれたのです。

## スモール・トラウマは心の「ワクチン」になるか

はしか、おたふくかぜ、風疹などの危険なウイルスや病原体に対抗するために、ウイルス感染を模したワクチンで子どもたちに免疫を持たせます。ワクチンは少量のウイルスや病原体からなり、投与すると、体の免疫システムが反応して抗体を作ります。言うなれば免疫の筋肉が育つのです。抗体は体内にいるミクロサイズの軍隊で、侵入者を記憶し、それぞれに対して戦略を練ります。重要なこととして、抗体は脅威に再び直面したときにどうすれば撃退できるかを知っています。

同様に、**人生で経験する少々の苦難は心のワクチンとして働き、将来のメジャー・ライフイベントに対処するための戦略を私たちに授けてくれます。**私がスモール・トラウマを重視するのはそのためです。なぜなら、体に投与するワクチンに含まれるウイルスや病原体がほんの少しであるように、**心のワクチンも量はひかえめでなければならない**からです。

私たちはしばしば過去の「失敗」や「過ち」や「周囲からの拒絶」について自己批判しますが、それらを心の免疫力を高めるためのワクチンとして捉え直せば、自己批判を手放すことができます。ネガティブな出来事を心のワクチンと見なすことで、それらからポジティブな要素を引き出し、心の抗体を育てることができるのです。

一部の人々はこれを「バウンスバック（立ち直り）」と呼びます。まるで人間がゴムでできているかのようです。また、「レジリエンス（回復力）」と呼ぶこともあります。もっとも、レジリエンスは、単に無傷で立ち直ることではありません。レジリエンスを高めるというのは、心の免疫システムを育てて、将来の困難に立ち向かうために独自のスキルを身につけることなのです。人生のどこかで困難にぶつかることは避けられません。愛する人を失うこともあれば、人間関係が崩壊したり、解雇されたりすることもあります。これらの嵐を乗り切るために、まず自分のスモール・トラウマを見つけるところから始めましょう。AAAアプローチの「気づき」のプロセスを通して、引火点《フラッシュポイント》や誘因に留意し、これらの攻撃を心の抗体に変えていくのです。

## 受容に関する覚書：受容はあきらめることではない

AAAアプローチを活用して前に進もうとするときには、受容とあきらめの違いを理解することが有益です。私のクライアントの多くは、AAAアプローチに取り組む前には、「受容」の段階を一種の被害者として受け止め、「受容」とは人生の困難を笑って耐え忍び、ひいては困難を前にしてあきらめることだと考えていました。けれども、それは決して受容ではありません。受容とは心を開いて人生を旅することであり、良いことも悪いこともすべて積極的に受け入れ、自分は谷を越えることができるし、山頂では純粋に喜びを感じることができる、と確信することなのです。つまり、受容はあきらめではないのです。43ページの表に列挙したのはその違いです。

スモール・トラウマを活用して受容する力を育て、人生の多様な体験を受容していけば、将来の自分のために、強く頼りになる心の免疫システムを作ることができるのです。

【あきらめと受容の違い】

| あきらめ | 受容 |
|---|---|
| 心の硬直 | 心の回復 |
| 脱力感とフリーズ | 行動する力が湧いてくる |
| 自己批判と非難 | 強いセルフコンパッション |
| 欠乏を感じる | 豊かさを感じる |
| あきらめ／屈服 | ポジティブに行動をするための軌道修正 |
| 困難に耐える | 困難から学ぶ |
| 何とか持ちこたえる | スキルアップする |
| 変化を避ける | 変化を受け入れる |
| 抵抗 | 認知 |
| 判断を重視 | 価値を重視 |

## なぜ「知ること」が重要なのか？

この先の章では、次のようなスモール・トラウマの症状を取り上げます。**完璧主義、先延ばし、「愛する人」を見つける難しさ、自分という存在そのものへの不満、不眠、感情を鎮めるための過食、うつ等々**。それらは人生において、ごく一般的に見られるつまずきです。いずれも経験したことがないという人は、きっと、とんでもなく運がいいのでしょう。

これらの症状を掘り下げていくことが重要なのは、**自らのスモール・トラウマと、自分への影響を理解して初めて、自分自身の物語を綴ることができる**からです。AAAアプローチで言えば、受容することで、「気づき」から行動へ進むことができるのです。

結局のところ、スモール・トラウマに立ち向かうかどうかは、あなた次第です。私は、自己批判や被害者意識を非難するつもりはありません。本書で紹介する事例が語るのは、自らの感情や認知の原動力になっているものに気づくことができて初めて、信念や思考パターンや行動に真の変化をもたらすことができる、ということです。そうなれば、今あなたの人生を支配している不安や自信のなさや軽度のうつは、消えていくはずです。

かつて、あるクライアントが私にこう言いました。「**気分が落ち込むのですが、うつ病になっているわけではないのです**」。**これこそがスモール・トラウマの症状です。**人生から喜びを奪うこのような薄暗い葛藤を多くの人が抱えていますが、ただ待っているだけでは、救いの手が差し伸べられることはほとんどありません。スモール・トラウマを克服して心の免疫力を高め、暗いトンネルを通り抜けることができるかどうかは、あなた次第なのです。

## さあ、始めよう

椅子に座ってくつろぎ（くつろげない場合は、姿勢を変えたり、暖かなソックスを履いたりして、ゆったりした気分になりましょう）、スモール・トラウマを理解するヒントになる次の問いを自問しましょう。

「**それほど深刻とは思えないけれど、自分に重要な影響を与えた、あるいは自分を変えた出来事や経験はないだろうか？**」。

答えを急いではいけません。静かに自分と向き合い、これまでの人生を振り返りましょう。

この内省は何をもたらしましたか？　それを意識しながら本書を読み進めていくと、さまざまな記憶が混じりあう濃い霧の中から、その出来事や経験の重要な意味が見えてくるでしょう。

これらの内省を書き留めていくことは大いに役立つはずです。感情を書き留めたり日記を書いたりすることがセラピーの役目を果たすことを多くの研究が語っています。そこで各章の章末に、書くためのプロンプト（きっかけになるヒント）を用意しました。この旅の伴侶としてスモール・トラウマのための日記帳を買うのもお勧めです。自分が何を感じ、どう考えていたかを記録し、振り返ることができれば、きっと旅の助けになります。もっとも、書くことより、ただ考える方が好きなら、それはそれでいいのです。時間をかけて考えましょう。

ここで注意点を1つ。**もしこの本を読んでいて落ち着かない気分になったら、その感情とじっくり向きあってください。**そうすることがきわめて重要です。なぜならその感情は、あなたの内なるガイドで、進むべき方向を教えてくれるからです。

けれども、私たちがいつも忙しく、気が散ったり他の人のニーズに気を取られたりするせいで、これらのメッセージは無視されたり、かき消されたりしがちです。それは危険なことです。車でどこかへ向かうとき、カーナビの指示を無視したりはしないでしょう。この旅でも、それは同じです。内なるナビゲーションの小さな声に耳を傾け、できるかぎりそれに従いましょう（それが「再考中」と言っているときは、なおさらです）。

旅を始める前に知っておいてほしいことがもう1つあります。**それは、必要なときにはいつでも一休みしていいということです。**もし心と体が「逃げろ！」と叫んでいたら、次のページで紹介する呼吸法を行い、気持ちを落ち着けてから、運転席に戻りましょう。

運転席に戻ることができたら、一般的なスモール・トラウマの症状を理解しながら、あなたが人生に満足できない理由の核心に向かって進み始めましょう。気づき・受容・行動からなるAAAアプローチを利用すれば、気軽なおしゃべりでは気づけないことに気づくことができるはずです。そうすれば、あなたの考え方や人生は根底から変わるでしょう。

エクササイズ

## 落ち着かない気分になったときの呼吸法

これは私が用いるエクササイズの中で、最もシンプルでありながら最もよく効くものの1つです。私たちはストレスを抱えていると、胸で呼吸をしがちです。片手を胸に、もう一方の手をお腹に当てて、自分の呼吸を調べてみましょう。呼吸に合わせてどちらの手が動いているでしょうか。胸に置いた手が上がり下がりしていたら、体はストレス状態にあります。スモール・トラウマを掘り下げようとしている時点では、それは驚くようなことではありません。腹式呼吸をして、副交感神経を活性化すれば、ストレスをコントロールすることができます。

◎まず、横隔膜の位置を調べる。小指がおへその真上にくるように、お腹に手を当てる。そうすれば、横隔膜の筋肉は手のひらの真下に来る。
◎もう一方の手を胸にあてる。
◎3つ数えながら鼻からゆっくり息を吸い込み、その息を尾てい骨の方へ送る。
◎次に、4つ数えながら、ゆっくりと息を吐き出す。このとき、心の中で「落ち着こう」と自分に言い聞かせる。

◎息を吸いながら、息がお腹の中に広がるのを感じる。
◎息を吐きながら、胃が下方に沈むのを感じる。
◎胸に置いた手はそのまま動かさないようにする。

コツは、赤ちゃんの呼吸をまねることです。赤ちゃんは、スモール・トラウマを経験したことも、細身のジーンズを無理やりはこうとしたこともなく、最悪な経験とはまったく無縁で、自然に腹式呼吸をしています。赤ちゃんのふっくらしたお腹がふくらんだり引っ込んだりするのを見るのは楽しいはずです。赤ちゃんからは実に多くのことを学べます。

Chapter 1 まとめ

スモール・トラウマは人生のさまざまな領域から生じ、心の健康をじわじわと損ないます。けれども、心に刻まれたこれらの小さな傷が自分に影響していることを理解し、未解決のスモール・トラウマの累積的な影響に気づくことができれば、AAAアプローチによって心の免疫システムを構築することができます。このような心のトレーニングは、回復力を育て、メジャー・ライフイベントのように誰もが人生で経験するより大きな問題に対処することを助けます。

Chapter 2

# 「いつまでも幸せに暮らしました」という幻想
## ――幸福感とスモール・トラウマ

この章では次の項目について掘り下げます：

◎幸福の定義
◎医療ガスライティング
◎有害なポジティブさ
◎快楽の踏み車
◎ビッグ・セブンを理解すると、なぜ幸福感が永続するか

周囲を見回してみると、友人、知人、それにソーシャルメディア上の誰も彼もが、幸せな人生を謳歌しているように思えます。デジタル世界には「幸福」を見つけたらしい屈託のない笑顔が溢れています。そこであなたに尋ねたいのですが、あなたは幸せですか？　シンプルな質問ですが、答えに辿り着くまでの道のりはなかなか大変でしょう。当然ながら、答えるのが難しいことはスモール・トラウマと大いに関係があります。おとぎ話の裏側を知るために、まずは、ある物語をご紹介しましょう。

アンナは頭がよく、皆に好かれています。快活で、親切で、常に優しく、人の悪口を言ったことがなく、いかにも幸せそうです。彼女を見ただけで思わず笑みが浮かび、彼女のバラ色の頬に浮かぶポジティブさ

に誰もが引き寄せられます。

それなのに、アンナは私の診察室へやってきました。礼儀正しい態度で、少々硬い椅子に座り、自分の状況を説明し始めました。

私は全方位マーケティングとコマーシャルを手掛ける企業で、「素晴らしい仲間」と共に、「輝かしく、夢のような、すごい」仕事をしています。学生時代からの友だちも多く、家族は心から応援してくれています。私は都会のシェアハウスに住んでいて、少なくともひと月に一度、郊外に暮らす両親を訪ね、週に一度は電話をかけます。両親に愛され、気遣われていると感じています。

けれども、私が「幸せですか?」という、ごく当たり前の質問を投げかけると、アンナの目は光を失い、薄いそばかすのある顔に影が差しました。

アンナは握りしめた手を見つめながら、静かにこうつぶやきました。「わかりません」。そしてこう言いました。「私は幸せになるべきだし、幸せになりたいけれど、幸せを感じられないのです」。そういうわけで彼女は私のもとへ来たのです。幸せを感じられないことが辛く、その理由もわからなかったからです。

一見したところ、彼女のケースは不可解でした。これまでの人生に大きなトラウマになりそうな出来事はなかったのです。そこでスモール・トラウマになりそうな出来事を探そうとしましたが、「そんなものはありません」と彼女は断言しました。「絵に描いたように満ち足りた子ども時代を過ごしました。欲しいものはすべて与えられたし、両親に責められるべき点はまったくありません」と言い張りました。しかしそこにスモール・トラウマの手がかりが見られたのです。

## 幸福の哲学

幸福は、比較的最近になって心理学の理論と研究に加わったテーマですが、哲学の世界では、長年にわたって著名な学者たちがそれを探求し、さまざまな形の幸福感を調べてきました。

哲学の一派である快楽主義（エピクロス派）は、幸福と快楽の追求を重視し、できるだけ多くの時間、幸福や興奮やくつろぎを感じることを人生の主な目標とします。これに対して幸福主義は、自己実現を重視し、個人的な野望を達成して自らの可能性を最大限に発揮することを人生の目標と見なしています。つまり、快楽主義は、今この瞬間の喜びのようなポジティブな感情を重視しますが、幸福主義は、人生に意味と目的を見出すことに重きを置いているのです。

どちらか一方を主張する人は常にいますが、私を含むポジティブ心理学者の多くは、人生で真の成功を収めるにはどちらも必要だと考えています。

## AAAアプローチ：ステップ1　気づき

私はアンナに、「幸せって何だと思いますか？」と尋ねました。「幸せなときには、そうだとすぐわかるものでしょう？」というのが彼女の答えでした。けれどもこの答えは、むしろ質問であり、アンナの声は少し震えていました。そこで私は彼女と共に、幸福の概念を探るところからＡＡＡの旅を始めることにしました。

## 幸福とは何か？

長い間、幸福は、心理学分野の研究の対象になっていませんでした。本書で紹介していく、それほど深刻でないけれど精神的に疲弊する状況が無視されてきたように、ポジティブな状態と感情は、心理学が研究や臨床の分野として確立した初期の段階では、ほとんど無視されていたのです。実のところ、1990年代後半に心理学者のマーティン・セリグマンがポジティブ心理学を創設してようやく、心理学者たちは幸福の概念を理解しようとし始めたのでした。セリグマンは、うつ病の特徴である学習性無力感の研究からキャリアをスタートさせました。その彼が一転して心理学の「ポジティブな動き」のリーダーになったことに、当時私はかなり驚きました。

けれども、実のところ、その転向は理にかなっていました。セリグマンは、それまで自分は「有害なこと」ばかり研究していたので、メンタルヘルスの欠けたピース、すなわちポジティブさの研究を始めるのに最適な立場にあった、と語りました(注7)。よく知られていることですが、米国心理学会の会長に選ばれた彼は、就任演説でこう述べました。「心理学は人々の生活を向上させるという本来の目的を見失い、『良いこと』ではなく『悪いこと』にばかり執着するようになっています」。

このことは、アンナが経験した混乱の一部です。**彼女は、セリグマンの言葉を借りれば「本当に悪いこと」のない自分は助けを求めるに値しない、と考えたのです。**自分は心の病ではないと彼女は思っていました（この点については、私も大いに同意します）。実際、ネットで検索しても、医療サービスや慈善団体を通して情報を探しても、見つかるのは深刻な心の病の情報だけでした。これは明らかに、セリグマンが強調したように、心理学者が心の病の「治療」ばかり重視し、人間の日々の経験の細部について議論してこなかったからです。幸福については、比較的最近まで研究されなかったのです。

## 幸福は単なる感情か？

ポジティブ心理学の初期の研究者は、幸福を「主観的ウェルビーイング」と呼び、それを「心地よい感情――ポジティブな感情と総称される喜び、平静さ、誇り、畏怖、愛情など――が多く存在し、不快な感情やネガティブな感情――悲しみ、怒り、苛だち、嫉妬など――が比較的少なく、人生全体に満足している状態」と説明しました。けれども、人生に対する満足は感情を超えたものです。自分の人生にどれほど満足できているかという精神的な評価《メンタル・ジャッジメント》であり、あらゆる判断や認識と同様に、現在の状況、環境、過去の経験などに影響されます。また、ポジティブな感情もネガティブな感情も、多くの要因に影響され、その要因には、空腹、喉の渇き、熟睡できたかどうか、といった生理的・行動的要因も含まれるのです。

## 幸福の要因とは？　「ビッグ・セブン」

ポジティブ心理学の分野が拡大するにつれて、何が人を幸せにするのかを理解するために、ますます多くの研究が行われるようになりました。そして幸福が単なる感情ではないことが明らかになるにつれて、なぜ幸福な人とそうでない人がいるのか、なぜそれが重要なのかが、注目されるようになりました。

幸福の要因は7つあるとされています。**家族および親密な人との関係**（**幸福にとって最も重要な要因と見**

**なされています**）、**経済的安定、仕事**（**自尊心と自己評価に寄与し、経済的安定とは別**）、**コミュニティと友人、健康、自由、個人の価値観です**（注8）。とは言っても、肝心なのは、これらの要因が生活の中にあるかどうかではなく、自分にとってどれほど重要か、ということです。このように幸福を概念化すると、幸福に寄与する要素と、もっと幸福になるためにできることが明らかになります。

日常感じている混乱や不満を解きほぐすために、AAAアプローチの「気づき」を高める簡単なエクササイズから始めましょう。これまで見果てぬ夢を追いかけてきた人も試してみましょう。

エクササイズ

## ライフ・アセスメント（生活の評価）

以下に挙げるのは、今あなたが特に満足できる（あるいは不満を感じる）生活の領域です。各領域を10段階で評価しましょう。特に満足できている分野は10に近い点数になり、不満を感じる分野は0に近い点数になるでしょう。評価することが目的ではないので、それぞれの領域について今自分がどう感じるかを、時間をかけて考えましょう。

◎ 重要な他者／パートナー
◎ 個人の価値観
◎ 余暇と趣味
◎ 自由

◎ 仕事
◎ 財産、経済的安定
◎ 健康
◎ 友人と家族

さて、点数を見て、何が浮かんできたでしょうか？ 何か驚くような発見があったでしょうか？
最も点数が高い2つの領域と、最も点数が低い2つの領域を見て、なぜそのような点数をつけたのか、考えてみましょう。
急ぐ必要はないので、じっくり考えて、正直に答えましょう。

アンナは「友人と家族」と「仕事」に最も高い点数をつけました。その点数は、最初の面談で語った内容を反映していました。もちろんこの発見は重要ですが、彼女の本心をより語っていたのは、最低の点数をつけた「健康」と「自由」の方です。とりわけ「自由」に低い点数をつけたことを、彼女は認めたがらず、恥じているように見えました。

このことが彼女を刺激したのは確かでした。そして「健康」に不満を抱いている理由を掘り下げていくと、スモール・トラウマが見えてきたのです。

私はアンナとのセッションを通じて、彼女が人生のほとんどを「仕事」と「家族」に捧げてきたことに気づきました。その2つは彼女の価値観の鍵でしたが、そのバランスをとるのは難しいと感じていることが、次第に明らかになりました。また、スモール・トラウマを見つけるためにライフ・アセスメントを探っていると、ある経験が見えてきました。

彼女は10代前半の頃、かなり長い間、体調不良に悩まされました。けれども、血液検査でも他の検査でも異常は見つからなかったので、どの医師も相手にしてくれませんでした。やがて彼女自身、自分が病気かどうかを疑うようになり、ついには、気のせいだと思うようになったのです(56～57ページの医療ガスライティングについての枠内を参照)。学校を休みがちになり、学業だけでなく人生そのものにも遅れをとっていると感じ始めました。体調は次第に良くなりましたが、同級生に遅れているという感覚は消えませんでした。客観的に見れば、十分追いついていたのですが。

あなたはこんな夢を見たことはないでしょうか。バスや電車に乗り遅れて、「止まって！ 私はそれに乗るのよ！」と叫んで必死に走っています。でも、心の底では、追いつけないとわかっているのです。アンナは、この夢のように悩ましい感情を抱いていました。何をしても、どれほど多くの賞や昇進を手にし、どれほど偉業を成し遂げてもその感情は消えなかったのです。両親は大いに心配しながらも、彼女を応援し、「何も心配しなくていい、幸せになってほしいだけだ」と繰り返し言いました。

10代後半になって健康が回復し始めると、アンナは懸命に、病気になる前の幸せでのんきな少女に戻ろうとしました。愛情深く献身的に尽くしてくれる両親の期待に応えたかったからです。問題は、どうすれば幸せになれるかを誰も教えてくれないことでした。それは学校で教わることではなく、幸せになるための授業はありません。誰もが幸せになる方法を知っていると想定されているのです。そこでアンナは、クリエイティブな仕事をしたいという10代で抱いた夢を実現することが、幸せになる最善の方法だと考えました。

大人になってから、毎月、両親を訪ねるときに、彼女の心に影が差していたのは、そういうわけです。自分が幸せでなければ両親ががっかりするとわかっていたので、素晴らしい人生に満足しているふりを装いました。両親は彼女に、ただただ幸せになってほしいだけだと言い続けましたが、それは彼女がどれほど努力しても叶えられないことだったのです。

10代の頃の夢を実現したものの、気持ちは満たされず、それどころか、再び健康を害しつつありました。彼女は「末永い幸せ」を追い求めるあまり、人生の重要な領域をおろそかにしてきました。その悪影響が健康面に及ぶようになり、人生で最も困難だった時期――体調が悪く、どうすればいいかわからない時期――に舞い戻ってしまったのです。幸せになれなかったばかりか、再び体調不良に陥ったので、最も困難な時期に支えてくれた人たちをがっかりさせてしまった、と彼女は感じました。

彼女の場合、AAAアプローチの「気づき」の段階では、健康問題に関する経験、特に、診断がつかなかったことが、「末長く幸せには暮らせない」というスモール・トラウマの一部であったことをはっきり理解する必要がありました。

スモール・トラウマ

## 医療ガスライティング

「ガスライティング」とは、言動を否定したり、うその情報を与えたりして、正常な思考や判断ができない状態にさせることで、被害者は、自分の信念や経験や現実認識まで疑うようになります。親密な人間関係において起こりやすい一種の威圧的支配です。

ガスライティングは、最悪の場合、心理的虐待になりますが、医療などの現場では、より微妙な形で起きます。**医師が患者の訴えに耳を貸そうとせず、病気の兆候や症状を「心の問題」として説明する場合**がそれにあたります。これは女性により頻繁に起きる現象で、女性だけが（あるいは主に女性が）かかる疾患の多くで、診断がつくまでに時間がかかる原因の1つになっています。たとえば子宮内膜症は、診断されるまでに平均で4年から11年かかり、その間に、取り返しのつかない不妊の問題を含め、消耗性の痛みとその他の症状が、女性と家族を大いに苦しめることがあります（注9）。

男性と女性が同じ症状を呈していても、ジェンダーバイアスのせいで女性の訴えはあまり信じてもらえず、治療まで長く待たされがちです（注10）。このように医療ガスライティングは、苦しむ人々を黙らせ、治療できるはずの疾患の治療を求めさせないので、きわめて陰湿だと言えます。

今私たちは、スモール・トラウマが長い年月をかけて育っていく様子を目の当たりにし、人生に対する不満や不幸の原因を突き止めるのが難しいわけを理解しつつあります。アンナの場合、驚くべき事実が明らかになりました。スモール・トラウマの例に漏れず、彼女は自分の経験が注目に値するほど深刻だとは思っていなかったのですが、彼女が経験した医療ガスライティングは、自分の体のことはよく知っているという自信だけでなく、人生の他の領域にも飛び火して、自信を損なったのです。

病気の診断がなかなかつかなかったせいで、彼女は、病気になったのは自分のせいだと思うようになりました。この気持ちを、創造的で素晴らしいキャリアという幸せそうなうわべで覆い隠そうとしましたが、それは明らかにトキシック・ポジティビティ（有害なポジティブさ）であり、今では輝きを失い始めていました。

## トキシック・ポジティビティという呪い

トキシック・ポジティビティとは、どんな辛い状況でもポジティブで明るい考え方を維持すべきだという信念です。よくある例は、どんな状況にあっても、「前向きでいなさい！」、「元気を出して」、「明るい面を見よう」などと励まされることです。幸福感や楽観主義などのポジティブさが心身の健康に良いことは、誰もが知っていますが、**本当に辛い状況にある人が苦悩を表に出すことを恥じるのは精神衛生にとって有害です。**

もっとも、往々にしてトキシック・ポジティビティに悪意はありません。むしろ、励ます人の多くは、人生の困難に直面している人を慰め支える方法を知らないだけなのです。「明日はきっと良くなる」と言って励ますのは良いことだと考えられがちですが、励まされた人は、かえって孤独感をつのらせたり、理解してもらえないと感じたりするものです。苦悩を抱えながらじっとしているのは大変ですが、その人にとっては必要なことなのです。

トキシック・ポジティビティが有害なのは、相手が自分の経験を理解して感情をコントロールするのを妨げるからです。励まされた人は困惑し、ときには苛だちますが、当人にはその理由がわかりません。最悪の場合、ポジティブになれないことを恥じて、自分の経験や感情を正直に語れなくなります。つまり、トキシック・ポジティビティは不安や孤独感をともない、それ自体がスモール・トラウマになり得るのです。

そういうわけなので、今度、誰かが困難な経験や感情について語り始めたら、「明日にはきっと良くなるよ」と言うのではなく、話を聞いてあげましょう。ただ聞くだけです。アドバイスしたり、どう言えば相手は気分が良くなるだろうか、と悩んだりする必要はありません。ただ相手の言葉に耳を傾けるだけでいいのです。

私たちは人の話を聞くのが少々下手になったようです。だから、練習しておくのもよいでしょう。友人か愛する人が心を開いて語り始めたら、あなたは、どう答えようかと焦って、頭がいっぱいになるかもしれません。そんな場合は、気持ちをそっと会話に戻し、愛する人の心に寄り添いましょう。そうすれば、トキシック・ポジティビティがもたらす善意からであっても間違った励ましよりも、はるかに相手のためになるでしょう。

## AAAアプローチ：ステップ2　受容

ここまでの学びから、**人が人生のある領域を優先して他の領域を犠牲にする背景には、スモール・トラウマが存在すること**が見えてきました。感情について理解を深めていけば、始終幸せの仮面をかぶる必要はなくなり、より穏やかになり、自制心を取り戻すことができます。この新たな「気づき」をさらに育てるために、AAAアプローチの次の段階である「受容」へ進みましょう。

エクササイズ

### ライフ・プロット（人生のグラフ）

AAAアプローチでは、シンプルな視覚化のテクニックを活用します。それは人生において相反する力

【人生のグラフ】

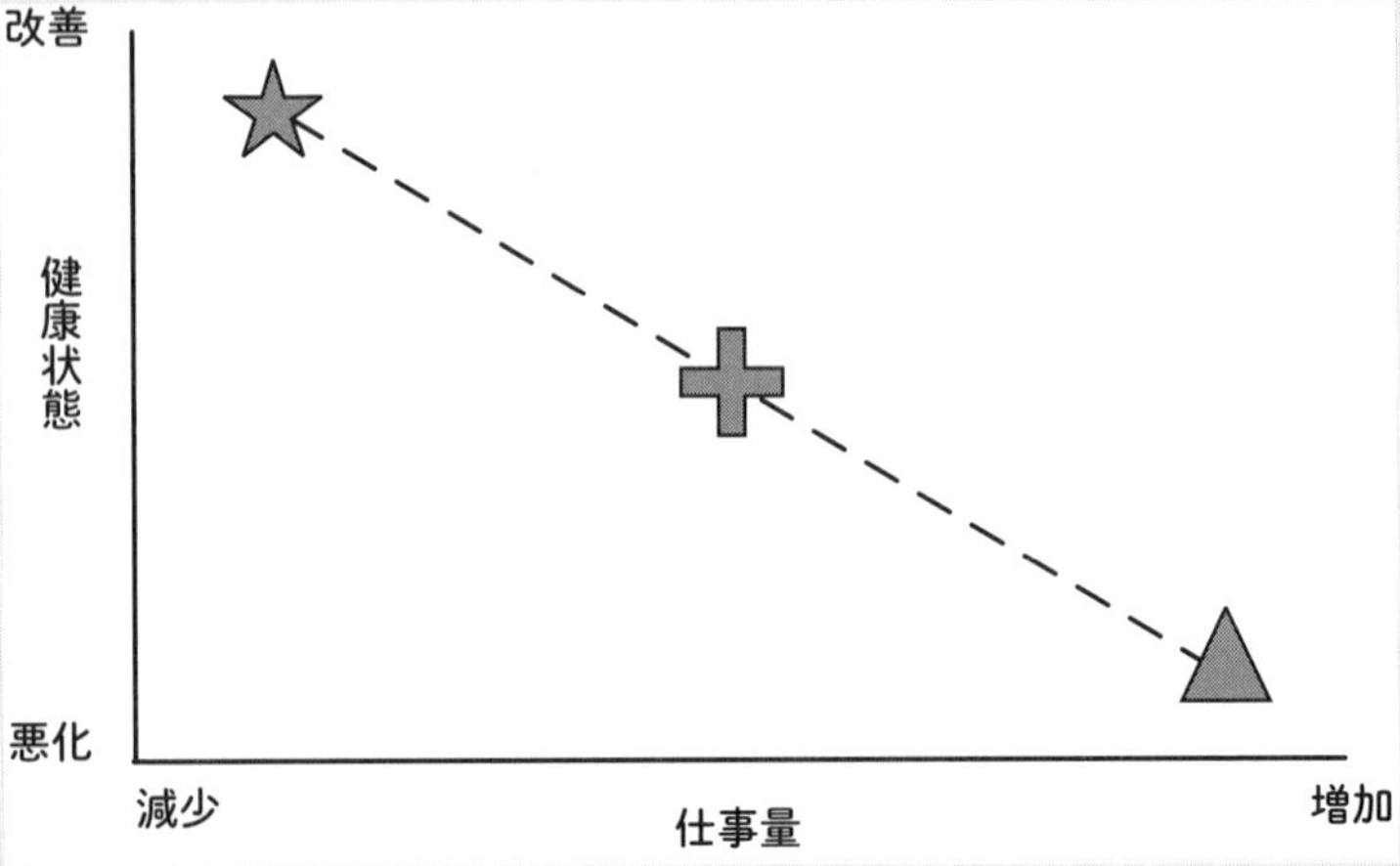


を視覚化し、折り合いをつけるための簡単な方法です。ライフ・アセスメントで点数が最も高かった領域と、最も低かった領域（アンナの場合は仕事と健康でした）を取り上げ、それぞれを縦軸と横軸にとるグラフに現状を書き込みましょう。

グラフ上の三角形で示したように、アンナは仕事量に高い点数をつけ、健康状態に低い点数をつけました。本書の他のエクササイズと同様に、この作業には正直さと率直さが求められます。アンナは、仕事量がピークだった時期に健康を害し始めたことを正直に認めました。次にグラフの点を移動し、この関係がどうなるかを見ていきましょう。プラスマークが示す通り、仕事量が減ると、健康状態は改善しました。さらに、仕事量が最も少ない時期を振り返ってみると、その頃、彼女の体調はベストでした（星印）。

皆さんも同様のグラフを用いて、ある領域の量を変更すると、他の領域にどのような影響が出るかを調べてみましょう。アンナの場合、仕事量と健康には明らかに負の相関が見られましたが、グラフがU字型になる人も少なくないでしょう。その場合も、2つの領域のバランスが最善になるスウィート・スポットがあるはずです。あなたのグラフがアンナのグラフと違っていても、心配はいりません。なぜなら、「受容」に向かう旅は、まだ半ばだからです。

アンナは2つの厳しい現実を受け入れ始めました。それは、(1) 夢のような仕事に注力してばかりいると健康を害する。(2) 幸せになること自体が人生の目的ではない、ということです。

あなたはライフ・プロットで何を発見したでしょうか。ある領域だけが優先され、人生全般の質が損なわれてはいないでしょうか。私のクライアントのクレオは、このエクササイズによって厳しい現実に直面しました。これまで彼女は、時間とエネルギーと資源の大半を家族に注いできましたが、子どもたちにそれほど必要とされなくなった今、生活の他の領域が不足していることを知ったのです。こうなるとわかっていても、彼女は子育てのスタイルを変えなかったでしょう。けれども、育児に追われて自分を見失っていたことを受け入れるまでには努力を要しました。

ライフ・プロットは感情面でも心理面でもきわめてタフな作業になります。これに限らず、本書で紹介するテクニックを試してひどく落ち込むようなら、少し時間をとって、第1章の呼吸のエクササイズを行いましょう。

## ただ幸せになりたいだけ、という問題

「ただ幸せになってほしい」というのはありふれた言葉で、無害なだけでなく、温かく、思いやりがあり、相手の支えになるように思えます。けれどもこの言葉は、現代において最も有害な言葉の1つかもしれま

せん。そう聞いて驚く人もいるでしょうが、誰か、あるいは自分自身が幸せになることを望むのは、根本的に間違っています。それは子どもに向かって、「この上なく美しいチョウを捕まえてきて、瓶に入れて、いつまでも飼いましょう」と言うようなものなのです。

チョウはもちろん実在し（ここで言っているのはごく普通のチョウのことで、希少種のことではありません）、捕まえて瓶に入れておくことはできますが、そう長くは生きられないでしょう。必然的にあなたはチョウを失います。それなのに、あなたが愛する人は、この世で何より素晴らしいことはきれいなチョウを飼うことだと言い続けるのです。

**永遠の幸せを求めることはスモール・トラウマになり得ます。なぜなら、そうすると人は生涯、自分は何かが足りないと思い続けることになるからです。**両親があなたに望むものを、あなたが決して手に入れられなかったら、あなたは完全な敗北者なのでしょうか？

いえ、そうではありません。だからこそ、幸福の作用を正しく理解することがきわめて有益なのです。

## 快楽の踏み車

「快楽順応」（注11）は「ヘドニック・トレッドミル（快楽の踏み車）」とも呼ばれ、幸福感は経験するたびに薄れていくことを指します。幸福感を追い求めるのは、先ほどのチョウを捕まえようとするのに等しく、これを「虹を追う」と表現する人もいますが、その表現は必ずしも正しくありません。なぜなら幸福感は実際に経験できますが（チョウを捕まえることは可能です）、虹を追いかけても、それを摑むことは決してできないからです。幸福は幻影ではなく、現実に経験することなのです。しかし、束の間、幸福感に満たされても、すぐ元に戻ってしまう、というのが快楽順応の考え方です。さらに言えば、人は、同じ源泉からもたらされる幸福感に慣れ、時とともにその幸福感は薄れていきます。

これについて調べた優れた研究がいくつかあります。その1つは、途方もなくラッキーな経験と、逆に命が縮まるような経験の後で、幸福感がどうなるかを調べました。前者の例では、宝くじに当たった1年後、当選者たちの人生に対する満足度は、当選前に比べてわずかに高いだけでした。実質的に不幸になり、当選しなければよかったと言う人もいました。一方、後者の例として、大きな事故に遭って半身不随や四肢麻痺になった人たちは、自分の幸福度は同年代の人々よりやや低いだけだ、と報告しています（注12）。

これは幸福にまつわるもう1つの秘密を明かしています。それは、好ましい出来事、好ましくない出来事、あるいは人生が変わるような出来事がもたらす感情を、私たちは過大評価しがちだということです。これはインパクトバイアスと呼ばれます。最高の気分になれそうな状況は確かに幸福感を急上昇させますが、それは私たちが期待するほどの大きさでも期間でもありません。同様に、私たちが恐れる状況も、実際には思うほど不幸ではないようです。さて、お伝えしたい幸福の秘密は、もう1つあります。

## 私たちは常に幸せでいられるようにはできていない

1分間、考えてみましょう。**基本的に、私たちは常に幸せでいるようにはできていないということについて。**

私たちの目的は、幸せになることではないのでしょうか？　そうでないとしたら、生きることの目的は何なのでしょう。答えは実に単純です。進化的に見れば、私たちは、子孫を残し、人類を存続させるために生きているのです。この考え方は一見、敗北主義のように思えるかもしれませんが、実際には、私たちを解放してくれます。なぜなら、常に幸せでいたいという願望を手放せば、地に足をつけて、今を生きられるようになるからです。そうすれば、快楽の踏み車のような幸せと不幸せの連続ではなく、常に平穏で深い満足を得られる人生を生きることができるでしょう。

## 幸福の金のなる木

世界のウェルネス業界は、モチベーション思考、幸せになるためのあらゆる教室や製品、数えきれないほどのウェルネスの実践方法を売り物にして、現在では、数兆億ドル規模に成長しています。兆というのは100万の100万倍です。私たちが苦労して稼いだお金を、ウェルネス業界は美辞麗句を並べて吸い上げているのです。ある意味、その業界は、道徳的な仮面をかぶった美容業界のようなもので、美容業界と同じ心理トリックを使って私たちを魅了します。その中心となる幻想は、私たちはいついかなるときも幸せであるべきだ、というものです。

逆説的ですが、「ウェルネス」がこれほど注目されるのは、ウェルネスの探求が常に不毛な結果に終わるからです。人間は常に幸せでいられるようにはできていないのです。けれども、この勇敢な探求の途上では、「あなたは常に幸せでいるべきです。そうなれないのは、何か根本的な問題があるからです。それを解決しなければなりません」と言われ続けます。

私たちは幸せになることを望み、束の間、純粋な幸せを感じることもありますが、そのような瞬間は稀にしか訪れません。だからこそ、幸せな瞬間の一つひとつを大切にすることが重要なのです。

## AAAアプローチ：ステップ3　行動

ここで言う行動とは、束の間の幸福感やポジティブな感情を大切にしながら、長期的にはビッグ・セブン（家族および親密な人間関係、経済的安定、仕事、コミュニティおよび友人、健康、自由、個人の価値観）のバランスをとって、満足感を持続させることです。

### 一日を明るくするちょっとした秘訣

人生を十分に生きるには、さまざまな感情を経験する必要があります（これについては第3章で掘り下げます）。そして、一日の中に小さな幸せをちりばめることで、幸福感を高めることができます。快楽の踏み車に引き戻されることなく気持ちを明るくする方法をご紹介しましょう。

#### 褒め言葉の瓶を作る

空き瓶を用意しておいて、誰かに褒められたら、紙に書き留めて、その瓶の中に入れましょう。自分の好きなところを自分で書いてもいいですし（難しいけれど、慣れたら簡単にできるようになります）、自分の長所を愛する人に尋ねて、それを書いてもいいでしょう。小さな偉業についてもそうしましょう。大きな偉業でなくてもいいのです。手芸品を仕上げることができたとか、不作法なメールに怒らずに返事を書くことができた、といったことでも十分です。そして落ち込んだときには、目を閉じて、瓶から紙を一枚取り出して読めば、自信が湧き、明るい気分になれるでしょう。

## 微笑む

そう、微笑むだけです。微笑みたい気分にならなくても、眉間を開いて微笑むだけで、ポジティブな気分になれるのです。カンザス大学の研究者たちは、作り笑いでさえ気分を良くすることを発見しました（注13）。とは言っても、純粋な微笑みの方が、よりパワフルに気分を上げます。純粋な微笑みを引き出す最善の方法は、他の誰かを微笑ませることです。フランスの神経学者ギヨーム＝バンジャマン・アマン・デュシェンヌは、純粋な微笑み（デュシェンヌ・スマイルと呼ばれる）は、目と口の周りの筋肉を使うが、儀礼的な微笑みは口の形を変えるだけだ、と指摘しています。誰かをデュシェンヌ・スマイルにして、自分とその人の一日に幸せの灯りをともしましょう。

## 姿勢を良くする

少し時間をとって、幸せなときの人の体がどう見えるか、どのように立っているか、どのような姿勢をとっているかを思い出してみましょう。おそらく、胸を開き、背筋を伸ばし、頭を上げ、全身で世界を歓迎しているのではないでしょうか。では、いくぶん不快な感情を抱えている人の姿勢はどうでしょう。背を丸め、人を拒絶し、近づきがたい雰囲気を漂わせているのではないでしょうか。気の持ちようで体は変わる、とよく言われますが、逆もまた然《しか》りで、姿勢やボディランゲージの変化は、感情に直接影響します。今度、気持ちを上向きにしたいと思ったら、幸福な人の姿勢を真似てみましょう（注14）。

## 幸福になるための、より長期的な処方箋

幸福感と、人生に対する満足感を持続させたければ、先に紹介したライフ・アセスメントに戻りましょ

う（53〜54ページの枠内を参照）。**自分の人生に欠けている領域に注力することで、その場かぎりの快楽主義的な幸福感から、幸福感の真髄である、より深い自己実現へと進むことができます。**もう一度、自分の点数を見て、次のように自問しましょう。

**◎今、どの領域に取り組みたいか？**
**◎なぜ、その領域を選んだのか？**
**◎その領域のスコアが10点になったら、人生はどう変わるだろうか？**
**◎スコアを上げるために（たとえば2つだけ挙げるとしたら）何が必要だろうか？**

「気づき」と「受容」というAAAアプローチの最初の2段階を経て、今、モチベーションは最高になっているはずです。AAAアプローチを段階的に行うことが重要なのはそのためです。人生を変えるには努力が必要ですが、あなたには知識（気づき）と自分に対する思いやり（受容）があるので、ライフ・アセスメントのTLC（Tender Loving Care: 優しく愛情のこもった世話）を必要とする領域に的を絞ることができます。スモール・トラウマの支配から脱したアンナは、この最終段階で次のようなアクション・プランを立て、健康領域のスコアを3から5に引き上げました。

**◎自分の人生について、良い時期や幸せな時期もあれば、仕事がきつく困難な時期もあることを、正直に家族に語る。**
**◎職場でも、家族に対しても、ピープル・プリージング（人を喜ばせようとする性質）を抑制する。**

◎ **日中、少し休憩の時間をとる。ランチタイムにちょっと外出するだけでもよい。**

本書の後半ではビッグ・セブンのバランスをとるためのアイデアをいくつか紹介しましょう。人生の満足度を高めるために、参考にしてください。

### 幸福感を持続させるプロンプト

**1** 喜びを感じられるシンプルなことを、毎日3つ思い浮かべて日記に綴り、なぜそう感じられるのかを探求しましょう。

**2** 日々の生活において、何らかの形でセルフケアを行っているでしょうか? 行っていなければ、自分に優しくする小さな行いを3つ思い浮かべて日記に書き留めましょう。

**3** 何をしているとき、あなたは最も生き生きとして、インスピレーションや意欲を感じられるでしょうか?

Chapter 2 まとめ

どんなときも幸せでいたいと願うのは、チョコレートでティーポットを作るのと同じくらい無益なことです。終わりのない快楽の踏み車から降りれば、より深遠な幸福感を育てることができます。自分にとって大切な領域に注力すれば、その場かぎりの快楽主義的な幸福感に頼る必要はなくなり、感情豊かで満足が持続する人生を築くことができるでしょう。

Chapter 3

# 心地よい麻痺
## ——無感情とスモール・トラウマ

この章では次の項目について掘り下げます：

◎うつと気だるさの違い
◎心の健康の緩やかな変化
◎感情リテラシーと感情バイオーム
◎有害な男らしさ
◎幅広い感情を経験して感情バイオームを育て、心の免疫システムを強化する

「うつ（depression）」という言葉には、問題と解決策とその間にあるすべてを含んでいるような響きがあります。うつ病になる人は今も増え続けていますが、幸いなことに、多くの人が経験するのは、この診断可能な精神疾患ではなく、感情が麻痺した状態で、原因はスモール・トラウマにあります。本章では、「心地よい麻痺状態」と、その状態から抜け出る方法を見ていきましょう。

私の診察室に新しいクライアントのノアがやってきました。肩を落とし、床を見つめています。「来たくなかったのだけど」と弱々しい声で言って、こう続けました。

旧友とビールを飲んでいたら、「きみは、どうにかするべきだ」と言われました。「こうして飲んでいても、まるで知らない人といるみたいで、気まずいよ」。彼はぼくのことを心配してくれました。それでここに来たけれど、何をしゃべればいいのか、わかりません。

クライアントの中には、挨拶もそこそこに話し始めて、1時間ずっと話し続ける人もいれば、自分の苦しみを言葉にできない人もいます。ノアは後者でした。けれども、少し沈黙した後に、彼はこう言いました。「ぼくをうつだと思うでしょう？　違いますよ。頭がいいから、うつにはなりません」。

ノアと私の探求の旅は、こうして始まりました。精神の病は今も偏見を持たれがちですが、メンタルヘルスについて語ることについては、ここ5年から10年の間に大きな前進がありました。とは言っても、いまだ道のりは遠く、現にノアは、自分は「うつではない」と断言しながら、自分の状況を言葉で説明できなくて、苦しんでいました。

ノアはしばらく黙りこくっていましたが、ついに「ぼくは麻痺しているのです」と言いました。その状態はずいぶん前から続いていて、他に表現する言葉が見つからないそうです。

## うつとは何か？

時々気分が落ち込むのは、いたって正常なことで、むしろ人間であることの一部です。実のところ、私たちはポジティブな感情よりネガティブな感情を抱きやすいようにできています。なぜなら進化的に見れば、生き延びるために、良くない状況に気づく必要があるからです。初期の人類に比べて、私たちの生活ははるかに安全になりましたが、脳はこの否定的な回路を捨てることができていません。

では、イーヨー（『クマのプーさん』に登場する悲観的なロバ）のような悲観的な気分と、治療が必要な深刻なうつ病などの兆候は、どうすれば見分けることができるでしょう。以下に挙げる兆候が見られたら、単に気分が落ち込んでいるのではなく、抑うつ障害が潜んでいる可能性があります。過去2週間のあなたの状態を振り返ってみましょう。

◎ほぼ常に、悲しい、虚しい、希望がない、と感じる。
◎以前は楽しめていた活動に興味を持てない。
◎夜間も昼間も眠れない、逆に、長時間眠りすぎる。
◎以前より疲れていて、エネルギーが湧かない。
◎過食気味で、体重が毎月5パーセントずつ増えている。あるいは食欲がわかず、体重が毎月5パーセントずつ減っている。
◎自分や人をがっかりさせて、自分はダメな人間だと感じている。
◎集中しにくい。いつも見ていたテレビ番組さえ、集中して見ることができない。
◎そわそわしたり、落ち着きがなくなったりする。逆に、動作や話し方がいつもより遅くなる。
◎自殺未遂にはいたらなくても、自殺願望があったり、死について繰り返し考えたりする。
◎以上の兆候のせいで、仕事、学校、家族の役割など、日常生活に支障が出ている。

## 微笑みうつ病（高機能性うつ病）かもしれない

先に挙げた兆候のいくつかに覚えがあって、落ち着かない気分になるものの、日常生活は普段通りに送ることができているのであれば、微笑みうつ病になっている可能性があります。この病気は診断されなかったり誤診されたりしがちです。と言うのも、本物のうつ病では、家族、友だち、家事、仕事、好きなスポーツや趣味との関わりに困難が生じ、他の人から見ても変化がよくわかりますが、微笑みうつ病では、心の中はひどく苦しんでいても、表面的には何もかもうまくいっているように見えるからです。うつ病の程度が軽いわけではないのですが、日常生活をこれまで通り送ることができているので、診断が難しくなります。

**もしあなたが「日常生活」を送るために多大な労力を費やしていて、この章に挙げた他の兆候も経験しているのであれば、すぐ助けを求めましょう。**心の中の脆い楼閣が崩れかけていることに気づかず、土台が見えないほど崩れてようやくメンタルヘルスの問題を発見する、ということはあまりに多いのです。微笑みうつ病であってもなくても、介入が早いほど、うつの症状を改善できるのは確かです。言うほど簡単でないのはわかりますが、助けを求めましょう。あなたがどん底に落ちる前に、手をつかんで引っ張り上げてくれる人は必ずいるはずです。

うつ病のようなメンタルヘルスの問題を抱えている人は非常に多く、あなたがそうでなくても、知人の誰かがそうなっている可能性はかなり高いと言えます。けれども、もしあなたが（いつもではなくても）かなり頻繁に気分の落ち込みを感じるのであれば、スモール・トラウマと感情リテラシーというテーマを詳

【心の健康の推移のモデル】

しく見ていく必要があるでしょう。

## AAAアプローチ：ステップ1　気づき

ノアの症状は、うつ病の診断基準には当てはまらなかったのですが、彼が無感情というスモール・トラウマの症状に苦しんでいたのは確かでした。そのため、AAAアプローチの第一段階である「気づき」から始める必要がありました。「はじめに」で述べたように、メンタルヘルスと心の病には大きな隔たりがあり、従来の医療には、深刻なケースにしか治療を施さないという傾向が見られます。そのため、**気分の落ち込みに苦しんでいても、専門家の助けを求めるほどではない人々が大勢、取り残されているのです。**このようなことがあってはならないと私は考えています。誰にも、虚脱感に囚われる人生ではなく、幸福を感じる人生を送る権利があるのですから。

コロナ禍の最初の年には虚脱感というトピックが広まりましたが、それはポジティブ心理学の分野では以前からよく使われていた言葉です。上に示した「心の健康の推移」を調べれば、メンタルヘルスと心の病との違いだけでなく、それぞれのレベルの違いも見えてきます（注15）。私はノアと一緒にこのモデルを見て、「今どのように暮らしていますか」と尋ねたところ、ノアは「虚脱感と惰性の中間だけれど、その日その日は、どうにかこなせています」と答えました。つまり、仕事や食事は通常通りこなせていたのですが、友人から「最近のきみは、B級のゾンビ映画のゾンビみたいだ」と言われて目が覚めたそうです。それまで自分のメンタルヘルスを疑ったことは一度もなかったと彼は言いました。そう聞いて私は、スモール・トラウマを解明するための質問を投げかけました。

ノアにとって感情を語ることは難しかったので、私たちは生活の現実的な側面に注目しました。ノアは、パートナーを見つけたいと思っていたものの、昔と違ってバーや職場での出会いは期待できない、と考えていました。そこでマッチングアプリを試したそうです。そうすれば少なくとも人前で断られて恥をかくことは避けられる、と思ったからです。「それはとんでもない間違いでした。一晩に1回振られる代わりに、1日に10回以上振られたのです」。

彼は、そこにはパートナー候補がぎっしり集まっているので、クリックしただけで自分にぴったりの相手が見つかるはずだと思い込んでいましたが、数え切れないほどの相手から次々に断られるという、きわめて辛い経験をしたのでした。「身近にも、広い交友関係にも、ぼくに合いそうな人はいなかったから、最初はわくわくしましたが、しばらくすると、率直に言って憂鬱になりました」と彼は言いました。この経験を友だちに話しましたか、と私が尋ねると、「もちろん話していません。きっとバカにされるから！」と彼は答えました。マッチングアプリがもたらしたスモール・トラウマに加えて、この言葉は、ノアの無感情の原因を知る上で重要な手がかりになりました。

スモール・トラウマ

## マッチングアプリの恐怖

マッチングアプリは、人間の求愛行動を指一本でのスワイプに凝縮したものです。一部の人には向いているかもしれませんが、多くの人にとっては、見かけだけで相手を判断するものであり、恋人候補との出会いのニュアンスや複雑さ、それに付随するさまざまな要素を見逃しています。私たちはバーや職場でも、数秒のうちに人を外見から判断しますが、そこでは会話ができます。彼らは楽しい人かもしれないし、『スター・ウォーズ』のバックストーリーの好みが自分と同じかもしれません。また、彼らの瞳には、フィルターをかけた写真では見ることのできない輝きがあるかもしれません。マッチングアプリは、求愛を骨組みだけにするばかりか、残酷な方法でそれを行うのです。そのため、ユーザーは不安を感じ、ソーシャルメディアに取り憑かれたようになり、うつ病の症状を示すこともあります。

## なぜスモール・トラウマは感情を表現しにくくするのか?

ノアは友人たちと仲がいいのに、なぜ自分の感情を彼らに語ることができなかったのでしょうか。多くの人は子どもの頃に、「騒がないで」、「いい子にしていなさい」、「後になって泣いても仕方がないでしょう」と諭され、最悪の場合、「メソメソするな」と言われます。この種のしつけは、子どもがわけもなく駄々をこねるときには有益ですが、否定的な感情を抱いたり表現したりするのは恥ずかしいことだと子どもに思わせてしまうと、スモール・トラウマになります。ノアはその典型でした。

もう一人のクライアント、リリーは、幼い頃に母親が大うつ病を抱えていたので、「ママがよくなるために」どんなことでもしたそうです。当然ながら母親の病気を治すことはできなかったのですが、リリーは自分の暗い感情や考えを誰かに明かすことを恐れるようになり、それは大人になってからも続きました。

ノアとリリー、どちらのケースでも、禁欲的な考え方しか受け入れてもらえない家庭環境がスモール・トラウマをもたらしました。特にリリーの場合、本音を明かすことは危険でさえあったのです。「落ち着いて、「がんばろう」、「できるだけ努力しよう」、「前向きになろう」等々、スモール・トラウマにつながる教えは無限にあります。

けれども、ここで立ち止まって少しの間考えてみましょう。本質的に「良い」感情も「悪い」感情も、おそらく存在しません。むしろ、あらゆる感情は有益な情報なのです。もし養育者がそのことに気づき、子どもがそれを理解するのを手助けしていたら、養育の仕方と、子どもの人生への影響は、違っていたでしょうか？ 誰でも怒りや悲しみ、苛だちを覚えることはありますが、そうした感情を隠すのではなく、自他のプラスになるように処理する方法を学んでいたらどうでしょうか？ こうして考えることで見えてくるのは、充実した生活と、たえず落ち込みを感じる人生との違いは、「悪い」感情を排除せず、うまくコントロールできるかどうかにあるということです。

自分の感情を正確に把握できない極端なケースは、「感情的盲目性」、医学用語では「失感情症」と呼ばれます。失感情症は小児期や青年期における感情の鈍化や、前頭葉の損傷（幸い、こちらは稀です）と関連づけられてきました。失感情症の人の中には、ポジティブな感情は理解できてもネガティブな感情は理解できない人もいますが、大多数は、感情全般を理解できません。

もっとも、失感情症でなくても、総じて私たちは、強い感情は説明できても、微妙で目立たない感情を説明するのは苦手です。**感情を説明する能力を私は「感情リテラシー」と呼んでいますが、それは非常に重要な能力であり、スモール・トラウマをうまく舵取りして、充実した人生を送るためには欠かせません。**

けれども、感情の説明の仕方を教わったことがなかったり、あるいはノアのように感情を口に出すことを抑制されたりしたら、感情を説明するのは難しいでしょう。実のところノアは感情について語るのは難しいと感じています（「男はそんなことはしないものです」と彼は言いました）。このことは、彼のスモール・

トラウマのパズルを埋めるもう1つのピースになりました。

スモール・トラウマ

## 大人の男は泣かない――有害な男らしさ

現在では、男性のメンタルヘルスに的を絞った支援も行われるようになりましたが、男性が自分の苦しみを語ったり、助けを求めたりすることは、女性よりはるかに少ないはずです。タフさ、好戦的、涙を見せない、といった男性的な特徴を良しとする「有害な男らしさ」は今も多くの社会で健在です。むしろ、状況は次第に悪化しているのではないでしょうか。映画、音楽、ソーシャルメディアなどの文化媒体には、男性性についてバランスのとれたアプローチも見られますが、総じて戯画化された「男らしさ」が溢れています。このような社会規範が、助けを求める行動に影響することもわかっています(注16)。こうして有害な男らしさはスモール・トラウマとして作用し、男性が自分の経験や感情について他者に語ることはもとより、ある種の感情を認識することさえ困難にしているのです。

## AAAアプローチ：ステップ2　受容

私たちは本質的に感情リテラシーが低いようで、感情を言葉で表現するのは往々にして難しいものです。そこで、言葉に頼らずに感情を掘り下げるために、次のエクササイズをお勧めします。このエクササイズを行えば、AAAアプローチの次の段階である「受容」に進みやすくなるでしょう。

ポジティブな感情であれ、ネガティブな感情であれ、感情に圧倒されそうになったら、このエクササイズを試しましょう。

エクササイズ

## 感情の漫画

観光地かどこかで漫画風の似顔絵を描いてもらったことがありますか？　ちょっと曲がった歯は滑稽で、縮れた髪の毛は、コンセントに指を突っ込んで感電したみたいです。これから紹介するエクササイズは、そうした似顔絵がとんでもなく高くついたことを思い出させますが、同時に、感情を言葉で表せなくても、その特徴を誇張して描けば、感情に息を吹き込めることに気づかせてくれます。

◎紙を2枚用意して、それぞれに体の略図を描こう。
◎次に、あなたが最近経験した「ポジティブ」な感情を思い浮かべよう。
◎その感情が感じられる場所を、一方の体の略図に書き込もう。
◎感情はどのように見えるか。輪郭はどうか。とげとげしいか、柔らかなのか？　その様子を描こう。
◎感情は何色か。たとえば、刺激的な赤？　それとも深い青色？　ふさわしいと思う色を塗ろう。
◎感情は体のどこに向かっているか。外？　内？　上？　下？　その動きを描こう。
◎感情の温度はどのくらいか。ぬるいか、やや熱いか？　やけどするくらい熱いか、それとも凍るくらい冷たいか？　それを描こう。

◎感情が伝わるスピードは？　速い？　それともゆっくり？　それを描こう。
◎続いて、「ネガティブ」な感情についても同じことをしよう。
◎できあがった2つの絵の違いを観察しよう。
◎色や形その他を微調整して、それぞれがどのように感じられるかを調べよう。

あなたが描いた2枚の絵は、（うまくいけば、）感情が多くの点で異なることを示しています。これらの要素はサブモダリティ（従属要素）と呼ばれ、ひとたび見つけることができたら、調整できるようになります。カメラのレンズでズームインしたりズームアウトしたりするようなものです。あなたにはそれらをコントロールする力があります。絵に戻って、感情の温度、スピード、色、その他の特徴を変えてみましょう。今、それらをどのように感じるでしょうか。今回は、聴覚も利用できます。感情を音と音量で表現し、音量、ピッチ、テンポを上げたり下げたりしましょう。

ノアとリリーにとってこのエクササイズは、感情リテラシーを高めるための最初の一歩になりました。無感覚、自分についての信念、経験が感情と世界観に与えた影響、この3つを結びつける初期の段階では、忍耐と自分への思いやりが何よりも大切です。やがてあなたは、これまでの人生を通じてある種の思い込みが強くなり、じわじわと感情を焼き尽くした結果、無感覚な空虚さだけが残ったことを理解し始めるでしょう。

## 感情バイオーム──重要なのは多様性

感情リテラシーの低さが当たり前になっているのは嘆かわしいことです。なぜなら**私たちは、さまざまな感情を経験し表現する必要があり、さらに言えば、「感情を感じる」ことを率直に「良いこと」として受け入れる必要があるからです。**

ここで、感情と腸内細菌叢《マイクロバイオーム》を比較してみましょう。近年では、誰もが腸内細菌叢に心を奪われ、プロバイオティクスやキムチや多種多様な発酵食品を腸内細菌に食べさせています（そうした情報を読んでも、しぶとくチョコレート・バーにかじりついている人もいますが）。研究者や科学者やテレビのドキュメンタリー番組は、自家製のケフィアやザワークラウトをたくさん食べると、腸内のシステムが多様で有益な微生物で満たされる、と語ります。腸内の微生物が私たちを必要とするのと同等に、私たちはこれらの微生物を必要としているのです。

また、かつては、腸内に「善玉菌」と「悪玉菌」がいると言われていましたが、現在では、腸内に悪いものはいないことがわかっています。それどころか、私たちの腸内の小宇宙では善玉菌と悪玉菌がバランスを保っていて、その秩序が乱れると、健康上の問題が生じるのです。感情の小宇宙（これを私は「感情バイオーム」と呼びます）もそれとほぼ同じで、**あらゆる感情を経験することで感情バイオームに栄養を与え、善い感情と悪い感情が調和して生きられるようにしなければなりません。**

感情の色は、あなたが塗った色で決まります。元彼からのメールは赤々とした苛だちを引き起こすかもしれませんが、この赤い感情が明るく輝いていることに気づくことは有益です。怒り、羨望、悲しみ──いずれも悪い感情と見なされてきましたが、すべて正常で本質的な感情であり、無視したり、押し殺したりするのは危険です。実のところ、不快な感情は有益で、何に耳を傾けるべきかを教えてくれるのです。覚えておいてほしいのは、感情はあなたへのメッセージだということです。立ち止まってそれに耳を傾ければ、未来の、より地に足のついた自分になるためのロードマップを得ることができるでしょう。一方、感情に耳を傾けなければ、私たちは休火山のようになり、表面的には穏やかですが、スモール・トラウマが刺激されると、激しい怒りが湧き上がるのです。

ここで私は再度、断言します。**「悪い」感情は存在しない、と。**腸内細菌叢と同じく、感情バイオームには多様性が欠かせないことを理解することが、感情の健康とリテラシーを保つカギなのです。体が腸内に棲む何兆もの多様な微生物を必要とするのと同様に、私たちは多様な感情を必要としているのです。

**エクササイズ**

## 絵文字ゲーム

感情リテラシーを高め、無感情に安住して人生をふいにするのを防ぐために、スマホさえあればどこでもできる次のエクササイズを紹介しましょう。

まず、スマホの一番よく使うアプリを開きましょう。メールでもワッツアップでもFacebookでも何でも結構です。そして最も頻繁に使う絵文字を調べましょう。たいていは最初に出てくる絵文字です。

そして、こう自問しましょう。

◎ **その絵文字に込めた感情は、自分にとってどのような意味を持つのか。**

◎最後にその感情を味わったのはいつだったたか。
◎ここで少々時間をとって自分と向き合おう。このエクササイズは、最初に思ったよりはるかに難しいものになるかもしれない。自分の感情を感じ、(第1章のエクササイズのように)腹式呼吸をして、自分が大丈夫なことを確かめよう。
◎さて、絵文字に込めた感情が心地良いものなら、その感情を自分の生活にもっと多く取り入れるために何ができるか考えよう。
◎それがあまり愉快な感情でなければ、最後にそう感じたときの状況や背景や周囲の人々のことを思い出そう。

この簡単なゲームは、「気づき」から「受容」へ進む助けになるでしょう。なぜなら、自分が選ぶ絵文字と感情バイオームとの間には、いくらか距離があることに気づかせてくれるからです。また、この「受容」の段階では、社会や幼い頃の経験が自らの感情抑制にどう影響したかについて、判断も非難もせずに掘り下げることができます。

もっとも、あなたが「スモール・トラウマによる無感情」という問題を抱えているのであれば、忍耐が必要です。と言うのも、感情バイオームを多様な感情で満たすには、かなり時間がかかるからです。幼い頃から学校でこのことを教えてくれたらいいのに、と私は思います。なぜならこれは生きていく上で最も重要なスキルの1つだからです。

## 言葉だけでなく……

感情リテラシーについて学校で学ぶことはほとんどなく、文化によっては、人間の感情バイオームを十分に語れるほどのボキャブラリーは存在しません。この点に関して、英語が第一言語か主要な言語である国に住む人々は、かなり不利な立場にあります。英語は他の多くの言語より単語数が多いのに、感情や人間関係に関するボキャブラリーは貧弱なのです(注17)。

感情を鮮明に表す語彙のうち、他の言語にあって英語にはないものの数は数百にのぼります。そのいくつかをリストアップしましょう(86~87ページの表を参照)。

言語は世界についての理解と認識を形成するので、人間の感情の全領域を表す語彙を持つことは、スモール・トラウマに取り組むときに大きな助けになります。新しい単語やフレーズを覚えるのも有益ですが、自らの母国語が感情を表現する語彙をあまり持たない場合は、芸術や音楽などの創造的な手段を活用して感情バイオームを育んでもよいでしょう。

## AAAアプローチ：ステップ3　行動

現実世界の心理学に取り組んでいる私のアプローチはクライアント中心で、現実的です。目標は感情の伝道者になることではなく、クライアントが長引く虚脱感や無感情から徐々に、そして継続的に、抜け出すのを手助けすることです。

クライアントたちはスモール・トラウマによって感情の抑制を強いられてきたので、感情を表現するのは難しいと感じがちです。したがって、いきなり純粋なトークセラピー（話し合い療法）をするのは難しいでしょう。そういうわけで、AAAアプローチの「行動」の段階では、非言語型のエクササイズによって感情バイオームを育てます。このエクササイズはセラピストと一緒に行うこともできます。

## 感情のプレイリスト

歌は感情を刺激し、心を揺さぶります。種類やジャンルは関係なく、共感できる曲はパワフルで強烈な感情を引き出します。もしあなたにとって言葉より音楽の方が心に響くのであれば、感情のプレイリストを作りましょう。そのリストには、お気に入りの曲だけでなく、さまざまな感情が湧き上がる曲を含めましょう。そして、それぞれの曲に対応する感情を、88ページの「感情の輪」から選びましょう。

ここでも絵文字ゲームの手法を用いて、感情リテラシーを高めることができます。ひとたび感情バイオームに気づき、それを育て始めると、心の免疫システムが強くなり、人生が投げてくるカーブボールをうまく扱えるようになります。

## バック・トゥ・ザ・フューチャー：郷愁で感情バイオームを育てる

感覚が麻痺していると、時間と空間の感覚を失いがちです。そのような状況から脱して感情バイオームを育む方法の1つは、人生を振り返ることです。郷愁に浸ることは社会的絆を強め、自己評価と幸福感を高めることが、さまざまな研究によって示されています（注18）。

郷愁はやすらぎをもたらし、将来のうつ病からも守ってくれます。厳しい状況にあるときにはなおさらです。過去を振り返ると、安全と安心を感じられていた頃のことが脳裏に蘇ってくるでしょう（人間は基

| 言葉 | 言語 | 意味 |
|---|---|---|
| Firgun | ヘブライ語 | 他者の業績や幸運を自分のことのように心から喜び、誇らしく思うこと。 |
| Jugaad | ヒンディー語 | 限られた資源を用いて、柔軟に問題を解決すること。なせばなる。 |
| Iktsuarpok | イヌイット語 | 誰かを待っていて、<br>まだ来ないのかとそわそわ動き回るときの、胸が高鳴るような期待感。 |
| Sprezatura | イタリア語 | 考え抜いた末の無頓着さ。<br>無関心を装うこと。 |
| Nakama | 日本語 | 家族のように感じられる親しい友人。 |
| Sarang | 韓国語 | 死ぬまで一緒にいたいと願うほどの強い愛。 |
| xīn rú zhǐ shuǐ（心如止水） | 北京語 | 雑念のない穏やかで静かな心境。 |
| Desenrascanco | ポルトガル語 | 困難な状況から臨機応変に抜け出す能力。 |
| Mudita | サンスクリット語 | 他人の喜びを自分のことのように<br>喜び、幸福を味わう。 |
| Vemod | スウェーデン語 | 自分にとって大切なものが終わり、<br>もう取り戻せないという、<br>優しく穏やかな悲しみ。 |
| Kilig | タガログ語（オーストロネシアの言語） | 好きな人（恋人とは限らない）と<br>交流するときに感じる胸のときめき。 |

【感情を表す語彙】

| 言葉 | 言語 | 意味 |
|---|---|---|
| Kanyininpa | ピントゥピ語（アボリジニの言語） | 抱く人と抱かれる人とのつながり。親が子に対して抱く深い養育の感情。 |
| Asabiyyah | アラビア語 | 共同体意識。 |
| Bazodee | クレオール語（トリニ語） | 陶酔し、ぼうっとしている。そわそわして放心状態になっている。恋愛の文脈で使われることもある。 |
| Fjaka | クロアチア語 | 心身ともに深くリラックスした状態。何もしない気楽さ。白昼夢のような状態。 |
| Krasosmutněn | チェコ語 | 美しい悲しさ。喜びに満ちた憂鬱。 |
| Arbejdsglaede | デンマーク語 | 仕事に由来する幸福感、喜び、あるいは満足感。 |
| Gezellig | オランダ語 | 他者との経験の共有に由来する居心地のよさ、親しさ、くつろぎ、親密さ。 |
| Myotahapea | フィンランド語 | 共感性の羞恥心、胸がしめつけられる感じ。 |
| Suaimhneas | ゲール語 | 心の平穏。たとえば、一日の仕事を終えたときの気持ち。 |
| Sitzfleisch | ドイツ語 | 持久力の一種で、困難または退屈な仕事をやり続ける能力。 |
| Vacilando | ギリシャ語 | 目的地への到達よりも、そこにいたるプロセスを重視する放浪の思想。 |

【感情の輪】

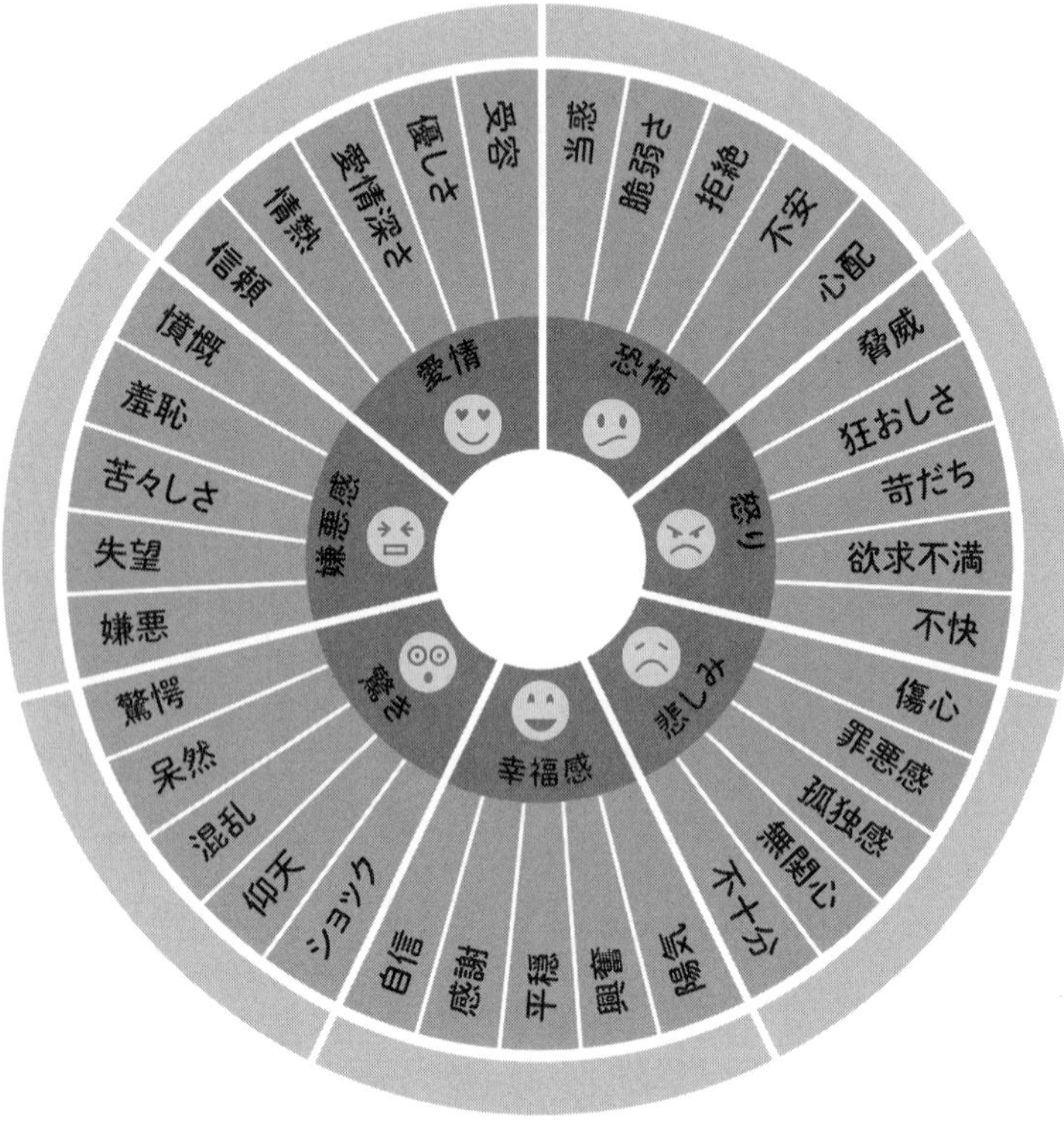

愛情
受容
優しさ
愛情深さ
情熱
信頼
恐怖
恐怖
脆弱さ
拒絶
不安
心配
怒り
脅威
狂おしさ
苛だち
欲求不満
不快
悲しみ
傷心
罪悪感
孤独感
無関心
不十分
幸福感
陽気
興奮
平穏
感謝
自信
驚き
ショック
仰天
混乱
呆然
驚愕
嫌悪感
嫌悪
失望
苦々しさ
羞恥
憤慨

本的に安全と安心を求めるものです)。人は人生の困難に直面すると郷愁にひたりがちです。そして、あなたも気づいているでしょうが、社会全体が困難な時代には、過去の文化に惹かれる傾向が高まるようです。

時として郷愁は、「過去に縛られること」と混同され、「気持ちが前に進まない」というネガティブな意味に解釈されます。それは誤解で、むしろ郷愁は、現在の生活を個人的な意味や価値観と結びつけることを可能にします。それらがメンタルヘルスの基盤であるのは、誰もが知る通りです。つまり、郷愁は私たちを無感情という不活発な状態に閉じ込めるのではなく、将来の困難に立ち向かうための自己効力感を与えてくれるのです。それは楽観主義につながり(注19)、心身両面の健康を保護してくれます。だからレッグウォーマーを脱いで、次に挙げるアドバイスを試しましょう。

**匂いで思い出す**

アロマや香りは、即座に郷愁を呼び起こすことができます。心安らぐ時代にあなたを連れていってくれる香りがあれば、その香りを再現して、温かく安全で大切にされているという気持ちに戻りましょう。おばあちゃんの家の洗面室、お母さんの手料理、あるいは学食の匂いでもいいでしょう。大変なときだけでなく、定期的にその匂いを嗅いで、疲れた心を癒しましょう。

**写真で思い出す**

昔ながらのプリント写真でも、スマホのギャラリーでも構いません。スマホの「思い出」機能を使って、特定の時代のスライドショーを作ってもいいし、屋根裏の物置で昔のポラロイド写真を探してもいいでしょう。大切なのは、写真を通して過去と結びつくことです。虚脱感に苛まれているときにはとりわけ、そうすることが有益です。なぜなら、これまでの道のりを振り返ることで、今も、そしてこれからも、自分には人生の困難に対処する力があることを思い出せるからです。

**音楽で思い出す**

音楽にも郷愁を促す強い力があります。落ち込んでいても、音楽を聞けば体を動かしたくなるし、ダンス嫌いを自称する人も、体を揺らせば自ずと笑顔になるはずです。音楽が呼び起こす郷愁もまたインスピレーションを刺激し、人生の意味を強め、不快な感情の影響を和らげます(注20)。アンティークのレコードプレーヤーがなくても、今ではデジタル音楽をレコードのように聞かせてくれるアプリさえ存在します。どの年代の人にとっても音楽は郷愁を呼び起こす強いトリガー（引き金）になるので、あなたはそれを感情のプレイリストに加えたくなるでしょう。

**書いて思い出す**

5分ほど時間をとって、郷愁を呼び起こす思い出を書き出してもいいでしょう。思い出せるかぎり多くの要素を思い出し、それらに命を吹き込みましょう。人々、場所、景色、音、香り。記憶の引き出しの中に、どれほど多くの詳細な要素が潜んでいたかを知って、きっとあなたは驚くでしょう。もしもそれが強力な感情の波を生み出すのであれば、心の奥に押し戻すのではなく、46〜47ページの呼吸法を実践しつつ、それらの感情に興味を持ちましょう。

人によっては、過去を振り返るのは性に合わない、あるいは不快だと感じるかもしれないし、心のバックミラーをのぞき込んでも「幸福な時代」が過ぎ去ったという悲嘆をもたらすだけだ、と本能的に感じるかもしれません。また、人生に失敗したとか、計画通りにいかなかったという後悔が生じる場合もあります。

けれども、郷愁とつながることで、感情バイオームがさまざまな健康的な感情で満たされ、レジリエンスが構築されるのです。ここでの目的は心の免疫システムを強化することです。また、このエクササイズが生み出すさまざまな感情に、あなたは興味をそそられるでしょう。その中には、長い間、感じたことのない感情もあるはずです。

### 郷愁を準備する

最後に「郷愁の準備」(注21)を実践しましょう。素晴らしい経験をじっくりと味わい、後でそれに郷愁を感じられるようにするのです。今度、楽しい感情や感覚を味わったら、その経験や状況の詳細にできるだけ多く気づいて、心の中の「素晴らしい時間」のフォルダにしまっておきましょう。練習を重ねるうちに、人生に訪れるそのような瞬間を見分けやすくなるでしょう。束の間のポジティブな経験にチューニングを合わせることで、将来の困難な時期に備えて自分に贈り物をすることができます。また、今の人生に心から感謝できるようになるはずです。

### 肩を並べて語る

「肩を並べて語る」テクニックは、オープンで感情豊かなコミュニケーションを可能にします。私は「エコ・セラピー」とも呼ばれる「ウォーク&トークセラピー」をよく使います。なぜなら、診察室という昔ながらの治療環境は、オープンな表現を阻むからです。ウォーク&トークの環境として、公園のようなオープンスペースは良い選択肢ですが、私は博物館や美術館を訪れて、芸術作品を鑑賞しながら会話することもあります。とは言っても、ここでの重要なポイントは、多くの人、特に男性は、対面での話し合いを就職の面接のように感じ、「演じてしまう」ことです。そうならないよう、「肩を並べて語る」手法を、信頼する友人かパートナーか愛する人と試すといいでしょう。

ここまでに紹介した感情リテラシーを高めるスキルのいくつかは、経験と感情を特定し表現するために使えることに気づいたでしょうか。実際、ノアは親友とウォーク&トークを行い、自分のデートの経験や、心に浮かぶさまざまなことについて語りあいました。笑い話として語ったかもしれないし、親友の言葉にはからかいも混じっていたようですが、ノアは恥ずかしく思ったり、無感情に陥ったりせず、むしろ心地よく感じたそうです。マッチングアプリは「時間の無駄」だという点で、彼らの意見は一致しました。

## 感情リテラシーのプロンプト

**1** あなたはどのような感情を受け入れがたいと感じるでしょうか?(わからなければ、88ページの「感情の輪」を見ましょう) 現在、その感情をどのようにコントロールしているでしょうか?

**2** どうすれば他の人の行動と自分の感情を切り離すことができるでしょうか?

**3** 私はXXXな感情を持ち続けているが、その理由は……

Chapter 3 まとめ

この章では無感情を探求しましたが、それは時に「虚脱感」とも呼ばれ、現代社会に蔓延しています。幅広いスモール・トラウマがこの問題の一因になりますが、そのスモール・トラウマは、あなたと隣の人とでは違うかもしれません。

重要なことは、自分のスモール・トラウマを見極め、それらを携えて「受容」から「行動」へと進み、さまざまな感情を受け入れて感情リテラシーを高めることです。そうすれば、心の中にある感情の小宇宙である「感情バイオーム」が養われ、それに助けられて、人生の困難を乗り越えることができるでしょう。

Chapter 4

# 生まれながらにストレスフル
## ――ストレス／不安とスモール・トラウマ

この章では次の項目について掘り下げます：

◎ストレスと不安の違い
◎ストレス反応はどのように問題を引き起こすか
◎高機能不安障害
◎現在の脅威と連想がストレスになり、心配と反芻が不安を引き起こす仕組み
◎なぜストレスと不安には異なるテクニックを用いるべきなのか

私たちは生まれながらにしてストレスや不安を感じるようにできているのでしょうか？　ストレスと不安は違うのでしょうか？　その違いは重要でしょうか？　私の答えはすべて「イエス」です。ストレスと不安の違いと、それらの原因になり得るスモール・トラウマについて知っていれば、ストレスと不安より優位な立場に立って、この最も一般的なスモール・トラウマの症状を克服できるでしょう。

私の経験から言っても、ストレスと不安は最も一般的なメンタルヘルスの問題です。言うまでもなく、24時間営業の現代社会にはそれらが溢れています。私の診察室には、慢性的なストレスと不安の両方を抱える人が数多く訪れます。彼らはすでにさまざまな心理療法やセルフヘルプを試しており、開業医や専門

家の診察を受けた人もいます。けれども、たいていは効果がなく、私のところへ来る頃には、ストレスや不安から解放されることをほぼあきらめています。

この問題をさらに複雑にしているのは、**少なからぬ人がストレスと不安を混同している**ことです。**生理的なストレス反応と、不安の認知的・知覚的側面を区別することができれば、スモール・トラウマがもたらす煩わしい問題は、ずいぶん扱いやすくなるはずです。**この点をはっきりさせるためにチャーリーを紹介しましょう。

初めて私のもとへ来たとき、チャーリーにはストレスか不安、あるいはその両方の兆候がはっきり見てとれました。爪の周りの皮膚を噛み、指には血がにじんでいました。じっとしているのが苦痛らしく、声は震えていました。それほど強いストレスを感じながらも、どうにか訪ねてきてくれたことを、私は喜びました。そんな状況にありながら多大な努力を払って専門家に会いにきたのであれば、彼の未来は明るいはずです。彼はこう言いました。

この状態をコントロールしようとして、あらゆることを、本当に何もかも、やってみました。初めて強いストレスを感じたのは大学へ行ったとき、たぶん入学直後でした。いえ、最初の1週間は平気でした。講堂で新入生向けのオリエンテーションを受けることができたのですから。だけど、授業が始まると、強いストレスを感じるようになったのです。本当に強いストレスで、講堂から逃げ出したくなるほどでした。そこで、大学のメンタルヘルスサービスを紹介してもらって、6週間のCBT（認知行動療法）を受けました。少しは役に立ったように思えたけれど、実際はそうじゃなかった。今でも、講堂に入ると、心臓麻痺を起こしそうな気分になるのです。

　チャーリーが語ったのは、ストレス反応の典型的な症状（103〜105ページの枠内を参照）でしたが、背後にスモール・トラウマがあるのではないかと、私は疑いました。そこで、AAAアプローチの「気づき」の段階からスタートして、ストレスと不安の違いや、これまでの治療に効果がなかった理由を掘り下げていくことにしました。

## AAAアプローチ：ステップ1　気づき

### ストレスとは何か？

「ストレス」という言葉は、現代ではもっぱら心理学用語として使われていますが、もとは物理学用語で、物質に強い圧力をかけて凹ませることを意味します。この本来の意味を念頭におくと、ストレスの意味を理解しやすくなります。ペーパークリップを例にとると、適度に曲げただけなら元の形に戻りますが、強く曲げすぎると、戻らなくなります。スモール・トラウマとそれがもたらすストレスは、このペーパークリップに似ています。**人生で時々起きる強い緊張やねじれのせいで、自分が元の形に戻れなくなったように感じるのです。**

　このような変化が起きる前、クリップにはかなりの余裕があります。それは私たちも同じです。体は、自律神経によって困難な状況に対処できるようにできています。自律神経には、交感神経と副交感神経という相反するけれども補完しあう2つの神経があります。交感神経はストレスへの反応をコントロールする神経で、その反応はしばしば「ストレス反応」、「闘争・逃走・フリーズ反応」と呼ばれます。けれども、クリップが元の形に戻ろうとするように、私たちの体や心も本能的に元の状態に戻ろうとします。そこで登場するのが副交感神経です。それはストレス反応に対抗するカウンターウェイト（おもり）のような働きをして、体を「闘争・逃走・フリーズ」の状態から「休息・消化」の状態に切り替えます。おかげで、私たちは治癒し、回復し、成長できるのです。

## なぜ人は生来ストレスを感じやすいか

だからと言って、「闘争・逃走・フリーズ反応」が悪いとかネガティブな状態だというわけではありません。実際、それがなければ、私たちは生きていないでしょう。「ストレス」は、脳に組み込まれた「適応的な」生理反応です。「適応」という言葉が意味するのは、それが私たちの生存と、現在の人類に至る進化を後押ししたということです。ストレス反応は生理的なものであり、生体プロセスの連鎖を引き起こします。**ストレスは「精神」の現象のように思えるかもしれませんが、それは本質的に、きわめて身体的な現象なのです。**

よく例に挙げられるのは、初期の人類がライオンなどの肉食獣に直面した場面です。通常、人間はライオンにはかなわないけれど、そうした脅威に直面したとき、脳は自動的にストレス反応を引き起こします。すると、アドレナリンとコルチゾールが体内に放出され、スーパーパワーが生み出されます。心臓は血液をスピーディに送り出し、酸素が全身を駆け巡ります。グルコースが放出され、筋肉はエネルギーに満たされ、瞳孔は拡張し、超人に、少なくとも超人のような状態に、変身するのです。

人類史のある時期には、こうした生理的な変化が、ライオンと闘ったり、ライオンから逃げたり、ライオンに食べ物だと気づかれないよう、じっとしていたりするのに役立ちました。より実際的には、敵対する部族と闘ったり、逃げたり、隠れたりするのに役立ったのです。このストレス反応は人類という種にとってきわめて有益だったので、環境がはるかに安全になった今でも、ほとんど変化していません。高速道路で前方に止まっている車を見ると、とっさにハンドルを切って衝突を回避できるのはそのためです。また、その直後に「頭に血がのぼった」ように感じ、息が切れ、どっと疲れるのも同じ理由からです。

この反応は非常に有益で、適応性が高いため、身体的な危険がないときにも生じることがあります。就職の面接で、胸がドキドキするのを感じたことはないでしょうか。面接官があなたを串焼きにするわけではないのですが、厳しい質問を受けるうちに、彼らが槍を手に迫ってくるかのような、生理的興奮が引き起こされるのです。

それを知ること、つまりAAAアプローチの「気づき」の段階は、進化に基づくこの自動的な反応をコントロールするための最初のステップです。チャーリーの場合、大学での環境や交流と、そこで起きたストレス反応を結びつけるスモール・トラウマがあるかどうかを見極めることが重要でした。私がいつものようにスモール・トラウマの質問——それほど深刻とは思えないけれど、あなたに重要な影響を与えた、あるいはあなたを変えた出来事や経験はありませんか？——を投げかけると、次のような手がかりが得られました。

これから話すことが、今のぼくにどれほど影響しているのかはわかりません。当時、それはたいした問題じゃなかった。幼い頃、そう、8歳くらいの頃に学芸会に出たのですが、大勢の観客を前にして舞台に立つのは初めてだったので、凍りついたようになってしまいました。セリフをすっかり忘れ、見えるのはぼくを見つめるたくさんの目だけでした。結局、先生がやってきて、舞台から下ろしてくれましたが、その後しばらくは、大勢の人の中にいるのが苦痛でした。

「再び舞台に立とうとしたことはあったの？」と私が尋ねると、チャーリーは、「ありません」と答えました。演劇や劇場はできるだけ避けて、少人数のグループにいるときも、プレゼンテーションからは常に逃げていたそうです。彼は、この経験と大学での出来事に関連があると考えたことはなかったのですが、彼が恐怖を感じたのは、最初の授業で講堂の演壇を目の当たりにしたときでした。

## ストレス反応が「条件づけ」されるメカニズム

19世紀後半から20世紀初頭にかけて、「行動主義者」と呼ばれる研究者たちが、人間や動物が行動を学習する仕組みを調べるための実験を行いました。彼らは、人間は単に環境に反応することによって学習していく、と主張しました。つまり、人間は受動的なブラックボックスであり、環境からのインプットは具体的な行動に直結する、と考えていたのです。さらに行動主義者たちは、人間は環境からの刺激とそれへの反応（行動）を関連づけることによって学習する、と考えていました。この学習手法は「古典的条件づけ（条件反射）」と呼ばれます。

古典的条件づけの基盤を築いたのはロシアの生理学者イワン・パブロフです。彼は、あるイヌが、餌を見たときだけでなく、餌をくれる人を見ただけでよだれを垂らすことに着目しました。イヌは人間を見ただけで唾液を出すようにはできていないので、このイヌは時間をかけて、その人が給餌を意味することを学習したのです。パブロフは、餌とベルの音を組み合わせることで、この観察を再現しました。なんとイヌはベルの音だけでよだれを垂らし始めました。つまり、明らかに無関係な2つのことから同じ反応が生み出されたのです。

1910年代から1920年代にかけて、ジョン・B・ワトソンとロザリー・レイナーが、アルバート坊やと呼ばれる幼児を対象として、この種の実験を行いました。白いラットと恐ろしい大きな音を結びつけて、反応を生じさせようとしたのです。特定の反応（この場合は恐怖とストレス）を「条件づけ」するのが目的でした。アルバート坊やは、最初はふわふわの毛に覆われたラットを好んでいましたが、怖い音と関連づけられた後は、ラットだけでなく、似たような特徴を持つ他のもの、たとえば、家族が飼っているイヌ、毛皮のコート、サンタクロースのマスクさえ怖がるようになりました。つまり、関連づけられた反応が一般化したのです。

もちろん今日では、このような実験はまったくもって非倫理的だと見なされるでしょう。アルバート坊やのその後については、6歳のときに後天性の水頭症で亡くなったという説から、イヌへの恐怖心を持ちながらも長く実りある人生を送ったという説まで、さまざまな後日談が語られています。私が学部生だった頃の教科書には、この子は条件づけを解除された、と書かれていましたが、そんなことはあり得ないし、仮にワトソンとレイナーがそれを解除できたのなら、発表していたはずです。私はアルバート坊やに心から同情しますし、その後、彼がどうなったとしても、ストレスに関する理解を深める上で、自分がいかに重要な役割を果たしたかを知っていてほしいと思います。アルバート坊やは、本来、関連のない2つの要素がつながり得ることを教えてくれました。このことはストレスと不安を区別する上で、きわめて重要です（注22）。

チャーリーの場合、小学校の舞台の特徴がストレス反応を条件づけしたのではないかと、私は推測しました。大学の講堂で初めて急性ストレス反応を起こしたときのことを詳しく調べると、この2つの環境にはかなり類似点があることがわかりました。講堂の座席の様子や、部屋のサイズと閉鎖的な雰囲気は、小学校のホールによく似ていたのです。けれども、この説明にチャーリーは納得できないようでした。自分のスモール・トラウマが単に学芸会での失態だったのなら、なぜ、これまで受けた認知行動療法があまり効かなかったのか、理解できなかったのです。

## ストレスと不安の違い

ストレス、より厳密に言えばストレス反応は、今このときに存在する脅威（ストレッサー）に対するものです。幼い頃のチャーリーにとって、逃げ場のない広く暗い部屋で自分を見つめる多くの目は、脅威そのものであり、それが急性のストレス反応を引き起こしたのでしょう。以来、チャーリーはずっと舞台を避けていたので、その環境の特徴（座席の列、非常口の標識、閉鎖的な空間）とストレス反応のつながりを弱めることができませんでした。そのつながりが大学でストレス反応を引き起こしたのですが、彼は大学にいること自体が自分を不安にさせるのだと誤解し、これは自分の将来にどう影響するだろう、自分のことを他の人はどう思うだろう、とさまざまなことを心配しました。

ストレスと不安の根本的な違いは、時間的な位置と関係があります。**ストレス反応は、「現在」の脅威や連想（チャーリーの場合、講堂という環境）によって引き起こされますが、不安は「未来」についての心配や、「過去」の反芻（ネガティブな出来事を何度も思い出すこと）から生じます。**

ここで混乱が生じるのは、人間はとても賢い種で、危険なものから安全なものまで、あらゆるシナリオ

【ストレスと不安と時間】

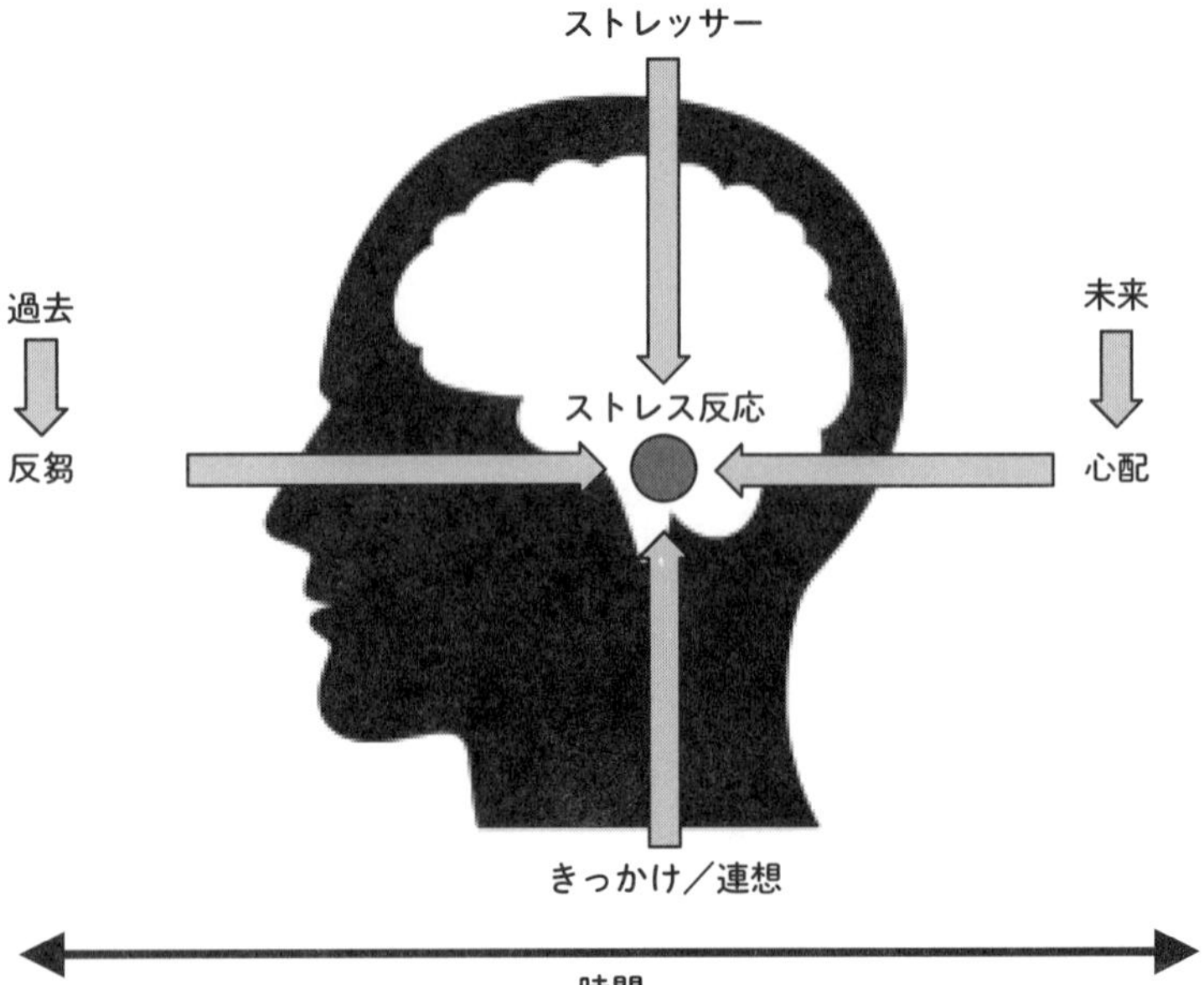


を想像できるからです。心配と反芻（どちらも不安な思考）がストレス反応を引き起こすのはそのためです。私たちの心と体は、面前の脅威と、知覚された脅威との違いがわかりません。そのため、過去や未来についてのネガティブな考えが闘争・逃走・フリーズ反応（ストレス反応）を導くことがあるのです。より正確に言えば、私たちの心と体は、何がストレスで何が不安なのかを見分ける練習をしなければ、その違いがわからないのです。

自分が感じているのがストレスなのか、それとも不安なのかを知るには、次のように自問するとよいでしょう。「今、私の心はどこにいるのだろう。過去、現在、未来？」。

**ストレスと不安の微妙な違いを理解することは、その原因になっているスモー**

**ル・トラウマを克服するために欠かせません。**とは言え、両者の症状は似通っているので、見分けるのが難しいこともあります。症状が似ているのは、面前の脅威、連想、過去の反芻、未来への心配のすべてが、扁桃体と呼ばれる領域で生理的なストレス反応を引き起こすからです。扁桃体は遠い昔から動物の脳に存在し、分析によってではなく、本能的かつ自動的に働くので、しばしば「トカゲの脳」と呼ばれます。

一方、不安は高度な認知や思考パターンの産物であり、扁桃体に伝わる前に、大脳皮質と呼ばれる進化した脳領域で処理されます（注23）。認知行動療法がチャーリーに効かなかったのはそのためです。**認知行動療法では、認知レベルに働きかけて不安を解消しようとしますが、彼のストレス反応を導いたのは、条件づけだったのです。つまり、チャーリーのトカゲ脳は、扁桃体の働きによって瞬間的に環境に反応したのですが、彼が認知行動療法で教わったテクニックは高次の認知メソッドであり、瞬間的に使うには、時間がかかりすぎたのです。**

もっとも、スモール・トラウマとストレスと不安の関係は複雑です。場合によっては過去の経験がストレス反応を導くため、スモール・トラウマはストレスと不安の両方に関わっている可能性があります。加えて、スモール・トラウマは私たちの物事の捉え方に影響するため、不安や、多くの落とし穴をもたらし、それらがストレス反応とその心理的な症状を引き起こし得るのです。

## ストレス反応の兆候と症状

ストレス反応が起きたとき、体ではどのように感じられるでしょうか。

◎循環器系の変化を感じる――心臓がドキドキする、鼓動がドクンドクンと強く感じられる、血液が全身を急速に巡るように感じられる、など。
◎呼吸が乱れるせいで声が震え、話しにくくなる。
◎胃がキリキリ痛んだり、トイレに駆け込みたくなったりする。
◎強い尿意を感じることもある。いずれも逃走や闘争を容易にするためのメカニズム。
◎落ち着きを失い、じっとしていられない、あるいは、すぐ逃げ出したい、と強く感じる。
◎首や顔が紅潮する。耳が熱くなり、赤みを帯びる。
◎全身が熱くなり、汗ばむ。

ストレス反応は、短期的および長期的に、認知面でどのように感じられるでしょうか。

◎急性ストレス反応では、意識が脅威に集中するため、集中力が落ちる。
◎認知の資源が「闘争・逃走」に向けられるため、記憶など、他の認知機能が低下する。
◎慢性的なストレス反応が続くと、意思決定などの高次の認知機能が鈍る。
◎正しい言葉を見つけにくくなり、一時的に失語症になることもある。舌先現象（喉まで出かかっているのに、言いたい言葉を思い出せない）が起きる。

穏やかな状態に戻れないとき、ストレス反応は感情的・対社会的にどのように感じられるでしょうか。

◎普段は気にならない小さなことや人に対して、イライラしたり、キレたりする。
◎欲求不満になり、常に安心感を求める。
◎世界が崩壊するように感じる。圧倒されるような感覚は、耐えがたいストレス反応に共通する兆候である。
◎安眠できない。入眠障害と睡眠持続障害は、長期のストレスと関係がある。
◎親密さとセックスにも影響する場合がある。性欲の減退は、人生に何かが欠けていることを示す兆候かもしれない。

長期的ストレスは、脅威の関連づけによるものであれ、不安によるものであれ、循環器系の疾患や免疫システムの機能不全といった深刻な健康問題を引き起こす可能性があります。研究によると、慢性的にストレスを感じていると、ウイルスと戦うのが難しくなり、傷の治癒に時間がかかるそうです（注24）。したがって、AAAアプローチでストレス反応に取り組むことには価値があります。

## AAAアプローチ：ステップ2　受容

チャーリーは、学芸会でスモール・トラウマが瞬間的な強いストレス反応を引き起こしたせいで脳の配線につながりが形成され、それが大学でストレス反応を誘発したことを理解しました。また、ストレス反応の活性化が、「講堂に座ることさえできないのに、この先どうすればいいのだろう」という「不安」を生み出したことにも気づきました。このようにストレスと不安は根本的に異なりますが、往々にして、その違いは認識されないのです。
別の例としてこれから紹介するローガンは、ある意味でチャーリーと逆の経験をしました。ローガンは、ストレス反応の身体的症状を数多く経験していましたが、それを「職場のストレス」のせいにしていました。毎日のアファーメーション、呼吸法、ジムで汗を流すなど、さまざまなテクニックを使いましたが、これらの「対策」に効果はありませんでした。彼が必要としていたのは、自らのストレス反応が、職場のストレスによってではなく、不安によって引き起こされていることに気づくことでした。

エクササイズ

## ストレスと不安を切り離す

身体的・認知的・感情的なストレス反応の兆候を感じても、その理由がわからないということはよくあります。悩みの種がストレスなのか不安なのかを見極める方法の1つは、それと結びついているのが現在の問題か、それとも仮想的な状況なのかをはっきりさせることです。「これに関して、今すぐできることはないか」と自問するとよいでしょう。答えが「ない」なら、あなたは現在のストレス（たとえば、要求の厳しい顧客など）に悩まされている可能性が高いと言えます。

ローガンは販売員で、職場でのストレスに対処するすべをよく知っていたので、それは問題の核心ではありませんでした。彼が自分の症状をコントロールできなかったのは、仮想的な状況、つまり、不安が原因だったと考えられます。

スモール・トラウマが心の奥底に隠れていると、それを見つけるのは容易ではありません。私はローガンにスモール・トラウマの最初の質問――それほど深刻とは思えないけれど、あなたに重要な影響を与えた、あるいはあなたを変えた出来事や経験はありませんか？――を投げかけ、彼が内省するのを見守りました。彼はこれまでの人生を注意深く振り返りました。そして、私の目をまっすぐ見て、「ぼくの父親はナルシストでした」と言いました。彼の心の奥底には、父親に認めてほしいと思う反面、父親の支配から逃れたいという葛藤があり、それが多くの不安をもたらしていたのです。

他者を変えることはできないので、ローガンの意識の端にひっかかっているこの葛藤は、自力では解決できないものでした。ジムでウェイトトレーニングをしたり、鉄人トライアスロンに出たり、「ぼくならできる！」と自分に言い聞かせたりしても、父親が自分のことを気にかけていないという思いを消すことはできなかったのです。

このようにAAAアプローチの「受容」の段階では、自分の人生には変えることのできない側面があることに気づかされ、苦痛を感じることがあります。けれども、不安な思考を認識し、コントロールすることはできるはずです。

まずは生理的なストレス反応をコントロールする方法について考えてみましょう。ローガンはそれを実践していましたが、チャーリーは未経験でした。

エクササイズ

## 生理的ストレス反応をコントロールするテクニック

このテクニックは、ストレスに即座に反応せず、時間をかけてストレス反応をコントロールするためのものです。ストレス反応の身体的な症状に着目し、反応が起きたときに、それらの症状から逃れたいという圧倒的な欲求を感じないようにします。

このテクニックを練習すれば、ストレス反応が体に引き起こす症状、たとえば、動悸、めまい、声の震えなどをコントロールできるようになります。チャーリーが実践したのは、次のテクニックです。

◎ゆったりした姿勢で座るか横になる。急ぐ必要はないので、ゆっくり時間をかけて。
◎ストレス反応を引き起こす状況を想像する。チャーリーの場合、最も重要な引き金になったのは講堂の光景だった。
◎詳しく思い浮かべる。自分はどこにいるのか？　その場所での位置は？　心の中で上・下・左・右を見てみる。
◎ストレス反応を感じ始めたら、大丈夫、それを感じるためにここにいるのだ、と考える。もしストレス反応が起きなかったら、過去の引き金になる状況でどんな感じがしたか、思い出す。
◎体をチェックする。体の各部がどのように感じられるかを意識する。
◎しばらくの間、それらの感覚をそのままにしておく。たとえ不快に感じたとしても。
◎ある感覚が特に強い場合は、それに興味を持つ。他の惑星から来た宇宙人が研究しているような気持ちになって探究する。

◎「これは興味深い、次は何が起きるだろう？」と考える。
◎その感覚を自分の言葉で表現する。たとえば、「この心臓はウサギの心臓並みに速く脈打っている」というように。
◎自分の考えのすべてに興味を持つ。たとえば、「今すぐここから逃げ出したい！」など。
◎これらの身体的感覚を脇へ押しやるのではなく、そのまま感じる。それが不快でも、興味深い感覚であることを認める。
◎それらの感覚は、体が自分を守るためにやっているということを受け入れ、体の気遣いに感謝する。
◎別の感覚に移ってもよいし、ストレス反応が起きる仕組みを私はもう理解し、この引き金に対してもっと自分のためになる反応を生み出すことができる、と体に語りかけて、エクササイズを終えてもよい。

どんなテクニックもそうですが、これは練習すればするほど容易にできるようになります。時がたつにつれて、ストレス反応が変化し、弱まってきたことに気づくでしょう。実際、チャーリーは、初めはエクササイズ自体がストレスでしたが、数回のセッションの後、ストレス反応に興味を持つことでストレス反応より優位に立てることに気づきました。ここまで来れば、AAAアプローチの行動の段階に進むことができます。

## 忙しさの呪い：高機能不安障害とそれが人生をどのように支配するか

抑うつの症状を抱えながら高い業績を上げ続ける人がいますが、不安についても同じことが言えます。高機能不安障害を患う人は、しばしば学校でも職場でもトップクラスの成績を収めます。傍目には「どうやってすべてをこなしているのか？」と思えますが、その根っこにはスモール・トラウマがあるのかもしれません。私が「忙しさの呪い」と呼ぶものが、それに燃料を注いでいるのです。その呪いをかけられた人は、不安から気をそらすために、常に忙しくしています。

忙しさで気を紛らわせることが有益な場合もありますが、通常、その効果は長続きしません。しかも、忙しさに頼り続けると、「気づき」が低下し、AAAアプローチの最初の段階からやり直すことになります。忙しくすごすのは、心の奥底にある不安に突き動かされているのかもしれません。あなたは、何もせず、ただ存在することを不快に感じるでしょうか？　次々に仕事をこなして、人生を早送りしているように思えるのではないでしょうか。もしそうなら、高機能不安障害と「忙しさの呪い」が同時進行している可能性があります。次のように自問してみましょう。

◎ リラックスするのが難しいと感じるか？
◎ 今の仕事が終わる前に、すでに心は次の仕事に移っているか？
◎ 1つのことに集中するのは難しい、と感じるか？
◎ 他の人から、スーパーマン、成績優秀者、プレッシャーに強い人、と言われるか？
◎ 自分や他の人を失望させることを恐れて、何事もトップになろうとするか？

◎ 会議や懇親会には、いつも最初か早めに到着し、最後まで残って後片づけするか？
◎ 外見は穏やかで理性的だが、内面は猛烈に急いでいるか？ 湖を滑るように進む白鳥が、水面下では激しく足を動かしているように。
◎ 考えすぎ、やりすぎ、準備しすぎの傾向があるだろうか？

このパターンと、多忙―不安―多忙という不安のループが、あなたの人生を支配しているかもしれません。したがって、ＡＡＡアプローチを始めて、自分にこのパターンが見られるかどうかに「気づき」ましょう。その後、この章で挙げるヒントに従って、あなたのスモール・トラウマを「受容」し、「行動」を起こしましょう。

## ＡＡＡアプローチ：ステップ3　ストレスと不安に対する行動

スモール・トラウマのすべての症状に当てはまることですが、これから紹介するテクニックは、あなたのニーズに合わせて調整する必要があります。

あなたのストレス反応の原因は、現在の脅威や連想なのでしょうか、それとも、もっと根深い不安や反芻なのでしょうか。

多くの人はストレスと不安の両方を抱えているので、ＡＡＡアプローチの「行動」の段階では、次のテクニックから自分に合うものを選んでミックスしましょう。

## ストレス反応をコントロールするための簡単なヒントと解決策

次に紹介するテクニックは、現在の脅威や連想といったストレス反応の引き金に対処するためのものです。スモール・トラウマへの長期的対処にも取り組みながら、これらの即時的テクニックも行うとよいでしょう。

### 感覚を利用してストレスを解消する

感覚は非常に強力なので、ストレス反応を無効にするために利用できます。これから紹介するのは、感覚を利用した一種の気分転換で、短期的な解決策になります。ストレスの多い状況の直前や直後に、ストレス反応やその不快な症状から抜け出すのを助けるでしょう。自分に最も合うものを選びましょう。重要なポイントは、感覚にショックを与えることで注意をストレッサーから逸らし、その感覚に向けることです。自分なりの方法を考えてもいいでしょう。

◎触覚：氷の入った袋に手を入れ、しばらくそのままでいる。
◎聴覚：大音量で音楽を聴く。周りの人の迷惑にならないよう、イヤホンで聴くのがベスト！
◎嗅覚：熟成したブルーチーズや辛い食品が入った紙袋を鼻にあてて、強烈な匂いを嗅ぎながら、素早く呼吸する。
◎味覚：レモンをかじって、強い酸味を感じる。
◎視覚：通常、視覚では即効性のある効果は得られないが、文章を逆から読んだり、頭の中で暗算

**をしたり（スマホや電卓を使わずに掛け算をするのはとても難しい！）、気に入ったネットフリックスのドラマや映画のアルファベット順一覧を作ったりして気を紛らわすことができる。**

## 視野を広げる

これはストレスを管理するもう1つの簡単な方法で、会議など公的な場ですぐ使うことができます。急性のストレス反応が起きているとき、私たちの視野はカミソリのように鋭くなり、生き延びるために（知覚した）危機に注目します。この現象は視野狭窄と呼ばれます。

強いストレスを感じたときの状況や出来事の詳細をあまり覚えていない、といった経験はないでしょうか？　たとえば、プレゼンテーションの最中に部屋のすぐ外で騒ぎが起きたのに、まったく気づかなかった、というようなことです。それは、プレゼンテーションのストレスのせいでエネルギーが消耗していたため、他のことが頭に入らなかったのです。

けれども、視野を広げれば、副交感神経を活性化できます。いったん目を閉じ、それからゆっくり開いて、前方を見ながら、次第に視野を広げ、周りを見るようにしましょう。それを助けるために目尻を軽くマッサージしてもいいですが、公的な場ではやめておきましょう。

## ガムを嚙む

ノーサンブリア大学の研究者は、ガムを嚙むと急性ストレス反応とコルチゾールのレベルが下がることを発見しました（注25）。興味深いことに、この科学者たちは、ガムを嚙むとパフォーマンスが向上することも発見しています。味は重要ではないので、好みのガムを選ぶといいでしょう。外出中など、前述した感覚への刺激が利用できないときには、これは便利な解決策になります。結局のところ、氷の入った冷凍庫を持ち歩くことはできないのですから！

**ふわぁぁぁ……あくびをしよう**

ストレスの多い1日の終わりに、あくびが何度も出たことはないでしょうか？　それは単に疲れたせいではなく、体が脳をクールダウンさせているのかもしれません。ストレス反応の間、私たちの脳はヒートアップします。あくびは、言うなれば生理的なエアコンなのです（注26）。就寝前にあくびが出るのは、脳の温度が就寝前に最も高くなるからです。一方、起床時のあくびは、脳に酸素を送って覚醒させるためだと考えられています。あくびが伝染するかどうかについては議論が続いていますが、多くの人は、あくびを真似するだけでも、リラックスし、熱くなった頭をクールダウンさせることができます。

## ストレス反応を管理するための長期的行動

これから紹介するテクニックは、練習すればするほど上達し、あなたはスモール・トラウマの症状から永久に解放されるだけでなく、将来的に同様のスモール・トラウマを克服できるようになるでしょう。

**副交感神経を利用する**

呼吸を整えることは、副交感神経を働かせてストレス反応と闘うための最善策の1つです。副交感神経を鍛えると、神経経路が強化され、急性ストレス反応に対処しやすくなります。副交感神経は私たちの体に内蔵された「パラシュート」のようなもので、困難な状況に陥ったときに、ゆっくり静かに着地するのを助けてくれるのです。

繰り返し練習することが重要です。定期的にパラシュートを開く練習をすると、あなたはそのエキスパートになれるでしょう！ あなたの脳は副交感神経を働かせることに慣れ、ストレッサーに直面したときには、すぐそうできるでしょう。これから紹介するのは、いつでもどこでも練習できる、私のお気に入りのテクニックです。

エクササイズ

### 手軽な呼吸法

チャーリーがこの技法を有益だと感じたのは、やり方がとても具体的だからです。心的イメージを利用して呼吸を導いていきます。

手を星のように広げましょう。小指の外側の根元にもう一方の手の人差し指をあてます。鼻から深く息を吸い、お腹がふくらむのを感じながら、小指の先までなぞります。続いて、口から息を吐きながら、小指の内側を根元までなぞりましょう。息を吐くにつれてお腹がへこむのを感じましょう。

次は薬指で、息を吸いながら、指の外側を先端までなぞり、息を吐きながら、内側を根元までなぞります。同じことを中指、人差し指、親指でも繰り返しましょう。

このプロセスをもう一方の手でも行いましょう。仮に余計な考えが浮かんできても、それを受容し、静かにこのエクササイズを繰り返しましょう。

このテクニックはとても簡単なので、子どもをストレスに対処させるためによく使われます。また、触覚を利用することは、心身をストレス状態から解放し、安静・消化状態に導くことがわかっています。

## 運動でストレスと闘う

ストレスがかかっていないのに、ストレス反応の兆候と症状（103〜105ページの枠内に挙げたもの）を経験したことはありませんか？　ストレスがもたらす生理現象の多く——動悸、発汗、グルコースの放出など——は、運動による生理現象と同じです。したがって、ストレスと闘う賢明な方法の1つは、強いストレスがかかる前に、運動することなのです。

ランニング、ジョギング、水泳、サイクリング、ダンスなど、血流を促進するさまざまな有酸素運動がストレス感を和らげることは、何度も研究で示されています(注27)。たった20分運動しただけで、ストレス鎮静効果が何時間も持続するのです(注28、29)。

したがって、今度、大きなプレゼンテーションや、気まずい家族の集まり、その他のストレスがかかるイベントがあるときには、それが始まる6時間前までに、有酸素運動をしましょう。そうすれば、ストレスに圧倒されずにすむでしょう。それが無理なら、そのイベントの後でランニングやウォーキングをして、ストレス反応で過剰に分泌されたアドレナリンとグルコースを使い果たしましょう。そうすれば、心身は迅速に元の状態に戻るでしょうし、ストレス反応がもたらした筋肉の緊張も和らぐでしょう。

チャーリーは運動が好きなので、この提案を気に入りました。彼は、次に紹介するエクスポージャー法

（暴露療法）をより容易に行うために、その数時間前にジムで体を動かすことにしました。
あなたも同じようにしてみてはどうでしょうか。

## エクスポージャー法――暴露して、つながりを断ち切る

スモール・トラウマが特定の環境や状況をきっかけとしてストレス反応を引き起こしている場合、このつながりを無効にし、自然な反応、あるいはポジティブな反応ができるようにするには、エクスポージャー法が最善です。ストレス反応が非常に強い場合（たとえば、パニック発作など）は、エクスポージャー法を試しましょう。その理屈はきわめて単純です。ストレス反応の引き金になる状況や環境にあえて身を置くことで、脳は、本当は自分が安全で、交感神経を作動させて闘争・逃走反応を引き起こす必要はないということを学ぶのです。もっとも、そうなるには少々の時間と忍耐が必要とされます。

エクスポージャー法には、「系統的脱感作法」と「フラッディング法（情動氾濫療法）」の2つがあります。どちらも研究によって効果が裏づけられていますが（注30）、私は慎重を期して、前者をお勧めします。フラッディング法は、その名からイメージされる通り、ストレス反応の引き金になる状況に頭から飛びこんでいくものです。人によっては手っ取り早い方法ですが、私の経験から言えば、刺激の強さに圧倒されて、裏目に出ることもあります。大学に入学したばかりのチャーリーが講堂へ入ったのは、一種のフラッディング法でした。彼はそれがストレス反応を引き起こすことを知らなかったので、認知のゆがみ（これについては後述します）が生じ、将来への心配という形で不安が引き起こされました。

一方、系統的脱感作法は、ストレス反応の引き金になる状況のうち、程度の低いものから徐々に慣らしていくことで、急性ストレス反応に対処するスキルと心の筋肉を鍛え、最終的に急性ストレス反応が起き

ないようにするものです。その過程では、「気づき」と「受容」を高めるので、AAAアプローチの観点からも有益です。しかし、くれぐれも「受容」の段階を抜かさないようにしてください。エクスポージャー法において、受容はきわめて重要な最初の一歩になるからです。

私はチャーリーに、ストレスをもたらしたあらゆる状況を、頭に浮かぶまま書き出すよう促しました。そして二人でそれらを、ストレスの軽いものから重いものまでランクづけしました。次に、それぞれの状況で、ストレス反応をコントロールするためにすぐ使える方法を探しました。

恐怖を感じる状況の写真を見ることから始める人もいますが、チャーリーはダイニングルームの椅子を半円形に並べ、一脚を演台のように配置して、学校の舞台や大学の講堂の雰囲気を感じられるようにしました。その後、彼は、カフェでのグループトークを皮切りとして、少しずつ規模の大きい講義に参加していきました。このすべての段階で、チャーリーの脳はスモール・トラウマと引き金のつながりを無効にしました。やがてチャーリーは完全に復学することができました。

## ストレス反応を導く不安な思考に対処する

不安は、過去の反芻であっても、将来への不安であっても、高次の機能をつかさどる大脳皮質に宿る「思考」の産物です。したがって、即時的なテクニックに頼らず、長期的戦略を用いて、不安の元になっているネガティブな思考パターンを克服することが有効です。ローガンの場合、ネガティブな思考パターンが、ストレスからの解放を難しくしていました。

まずは、**自分が陥りがちなネガティブな思考パターン**（**心理学ではしばしば「認知のゆがみ」と呼ばれます**）**を特定すること**が有益です。次のページの表にまとめたものは、その最も一般的なカテゴリーです。

【認知のゆがみ】

| 認知のゆがみ | 例 |
|---|---|
| 破局視 | この面接がうまくいかなかったら、就職できず、婚約者は愛想を尽かして去っていくだろう。 |
| 心の読みすぎ | デート中の相手の表情を見れば、私を退屈だと思っていることがわかる。 |
| 先読みの誤り | 断言する。この会合がうまくいかないことはわかっている。 |
| 心のフィルター | 勤務評価には上司からさまざまなフィードバックが書かれているが、批判の言葉ばかり目に入る。 |
| マイナス思考 | 運転免許の試験に合格したが、今日は道路が混んでいなくて運がよかっただけだ。 |
| 誇大視 | 私の状況は最悪だ。他の誰よりも、はるかにひどい。 |
| 過小評価 | 何とか家を買ったけど、ほとんどの人は買っているんだから、たいしたことじゃない。 |
| 低い欲求不満耐性 | もうこの食事には耐えられない！ |
| 自己関連づけ | パーティで誰も話しかけてくれないのは、きっと私の外見のせいだ。 |
| レッテル貼り | 同僚が私を無視する。彼女は失礼なやつにちがいない。 |
| 責任転嫁 | この状況から抜け出せないのは両親のせいだ。 |
| 全か無かの思考 | １つでもミスしたら、このテストは完全に失敗だ。 |
| 行き過ぎた一般化 | 人間関係が壊れてしまった。もう誰からも愛してもらえない。 |

続いて**3段階のASKテクニック**を使いましょう。これはソクラテス式問答法（質問と回答を繰り返して思考を深める手法）に基づいて、ネガティブで不適応な思考パターンに挑戦するものです。この簡単なテクニックによって、不安を煽る思考や、不安を招き居座らせる認知のゆがみに挑むことができます。

さあ、自分に問いかけてみましょう。

**A＝正確**（Accurate）：この考えは正確か？　正確だという確かな証拠はあるか？
**S＝賢明**（Sensible）：この考えは賢明か？　客観的に見て筋が通っているか？
**K＝優しさ**（Kind）：この考えは自分に対して優しいか？　そうでないなら、この考えにはどんな利点があるか？

ローガンを例にとりましょう。彼は破局視、過小評価、全か無かの思考といった認知のゆがみを訴えていました。

**考え**：父がぼくを無視したのは、ぼくが愚かで役に立たないからだ。父の目にとまらなかったのだから、ぼくの人生には何の価値もない。

**A**（**正確か**）：自分は「愚か」だという彼の主張が正確かどうかを調べましたが、その証拠はほとんど見つかりませんでした。ローガンが父親との関係に葛藤を抱えていたということは事実ですが、それは、「苦悩の原因はスモール・トラウマにあり、彼は決して役立たずではないこと」を強く示唆していました。

**S（賢明か）：**たとえ、自分が切望する賞賛を父親が与えてくれなくても、「だから自分の人生に価値はない」と結論づけるのは賢明でないことをローガンは認めました。時々、それを口に出して言うだけで、心の中の批判者を黙らせることができます。

**K（優しいか）：**ローガンはこの考えが自分に対して優しくないことをすぐ認めたので、彼と私は、この考えの影響を掘り下げました。その結果、このような破壊的な思考パターンは、ストレス状態を長引かせるだけで、ストレス反応や精神的苦痛を避けるためには何の役にも立っていないことがわかりました。

最後に、私たちは強力な心理コーチングの質問で締めくくりました。

**この考えを抱かなければ、あなたの人生はどうなっているだろうか？**

「認知のゆがみ」の表を見て、ＡＳＫテクニックを試してみましょう。できれば思考の記録として、ＡＳＫの３つの質問の答えを書き留めることをお勧めします。思考の記録は、認知のゆがみに異を唱えるために役立ち、不安を克服するまでの進歩を振り返る助けにもなるでしょう。

## ストレスと不安を管理するプロンプト

もしあなたが魔法の杖を振って、ストレス反応から起こる感情を消し去ることができたら……

**1** 日々の暮らしはどのように変わるでしょうか?

**2** 今より増える、あるいは減ることはあるでしょうか?

**3** 自分や他の人の扱い方が変わるでしょうか? 変わるとしたら、どんなふうに?

**Chapter 4 まとめ**

ストレスと不安は、異なるけれど関連のある概念です。ストレスは、今現在の脅威、あるいはスモール・トラウマに反応して生じるもの。一方、不安は、心が私たちに仕掛けるいたずらのようなもので、現在の脅威がないのに生じる、過去の出来事の反芻や、未来に対する心配です。ストレスと不安を区別し、自分がその2つをつなげていたことを認め、各々の引き金に適したツールを使って自分を解放しましょう。

Chapter 5

# 完璧主義のパラドックス

## ――完璧主義／先延ばしとスモール・トラウマ

この章では次の項目について掘り下げます：

◎完璧主義と先延ばしの関係
◎インターネット荒らしとダークトライアド
◎燃え尽き症候群と、極度の疲労の兆候に気づく方法
◎戦略的先延ばしの利点
◎完璧主義は成功するために不可欠ではない

本章では、私が診察室で毎日見ているものを探求します。それは「完璧主義」と「先延ばし」という諸刃の剣です。私たちは、完璧さを求めるように生まれついているわけではありません。完璧さへの欲求は、環境とスモール・トラウマに反応して、生涯にわたって育っていくのです。有能で、心が温かく、直感力に優れた人々が、身のためにならない完璧主義のせいで自滅していくのを見るのは胸が痛みます。そこで本章では、この問題の根本的な原因を探り、悪循環を断ち切るための実践的なアドバイスを述べましょう。

ある蒸し暑い日に、涼しげな表情の女性が診察室にやってきました。私の顔は汗ばんでいましたが、こ

の女性はきちんとした身なりで、暑さに苛だってもいませんでした。実際、あまりに心身が整った様子にみえたので、なぜ私に会いにきたのかと不思議に思えるほどでした。彼女は話し始めました。

先延ばしのパターンから抜け出せないのです。それがとても大きな問題になっていて、最近始めたベンチャービジネスでも、気持ちを集中させることができなくて、……このままでは投資家の信頼を失ってしまうでしょう。

その女性、シルビアの生い立ちを探るために、スモール・トラウマの質問をすると、隙のなかった彼女の表情がさっと曇りました。

父は、私の知るかぎり完璧な父親でした。何でも一人でこなし、2つの仕事を掛け持ちして養ってくれました。父子家庭でしたが、私が家を出るまで父はデートさえしませんでした。私たちのために父がすべてを犠牲にしてくれたことを、とても感謝しています。当時、父が手一杯なのがわかっていたので、私はいつも行儀よくしていました。私は良い子で、トラブルに巻き込まれたこともありません。率直に言って、父に育てられたことで、どうすれば自立できるかについて多くを学びました。

シルビアは説明を続けました。父親に心配をかけたくなかったので、お酒を飲む深夜のパーティなど、若者らしい楽しみは経験できなかったそうです。いつも、「きちんとしなければ」という気持ちが先に立ったのです。仕事についてからも、自分のしたことが「完璧でなかったら」と考えると、怖くてたまらなかったと言います。

そのせいで、最近始めたベンチャービジネスでも、基本的な仕事になかなか手をつけようとせず、夜遅くにようやく着手し、どうにか締め切りに間に合わせていました。彼女は疲れ果て、落ち込み、協力者たちと仲たがいしました。理由は、仕事を終わらせるのがぎりぎりになったから、というだけではありません。他の人の書類に修正すべき点を山のように指摘し、いつまでもサインしようとしなかったのです。彼女の芯は急速に燃え尽きようとしていて、投資家の信頼も失いかけていました。したがって、スモール・トラウマを調べることがきわめて重要でした。

## 完璧主義——生まれか育ちか？

シルビアは、完璧主義であることを認めました。しかも、それを誇らしく思っていたのです。完璧主義は目標の達成を助け、成功するために不可欠だと彼女は考えていました。

ある研究は、完璧主義は生来備わった性格の一部で、人によって程度の差があることを示唆しています(注31)。この見方は部分的には正しいでしょうが、生まれつき非現実的なほど完璧主義の人がいる一方で、この性質を押しつけられた人もいます。現在では、完璧主義を含めすべての性格タイプは、経験、意志、そしてスモール・トラウマによって変化することがわかっています。

ここで生まれか育ちかの議論を持ちだすつもりはありませんが、別々に育てられた一卵性双生児の研究から明らかになったのは、いくつかの性質は身近な人を見て身につけるのではなく、生まれつき備わっている、ということです。シルビアには生まれつき完璧主義の傾向があったようです。加えて、父親に心配をかけたくないという気持ちが、その傾向を助長したのでしょう。スモール・トラウマの影響が蓄積することを考えれば、ここではシルビアを批判するのではなく、好奇心を持って彼女の人生経験を見ていく方がいいでしょう。そういうわけで、私と彼女はＡＡＡアプローチの最初の段階である「気づき」をスタートさせました。

## ＡＡＡアプローチ：ステップ１　気づき

私がまず知りたかったのは、間違いを犯すことをシルビアがどう感じるかということです。ところが、彼女はこう言いました。「私は間違いを犯しません」。

しかし、誰でも「間違い」を犯すのではないでしょうか。私がこの言葉をカッコでくくったのは、間違いの定義は「望まない、あるいは意図しない結果をもたらす行動、決定、判断」ですが、実際には、間違いは学習のプロセスにおいて大きな役割を果たしているからです。思い返してみましょう。最初からうまくできたスキルと、最初は失敗したスキルでは、どちらが記憶に残っているでしょうか？　通常は後者です。それは、神経回路が新しい情報を取り入れて、新しいネットワークを作るからです。実のところ、ミスや見落としをせずに学ぶことはできないのです。

この考えを掘り下げていくうちに、彼女はネット上でのある経験について語り始めました。それについて語るのは、精神的に苦痛だったようです。10代後半の頃、彼女はＳＮＳで政治的なミームを送信しました。誰かに向けたものでも、悪意のあるものでもなく、ほんの軽い気持ちからでした。ところがそのミームは大量の攻撃と嫌がらせを招いたのです。彼女はショックを受け、怖くなって自分の殻に閉じこもりました。この事件は間違いを犯さないことがいかに重要であるかを彼女の心に刻みつけたそうです。多くのスモール・トラウマと同様に、この経験は過剰な行動傾向（彼女の場合は完璧主義）を作り出したのです。

スモール・トラウマ

## ネット荒らしとダーク・トライアド

「ネット荒らし」はいじめの一種で、被害者への影響もいじめとほぼ同じです。ネット荒らしの被害者は、不安、うつ、孤独感を訴え、極端なケースでは自殺に追い込まれます。研究によると、ネット荒らしをする人は、ダーク・トライアド（闇の3要素）と呼ばれる人格特性を持っている可能性が高いそうです。ダーク・トライアドとは、サイコパシー（精神病質）、マキャヴェリズム（権謀術数主義）、ナルシシズム（自己愛症）の総称です（注32）。

この3つの人格特性には、共感の欠如や無神経さなど、いくつか共通点があります。加えて、ナルシシズムには誇大性（非現実的な優越感）が見られ、マキャヴェリズムは社会工作、強制、操作とつながり、サイコパシーは反社会的行動とつながっています。それを知ると、この3要素がいかに破壊的であるかがわかります。

ネット荒らしは、著名人やインフルエンサーといった目立つ人を標的にしがちですが、友人や、見ず知らずの他人も標的にします。興味深いことに、オンライン上で互いを攻撃する荒らしの闘い《トロール・コンバット》に発展することもあります。イギリスとアメリカの若者と成人を対象とした調査では、16歳から24歳までの人のほぼ3分の2（64パーセント）がネット荒らしに関わったことがあることが明らかになりました（注33）。

ダーク・トライアドを持つ人はかなり稀ですが、それにもかかわらず、多くの人、特に若年層がネット荒らしをするのはなぜでしょうか？　ここで、環境と気分が重要な因子として浮上します。「反社会的行動（たとえば、あからさまな罵り、個人攻撃、侮辱、皮肉、的外れな発言など）が蔓延するオンライン環境と、怒りや不満といったネガティブな気分が作用し合ってネット荒らしが起きる」という説明は、ネット荒らしをダーク・トライアドのせいにするより筋が通っています（注34）。

また、オンラインには脱抑制効果（抑制が効かなくなること）があり、人は現実の人格から切り離され、その人らしくない振る舞いをしがちです。それはパーティで飲み過ぎて、普段とまるで違う振る舞いをするのに似ています（注35）。このことはオンラインでの活動に難題をもたらします。そのような環境にあっては、誰でもネット荒らしをする可能性があるからです。

私は診療の場でネット荒らしやオンライン乱用の問題に直面することが多くなりました。デジタルの痕跡は消えないため、世界規模での屈辱はいっそう深刻なものになります。公の場で恥をかかせることは、石打ち、鞭打ち、木製のさらし台などの刑罰によって昔から行われてきましたが、かつては、屈辱を受けた人は、その後、どこか別の場所で新たな生活を始めることができました。しかし、「キャンセル・カルチャー」（個人や企業の過去の言動を糾弾し、社会的地位を失わせる活動）の時代には、恥は消えず、それから逃れることもできません。キャンセル・カルチャーは一種の私刑で、公の場での屈辱と同じく社会規範を維持するために使われます。けれども、そこにはバランスもなければ、状況についての繊細な議論もありません。

このオンラインでの経験はシルビアの「間違いを犯したくない」という気持ちを著しく助長し、完璧主義というスモール・トラウマの症状をより強めました。

これを解明することが、AAAアプローチの第一段階（気づき）の課題でした。間違いを犯すことへの強い恐怖が精神と行動に刻まれた背景を調べることから、彼女と私の旅は始まりました。

## 不適応的な完璧主義　対　適応的な完璧主義

不適応的な完璧主義と適応的な完璧主義を区別することは有益です。なぜなら多くの人は、自分の完璧主義は生涯を通じて、仕事を確保したり、パートナーを見つけたり、あるいは単に他の人に必要とされていると感じるために役立ってきたと考えているからです。それらは適応的な完璧主義で、確かに人生において役に立ち、「適応」という目的を果たしています。

しかし、不適応的な完璧主義では、間違ったりしくじったりすることへの恐れが精神を緊張させ、しばしば先送りをもたらします。それは私が診療室で最もよく目にする問題の1つです。

このように完璧主義には2つのパターンがあるため、それを崩すのは難しく、人々は完璧主義にしがみつこうとします。完璧主義が自分の助けになったときを思い出す一方、完璧な結果を出すための苦しさを過小評価するのです。完璧主義とは基本的にミスは許されないという信念なので、完璧主義者はミスを避けるために多大な努力を払い、それが相当な負担になります。

加えて、内なる完璧主義が、ミスを犯す自分は無価値で、成功できず、愛される資格もないと感じさせるため、ミスを犯すことのリスクは確かに高いのです。このような理由から、多くの人にとって完璧主義は先延ばしの根本的な原因になっています。

## 先延ばしは怠惰や無能ではない

先延ばしについては、「〜ではない」と表現した方がわかりやすいでしょう。先延ばしは、怠惰でも、下手でも、無能でも、無関心でもない。むしろ、その逆です。**先延ばしにする人は往々にしてかなり良心的で、ミスを恐れるから先延ばしにするのです。**当人は自覚していないかもしれませんが、するべきことをしないで、食器を洗ったり、引き出しの整理をしたり、SNSをスクロールしたりするのは、自分はうまくやれないかもしれないという不安と、それが皆にばれてしまうのでは、という恐怖から目をそらすためです。

そういうわけで、ストレスが限界に達するまで仕事を放置し、あと数時間で一日が終わる頃になって、ようやくその仕事に取り掛かり、このプロジェクトは本当に大変だ、私はまったく愚かで、そもそもこの仕事に就くべきではなかった、と自分に言い聞かせます。身に覚えはないでしょうか?

けれども、親愛なる先延ばし屋さんは、この時点までに、その仕事について悩んだり、気を散らすために他のことを考えたりして、とてつもない量の精神的エネルギーを費やしています。そうやって身体的・精神的・感情的資源を大量に消費し、燃え尽きたようになって初めて、先延ばしが不適応であることに気づくのです。

「なぜ、さっさと取り掛かれないのか!」「次はこうならないようにしよう、もっと早く始めて、こんなことにならないようにしよう」

もしあなたが先延ばし屋なら、自分が先延ばしすることに気づかないどころか、大いに気にしているはずです……そうであれば、おそらくあなたは完璧主義という煉獄に陥っているのです。

## 先延ばしは良いこと？

あなたはどう思うでしょうか？　明日できることなら、今日しなくてもいいのでは？　そんなことは考えただけでぞっとするという人もいるでしょうが、実のところ、先延ばしが良策になる場合もあります。計画的な先延ばしや、仕事を遅らせることは、しばしば有益な戦略になるのです。

たとえば、あなたは今日、メールやメッセージをいくつ受信するでしょうか？　あなたが子育てグループや職場グループのメンバーなら、きっと大量に受信するでしょう。では、グループ・メッセージに返信しないとどうなるか、試したことがあるでしょうか？　おそらく、「至急」とされる大多数は、あなたの返信がなくても解決したでしょう。けれども、返信しないことは難しく感じられるかもしれません。なぜなら、スモール・トラウマがあなたをグループの「調整役」になるよう駆り立てるからです。

子どもの頃、あなたは、何ごとも自分が仕切らなければならないと感じていたのではないでしょうか？　第1章で紹介した、誰かが弟をからかったりいじめたりするのを防ごうとしたモウのように。もっとも、あなたが頼られることに生きがいを感じていて、それが燃え尽き症候群や極度の疲労といった問題（133～134ページの枠内を参照）を引き起こしていなければ、それはそれでいいのです。

とは言え、実際には、スモール・トラウマによる「先延ばし」という行動パターンが、かなり不快な症状を引き起こしているのを、私は毎週、診察室で見ています。しかし、**計画的な先延ばしによって、それを好転させることができます。特にあなたが、1日24時間では足りないと感じているのであれば、そうすることをお勧めします。**なぜなら、タスクの多くは、あなたが思うほど重要ではないからです。いくつかの仕事、たとえば意思決定の前に十分な情報を集めるといった仕事は、先延ばしすべきではないとしても、それ以外の仕事は、思うほど重要ではありません。メールやメッセージの大半は重要でないのです。日々の暮らしには、洗濯、洗い物、無数の家事など、片づけなければならない細々とした仕事がたくさんあります。この種の仕事に忙殺されるのは、何かをやり終えると、それが些末なことであっても、良い気分になれるからです。たとえば洗濯物は、映画『グレムリン』のモグワイのように増えていきますが、その山を仕分けして、すっかり片づけると、少量のドーパミンが放出されます。それと同等のドーパミンを、1万語のレポート、売り上げ目標、KPI（重要業績評価指標）などで得るのは難しいでしょう。

もっとも、洗濯物を片づけて得られる満足感はほんの一瞬で消えてしまいます。そしてあなたは、本当にしなければならない仕事の方はまったく進んでいないことに気づくのです。

自分の行動パターンが、計画的な先延ばしのように適応的なものか、それとも不適応なものかを見分ける簡単な方法があります。それは、次のように自問することです。

「**これは自分にどう役立つだろう？**」。

あるタスク（メールが届いたらすぐ返信するようなこと）を前にして、少しでも躊躇するようなら、そのタスクは他の人が片づけてくれる可能性が高いでしょう。あなたはそれを放っておいていいのです。ハイテクが生活の邪魔になっていることを、私たちはしばしば話題にしますが、「これは自分にどう役立つだろう？」と自問すれば、すぐ返信する性質が自分の役に立っているのか、それとも、スモール・トラウマから目を逸らすために忙しくしているだけなのかが見えてきます。

そう自問することは、目標に追われる社会に生きる誰にとっても有益であり、完璧主義と先延ばしが自分のプラスになっていないことを教えてくれます。実のところ、このスモール・トラウマの症状は燃え尽き症候群につながりやすいので注意が必要です。

## 燃え尽き症候群の兆候

２０１９年、「燃え尽き症候群」が世界保健機構（ＷＨＯ）の健康と病気のバイブルである「疾病及び関連保健問題の国際分類」に初めて記載されました。つまり、燃え尽き症候群はごく最近になって、ようやく公式に認められたのです。奇妙に思えるかもしれませんが、目に見えない病気にはよくあることです。医学と実践の歩みは遅く、人々の経験に追いついていないのです。

燃え尽き症候群は、「健康状態に影響する因子」のカテゴリーに記載されていますが、それは決して誇張ではなく、私が診察した人の中には回復までに何年もかかった人や、関連するさまざまな健康問題を抱える人、仕事や人間関係や生活の基盤を失った人がいました。

ＷＨＯは燃え尽き症候群を職場のストレスと関連づけていますが、他にも、皆を幸せにしようとする、他人の期待に応えようとする、環境との相性が悪い、など、燃え尽き症候群の原因は無数にあります。したがって、深刻な健康問題が生じる前に、この症候群の兆候に気づくことが大切です。

次のことに思い当たるようなら、あなたは燃え尽き症候群への道を進んでいるかもしれません。

◎ドタキャンする――しかも、その頻度が増えていく。
◎どのタスクも理想通りに達成できたと思えなくて、自分を責める。
◎1日24時間では足りず、友人と過ごしたり、趣味や娯楽に費やしたりする時間はないと感じる。
◎常にマルチタスクの必要性を感じている――「一度に1つのことしかしない人などいるだろう

か？」

◎セルフケアに費やす時間はほとんどないか、まったくない――「セルフケアって何のこと？」

次に挙げる兆候が見られたら、すでに燃え尽き症候群になっているかもしれません。

◎怒りっぽくなり、大切な人や家族やペットに八つ当たりする。

◎以前は気にならなかったことに対して過敏になる――たとえば、広告を見て泣いたりする。

◎以前は完璧にこなせていた状況で、プレッシャーに圧倒され、対処できないと感じる。

◎部屋に入った理由を忘れる、短い時間も集中できない、くだらないテレビ番組を見ることさえ苦痛になるなど、認知機能に問題がある。

◎仕事のパフォーマンスが落ちている。

◎よく眠れない――寝つきが悪い、夜中に目が覚めて眠れなくなる、のいずれか、または両方。

◎ほぼ毎日、「神経が高ぶっているが、疲れている」と感じる。

◎疲れ果てて、消耗したと感じているが、心を休めることができない。

◎ストレスに駆られて、あるいは上の空で飲食する。特に、ビスケット、パスタ、チョコレートなどの甘いものや炭水化物を多く含む食品を多く食べる。アルコールを飲む人は、夕食時にワインのボトルを空けたりする。

◎体重の変動（自分でわかるほど増えた、あるいは減った）。

## AAAアプローチ：ステップ2　受容

さて、自分にとって有益ではない完璧主義などのパターンについて理解が深まったら、AAAアプローチの「受容」の段階に進みましょう。

### 完璧主義と成功

私たち人間（特に現代人）が犯しやすい間違いの1つは、完璧と成功を同一視することです。**「あれもこれも完璧にできれば、成功できる」というように。**第2章で見てきた通り、このような競争的な社会規範のせいで、私たちはラットのように、止まることのない快楽の踏み車をひたすら回し続けます。多くの著名人やセレブや文化人は、自分は完璧さを求めず、「引く」と書かれているドアを「押した」から成功できたと語りますが、私たちは、完璧が成功につながると考えるようプログラムされています。ここで見逃されているのは、このようなセレブたちのライフストーリーは、普遍的な物語の原型（怪物退治、立身出世、探究、旅と帰還、喜劇、悲劇、再生）に沿っていて、主人公は紆余曲折を経た末に成功するということです。つまり、物語の語り手は「失敗したけれど最終的に成功した」人なのです。そこで私たちはこう考えます。自分も彼らのように完璧に失敗することができたら、きっと成功できる！

すごいプレッシャーですね、失敗することにさえ完璧さを求められるのだから！

スモール・トラウマの完璧主義がもたらすこの不愉快な結果を乗り越えるために、「受容」に取り組み、**「私は十分素晴らしい」という言葉に基づくワーク**を行いましょう。手始めに、この言葉を毎日思い出すための方法をいくつか考えてみましょう。私のクライアントの一人は、この言葉をTシャツにプリントしました。この言葉をパスワードにしたり、壁のあちこちに貼りつけたりしてもよいでしょう。人間の脳は、常にネガティブな方へ向かおうとするので、この言葉が常に目に入るようにしておきましょう。

それをお勧めするのは、私が何度も見てきたように、内なる完璧主義の怪物を飼いならす努力をしなければ、不安、うつ、健康障害、燃え尽き症候群になる恐れがあるからです。昔から言われる通り、予防は治療に勝るのです。

## 完璧主義を手放す

完璧主義を手放しましょう。あなたは本当に、常に完璧でなければならないのでしょうか？　答えはノーです。**たいていの場合、完璧主義はあまり役に立たないし、それどころか往々にして人生をかなり悲惨なものにします。**

また、完璧を目指すと、認知エネルギーを消耗するため、間違いから学んだり、心の免疫力を高めたりするのが難しくなります。職場の同僚、従兄弟、迷惑な友人、政治家などの中には、つまずいて転んでも気にせず、ただ埃を払ってまた歩き出す人がいるでしょう。そう、そういう人は非完璧主義者です。失敗はその人の行動を阻むでしょうか？　ノー！　失敗したことで、むしろ人々は彼のことをさらに好きになるでしょう。そもそも、人が転ぶのを見るのは愉快ですから……。と言っても、目標は笑われる人になることではなく、**過去の出来事を心の中で再生するのをやめて、休暇を心から楽しみ、自分の人生のためになること、ならないことを見分けて、自己嫌悪に陥ることなく前進できるようになることです。**

それでも、人はしばしば疑念を抱きます。「完璧主義を手放したら、成功できないのではないか」と。したがって、この「受容」の段階では、完璧主義者と非完璧主義者の違いを知ることが役立ちます。次へ

【完璧主義者と非完璧主義者の違い】

| 完璧主義者 | 成功志向・非完璧主義者 |
|---|---|
| 非常に難しい目標や基準を設定する | 現実的な目標・基準を設定する |
| 目標を達成しても、自分をほとんど褒めない | 成果を称える |
| さらに高い基準を設定する | 別の簡単で現実的な目標を設定する |
| 失敗する（あるいは失敗したと思う） | どんな失敗も学びの機会ととらえる |
| 自分は敗者だと思う自分を責める | ミスが多くても、がんばった自分を褒める |

ージの表にそれをまとめました。

本質的に、完璧主義者は自分が恐れていることをしています。つまり、自分で失敗のお膳立てをしているのです。原因になっているスモール・トラウマが何であれ、この考え方を変えることは可能です。そのためには、完璧主義者という殻を全力で破らなければなりません。

## AAAアプローチ：ステップ3　行動

ここまで来れば、あなたは活力と自信を得て、AAAアプローチの「行動」の段階に進む準備ができていることでしょう。次に挙げる戦略は、完璧主義／先延ばしのパラドックスからの脱出を助けます。

### 先延ばしを克服するためのヒント

自分に合う方法を見つけましょう。実行するときには、親友に接するときと同じように、自分に優しくなりましょう。完璧主義の先延ばし屋をやめるために完璧になる必要はないのです！

**ポモドーロ・テクニック**（**25分仕事に集中し、5分休息する時間管理術**）

この有名な時間管理と生産性のテクニックは、大きな仕事を一口サイズの塊にするというもので、効果は十分実証されています（ポモドーロはイタリア語で「トマト」を意味します。開発者のタイマーがトマトの形をしていたことから、そう名づけられました）。ポモドーロ・テクニックを用いるコーチは皆、「仕事して、休息して、また仕事して、休息しなさい」と教えますが、正直なところ、私自身はこの方法が役に立つと思ったことはなく、クライアントの多くも同じ意見です。

なぜなら、通常は、仕事を時間ではなくアウトプットで区切った方が効率的だからです。たとえば、1つのレポートを書き終えたら休息する、というように。けれども完璧主義者は、1つの段落を書くのに文字通り何時間も費やす可能性があるので、仕事をアウトプットで区切ろうとすると、完璧主義／先延ばしのパラドックスにはまりやすいのです。彼らの場合、仕事を主観的なマイルストーンで区切ろうとすると、いつまでも延々と続けることになりがちです。

一方、ポモドーロ・テクニックでは、客観的に決定・測定できる分単位のポジティブな制約を自分に課します。手順は次の通りです。

**◎ タイマーを用意する。次に述べる理由から、スマホのタイマー以外のものをお勧めする。**

**◎ 気を散らすものをすべて排除する。スマホはサイレントモードにして、引き出しの中にしまう。仕事でコンピュータを使う場合は、すべてのアラートをオフにする。誰かに集中を妨げられることのないよう、「邪魔しないで」の札をかけたり、その他のバリアを張ったりする。あなたが救急医でないかぎり、メッセージアラートをオンにする理由（つまり、言い訳）をすべて手放す。誓っ**

てもよいが、アラートを数分放置しても問題はない。

◎タイマーを15分にセットしよう。研究によると、集中力が持続する時間は平均で20分程度なので、自分に優しくなって、集中できる時間内にタイマーをセットしよう。

◎タイマーが鳴ったら、5分ほど休憩しよう。座って仕事をしていた人は、立ち上がって、少し歩いたりストレッチしたりして、体の存在を思い出そう！

◎15分仕事と5分休憩を4回繰り返したら、もっと長い休憩をとろう。15分ほどでもよいが、リフレッシュできたと思えるほどの時間が必要だ。

このテクニックを成功させるには、休憩時間にしっかり気分転換しなければなりません。メールを見るのはNGです！　お茶をいれて、儀式的なミニマインドフルネスを行ってもいいし、体を動かしてもいいでしょう。

私はこのテクニックを使い始めた頃、15分がとても長く感じられることに驚きました。思い返せば、会議の前や、用事で出かける前、私は通常より多くの仕事を片づけています。能率が上がるのは、時間が限られているからです。これはポジティブな制約です！

## 先延ばしに対処するための追加のヒント

### 「些末な仕事」の時間をスケジュールする

プレクラスティネーション（precrastination）は、先延ばし（procrastination）の厄介な兄弟で、本当にやらなければならないことを避けるために、目の前の簡単なタスクに飛びつくことを意味します。洗い物、洗濯、受信トレイを空にする、といったことはすべてプレクラスティネーションの例で、あなたは他にいくらでも思いつくでしょう（注36）。

このような小さな仕事を片づけておけば頭の中に余地が生まれると感じる人は少なくないですし、その論にも一理ありますが、問題は、一見簡単そうに見える仕事でも、長い時間行うと心身が疲れることです。つまり、家計を支えるための重要な仕事に取り掛かるまでに、すっかり疲れ果てて、自分の仕事を最優先にしなかったという、おなじみの罪悪感にさいなまれるのです。

いくつかの興味深い研究により、努力に関して脳は筋肉と同じであることが明らかになりました。長時間の激しいランニングで脚の筋肉に乳酸が蓄積するのと同じで、脳を休ませずに使い続けると、毒になる神経伝達物質が前頭前皮質に蓄積するのです（注37）。自己ベストのタイムを出しても、ふくらはぎの痛みと疲れがそれを台無しにするように、毒性の神経伝達物質は認知能力を低下させ、疲労を引き起こします。

プレクラスティネーションを防いで脳の疲労を避ける方法の1つは、これらの些末な仕事を日々のスケジュールに組み込むことです。過度な食事制限が大食いにつながるように、些末な仕事を避けようとすると、イライラして、かえってそれらの仕事に没頭することになります。「ピンクの象」現象について聞いたことがあるでしょうか？　「ピンクの象を想像してはいけない」と言われると、そのイメージが頭から離れなくなることです。今あなたの頭の中にも、バラ色の愛らしい象が浮かんでいるはずです。そういうわけで、過度の行動制限は逆効果になるのです。あるプロジェクトに取り組んでいる間はSNSを見ない、と自分に言い聞かせても、少し疲れたり、苛だったり、お腹がすいたりすると、たちまち意志の力は小枝のように折れてしまうでしょう。一方、「計画的なプレクラスティネーション」ははるかに現実的な戦略であり、「達成への渇望」を抑えてくれます。

### 朝にカエルを飲み込んで、長期的な利益を得るための短期的な苦痛を軽減する

マーク・トウェインは言いました。「朝一番に生きたカエルを食べてしまえば、その後の1日、それ以上悪いことは起こらない」。あるいは、こう言ったのかもしれません。「もしきみの仕事がカエルを食べることなら、朝一番にすませるのが一番だ。もし2匹のカエルを食べるのが仕事なら、先に大きい方を食っておけ」。彼がどう言ったのか、正確なところはわかりませんし、言ったのは他の人だという説もありますが、要は、誰も生きたカエルを食べたいとは思わないけれど（後脚なら、という人はいるかもしれませんが……）、どうしても食べなければならないのであれば、さっさとすませておきなさい、ということです。

先延ばしの心理学に関して、これはかなり重要な教えです。と言うのも、ある日ある時の認知能力（言うなれば、心のスペース）は限られているため、タスクへの心配でそのスペースが埋まっていたら、他のこと（もっと楽しいこと）をするための時間とスペースが減るからです。邪魔なタスクを片づけておけば、心は自由になり、より創造的で柔軟な思考を必要とする、やりがいのある仕事に集中することができます。だから、ぐっすり眠ってエネルギーを回復し、短期的なモチベーションがピークになっている朝のうちに、嫌なことを「やっつけて」しまいましょう。もしあなたがよく眠れないのなら、第9章を読みましょう。

### 一日の仕事に対する期待値をめいっぱい下げる

自分のパフォーマンスやアウトプットを大いに気にかけているとき、たいていは期待値をきわめて高く設定しています。私たちはプロセスより結果を重視し、偉大な傑作が一連のスケッチや、封筒の裏に書き留めた数々のアイデアから始まったことを忘れがちです。その日一日では、多くを成し遂げたとは思えな

いかもしれませんが、少なくとも思考は一歩前進しています。まさに、ローマは一日にして成らず、です。

## 完璧主義を管理する長期的方法

長年の習慣を変えるには、かなり時間がかかるので、シルビアと私は認知行動療法に基づく次のエクササイズも活用しました。これは完璧主義から「これで十分」への転換を促し、人生を生きるために必要なスペースの確保を助けます。

### エクササイズ　現実をチェックする

完璧主義は言うなれば虫メガネのようなもので、レンズがひどくゆがんでいるので、覗き込んだとたん、落とし穴に落ちてしまいます。

このゆがんだ世界に飲み込まれないよう、定期的に、かつ正直に、現実をチェックする必要があります。そして、完璧主義でなければどのような結果になるのか想像してみましょう。

ここでの秘訣は、自分の価値を成果によってではなく、内面の成長の度合いによって評価することです。最高の人になれなくても、自分としての最高を目指せばよいのです。どれほど裕福で、身体的に完璧で、成功していても、私たちは皆、基本的に不完全な存在です。それはむしろ素晴らしいことです！　誰もが完璧だったら、人生はどれほどつまらないでしょう。

【現実のチェック】

| 起こり得る最悪のこと | 実際に起こる可能性 |
|---|---|
| もし毎晩、深夜までプレゼンのための作業をしなかったら、まったくもって役立たずだと職場の皆に見なされ、クビになる。 | うーん……これまで業績評価が悪かったことはないし、上司からは良いフィードバックをもらっているので、そんなことは起こりそうにない。<br>それに、よく考えてみると、雇用契約があるのでクビにはならない。<br>もし上司が、私は一定の水準に達していないと思ったとしても、向上する機会を与えてくれるはずだ。 |
| 友だちのメッセージにすぐ返信しないと、思いやりや感謝の気持ちがないと思われ、ついには、友だちが一人もいなくなってしまう。 | おそらく皆、忙しいのだろう……<br>友だちの大半は、すぐ返信してこないが、私は彼らを悪い人だとは思っていない。いろいろあって大変なんだろうと思うだけだ。<br>だから、結局のところ、私が自分のためにもう少し時間を使っても、親友を失ったりはしないはず。 |
| あらゆる面でほぼ完璧に見えなければ、誰も私を好きになってくれないし、ましてや愛してくれるはずがない。 | 私がこれまでの人生で好感をもった人たちは、実にたくさんの間違いを犯している。そして私は時々、彼らの弱さや、不完全で乱雑な側面を知って、親しみを感じる。<br>たぶん彼らも私に対して同じように思っているのではないだろうか…… |

## 失敗からフィードバックを得る方法

失敗やミス、失言、過失を、批判的に見るのではなく、好奇心を持って検証し、状況を見直す重要なチャンスと捉えれば、完璧主義から脱することができます。次のように自問し、起きたこと、起きていることに好奇心を持ちましょう。

◎私はこれまでに何を成し遂げただろうか？ 船が一撃で沈むことはめったにない。自分が築いたものに注目し、内なる批判者の声のボリュームを下げよう。

◎私はこの失敗から何を学んだだろうか？ あらゆるミスは学びにつながる。方程式に欠けているものや、繰り返されるスモール・トラウマのパターンについて、ミスは重要なことを教えてくれる。

◎前進するために、この状況から何を得られるだろうか？ 次のレベルに進むには、この領域でのさらなる支援・情報・自己認識が必要かもしれない。それが何かわからなければ、誰かに尋ねよう。

完璧な人はいません。正直に言って、誰も完璧ではありません。むしろ、私たちが皆、申し分なく完璧で、何の欠点もなかったら、人生はまったくもってつまらないものになるでしょう。実際、最も面白くて引き込まれる話は、スカートの端がブルマーに挟まっていたとか、前歯にホウレン草がくっついていたといったドジな話です。もし、あなたの周囲に、完璧に近いと思える人がいたら、その人とおしゃべりして、恥ずかしい逸話がないかどうか尋ねてみましょう。彼らも数多く失敗してきたことを知って、あなたはきっと驚くでしょう！　尊敬される人物の自叙伝を読むのもお勧めです。きっと数々の失敗が語られているはずです。つまり、こういうことです。誰でも厄介な問題を抱えていますが、私たちはそれらのスモール・トラウマを利用して、心の筋肉を鍛えることができます。そのためには、他の人に対するのと同じように、自分自身を思いやるだけでいいのです。そういうわけで……

あなたは十分よくやっているのだから、これで十分だと、自分に言い聞かせましょう！

## 内なる批判者を追放するプロンプト

**1** 完璧主義を手放して何が起きるのを、私は恐れているのでしょう。

**2** 先延ばしは、私を何から守ってくれるのでしょう。

**3** 完璧主義の盾を捨て、本当の自分の姿を人々に明かしたら、人生はどれほど向上するでしょう。

Chapter 5 まとめ

先延ばしは、失敗への恐れや完璧主義によって引き起こされることが多く、しばしばスモール・トラウマがその原因になっています。そのため、スモール・トラウマを取り除くと、いつも完璧でいたい（あるいは、おおむね完璧でいたい）という欲求をコントロールできるようになり、人生においてより幅広い経験ができるようになります。

完璧主義は私たちを期待という鎖でしばり、多大なプレッシャーをかけます。けれども、自分を十分思いやれば、このスモール・トラウマの症状から抜け出すことができます。すべてを「完璧に」こなさなければならないと思うのではなく、自分がしたいことに時間とエネルギーを注げるようになるのです。

Chapter 6

# 見かけ倒し？
## ――自己不信とスモール・トラウマ

**この章では次の項目について掘り下げます：**

**◎なぜ一部の人はインポスター症候群になりやすいのか**
**◎暗黙の偏見の進化的推進力**
**◎マイクロ・アグレッション（自覚のない偏見や差別）の影響**
**◎自分より下の人とではなく、上の人と比べがちな理由**
**◎マイクロ・アグレッションに対処するための戦略**

これまで私は多様な人種の人々と共に働いてきました。高等教育機関で教えていたときや研究していたときにも、さまざまな人種の人と出会いました。率直に言って、そのすべての人から何らかの学びを得ました。それは仲間意識という魔法がもたらしたものです。けれども、生い立ちや特徴や性格は違っても、その人たちには共通点がありました。**それは人生のある領域で自分を「偽っている」と感じていることです。**それもたいていは、その人が最も大切にしている領域において、そう感じていました。

アフリカ系アメリカ人のケリーを紹介しましょう。ケリーは、穏やかで、落ち着いていて、自制心のある女性で、化学エンジニアとして働いています。全身に穏やかな自信を漂わせていましたが、眼差しはそうではありません。私は興味を覚え、これまでどのような人生を歩み、今どう感じているかを尋ねました。彼女の答えはこうでした。

自分が成功したことも、そのために一生懸命がんばってきたこともわかっています。でも、それがどうでもいいことのように思えるのです。成功したという「気持ち」になれないのです。周囲の人はいつも、ほめてくれます。特に、「STEM（注38）分野で働く有色人種の女性としてよくやっている」とよく言われます。けれども、私はここにいて、この仕事をしていていいのだろうか、という疑念がいつも湧き上がってきて、多くの犠牲を払って得たこの仕事を、嫌いになり始めているのです。

それだけじゃありません。これを言うのはちょっと恥ずかしいのですが、人に好かれているかどうかがわからないのです。ましてや尊敬されているか、高く評価されているかは、正直なところ、まったくわかりません。気がつくと相手の表情を探っていて、目元に笑いじわができているとか、口をかすかにへの字に曲げているとか、そんなことが気になります。人にどう思われているのかがわからなくて、頭がおかしくなりそうです。何時間もそのことばかり考えてしまいます。気にするべきじゃないと思うのですが。でも、職場で見た同僚の表情が「オオッ」だったのか「ヤレヤレ」だったのか――感心したのか、あきれたのか、私のしたことは良かったのか、悪かったのか、それが気になって、一晩中眠れないことさえあるのです。自分のことがわからなくなり、自分のやることをすべて疑うようになり、そのせいで仕事も進まなくなっています。これ以上、こんな気持ちでいたくありません。

私はケリーに「インポスター症候群」について聞いたことがありますか、と尋ねました。彼女は「ええ」と答えました。そこで、私と彼女はAAAアプローチの「気づき」に取り組み始めました。

## AAAアプローチ：ステップ1　気づき

### 私の心の中には詐欺師がいる！

「インポスター症候群」、あるいは「インポスター現象」は1978年に心理学者のポーリン・クランスとスザンヌ・アイムスが作った名称です。二人は、自分への期待が高い人々によく見られる思考パターンに気づきました。その思考パターンは、期待通りにできなかった自分を強く責める人々にも見られました。この名称はメディアやソーシャル・プラットフォームや会話でよく取り上げられますが、ここで本来の定義を知っておくことは有益でしょう。その定義には次のものが含まれます。

◎ 人生の主要な領域（仕事、親子関係、人間関係など）のうち、少なくとも1つの領域で、自分を偽っていると感じていて、それが「ばれる」ことを恐れている。

◎ 自分は仕事で大失敗すると思っていて、実際にしくじると強いショックを受ける。もちろん、うまくいくと、ほっとする。

◎ 他者による自分の評価は悪いと思い込んでいて、勤務評定や同僚による評価を恐れ、自分に関する会話を偶然耳にすることさえ恐れる。

◎ 肯定的なフィードバックや賛辞や賞賛を得ると、そんなことはないと大いに謙遜し、いくらか恥ずかしく思う。
◎何かがうまくいっても、それを自分の手柄にせず、幸運や外部の力のせいだと考える。
◎成功や名誉を得ることに罪悪感や少々の恐怖を覚える。そのため、時には、意識的あるいは無意識的に、自分で自分を妨害する。
◎しかし、失敗するのは怖いので、面前の課題に強いストレスを感じ、仕事の完了をぎりぎりまで遅らせる。
◎誰もが自分より優れていると感じ、特定の状況下では、その人たちに負けないよう努力する（しかし、同等になれたとは思えない）。
◎他人からは「超人的」と言われるかもしれないが、自分ではまったくそうは思わない。

この内なる悪魔と闘っていない人からすれば、偉業を成し遂げた人々の中に、自分の能力をこれほどまでに疑う人がいることは、奇妙に思えるかもしれません。けれども、私の経験から推測すると、「成功者」と見なされる人のかなりの割合が――少なくとも自分のスモール・トラウマに気づくまで――インポスター症候群を経験しているのです。

インポスター症候群の問題点は、良くても、惨めな人生を導くことで、悪くすると、深刻な精神疾患につながります（注39）。長年にわたって専門家たちは、この症候群は女性特有のものだと考えてきましたが、そうではないことが研究によって明らかになりました。インポスター症候群には男性も女性も陥るのです。職業、社会的階層、文化、民族、セクシュアリティは関係ありません。けれども、マージナルグループ（社会の主流でない人々）は自己不信の度合いがより強いと言えるでしょう（これについては、この先で説明します）。歴史、社会規範、そして文化構造は、それぞれスモール・トラウマになってインポスター症候群に影響します。実のところ、70パーセントもの人が、人生のどこかの段階でこの症状を経験するようです(注40)。その結果、生きがいが失われ、自分の業績に自分はふさわしいと思えなかったり、思いにくかったりするのです。

## なぜ一部の人はインポスター症候群になりやすいのか？

インポスター症候群は誰にでも起こり得ますが、特定のグループに、より多く見られます。もっとも、その人たちが精神的に弱くて自己不信に陥りがちだとか、人生における回復力《レジリエンス》に欠けている、という意味では決してありません。すべては、彼らが一生を通じて社会で経験するスモール・トラウマのせいなのです。

私は職業柄、ある種の思い込みをよく目にしてきました。それは、インポスター症候群になるのは、その人に何か「悪いところ」、つまり問題や欠点があるからだ、というものです。けれども、インポスター症候群を個人のせいにするのはあまりにも安直であり、問題のメカニズムを理解する助けにはなりません。幸い現在では、**社会的なスモール・トラウマがインポスター症候群を引き起こすこと**を示す研究結果が増えています。

アフリカ系アメリカ人の大学生を対象とする研究により、人種差別を多く経験した人ほど自分を詐欺師のように感じやすいことが明らかになりました(注41)。それどころか、ジェンダーや人種などのせいで侮辱されるのではないか、という「恐れ」だけでも、自分を詐欺師のように感じるかどうかに影響するのです(注42)。つまり、ジェンダー、民族、性別、健康状態、その他のグループ分けのせいで不当な扱いを受けていなくても、そうなることを恐れているだけで、インポスター症候群に陥りやすいのです。それが問題なのは、深刻なインポスター症候群は、うつ病、不安、仕事でのパフォーマンスの低下、仕事に対する満足度の低下、燃え尽き症候群を招くからです(注43)。

## スモール・トラウマとしてのマイクロ・アグレッション

コロンビア大学ティーチャーズ・カレッジの心理学・教育学教授であるデラルド・ウィン・スーは、マイクロ・アグレッションを次のように的確に定義しました。「**マイクロ・アグレッションとは、自分の行動が相手にとって攻撃的あるいは侮辱的であることに気づいていない善意の人々との日常的なやりとりの中で経験する、ありふれた軽蔑、侮辱、不作法、無視などを指す**」(注44)。すべてのスモール・トラウマと同様に、その影響は蓄積し、害を及ぼします。以下は、マイクロ・アグレッションの言葉の例です。心当たりはないでしょうか?


**「だけど、とっても元気そうに見えるよ!」**

**「きみの経歴を考えたら、よくできた方じゃないかな」**

**「そうだね、で、どこの国の出身なの?」**

**「うん、きみの状況で○○ができるなんてすごいよ」**

**「だんなさんは家にいるの?」**

**「私は肌の色をまったく気にしません」**

マイクロ・アグレッションは暗黙の偏見の一種で、通常、悪意はないのですが、心に秘めた軽蔑や無視が相手に伝わります。ここでマイクロ・アグレッションと露骨な弾圧の違いを明らかにしておくことは有益でしょう。露骨な弾圧はしばしば「〜差別」として定義されます。人種差別、性差別、階級差別、障害者差別、反ユダヤ主義（ユダヤ人差別）、高齢者差別、同性愛者差別（あるいは同性愛嫌悪）、性別二元制（性を男女のどちらかに分類する社会規範）などがあり、社会の不平等さを支持し、その状況を維持しようとします。言い換えれば、「〜差別」には、ネガティブな意図とネガティブな影響があるのです。一方、マイクロ・アグレッションにそのような意図はありませんが、その影響は等しく有害です。

**つまり、マイクロ・アグレッションは、わかりにくい形の差別なのです。** その影響は大きく、自己不信やインポスター症候群を招きます。加えて、マイクロ・アグレッションを受けた人は、なぜ自分が傷ついたのかを理解しようとして、精神的に疲弊します。さらに言えば、マイクロ・アグレッションはモチベーションを低下させ、職業上の目標を見失わせることさえあるのです。小さな攻撃《マイクロ・アサルト》、小さな侮辱《マイクロ・インサルト》、小さな《マイクロ・》無視《インバリデーション》の影響はいっそう深刻で、健康問題を引き起こしたり、寿命を縮めたり、教育や仕事や公共医療サービスの利用の不平等を拡大したりする恐れがあります。

## 人はなぜ暗黙の偏見を抱くのか？

私たちの周囲には、とうてい処理しきれないほど多くの情報があふれています。実のところ、私たちは連日、毎秒１１００万ビッドもの情報を取り込んでいますが、意識的に処理できるのはほんの一部です。

それでも複雑で変化し続ける環境に対処できているのは、認知のバイパスを持っているからなのです。

実際、脳の情報処理の大半は、意識の外で行われているので、私たちは意思決定や内省といった脳の高度な機能を発揮できます。世の中にあふれる情報をいちいち分析しなくても、日常の仕事をこなせるのはそのためです。おかげで私たちは適応し、進化することができました。これは素晴らしいことですが、問題もあります。思考能力が限られているので、認識のエラーやバイアスが起きやすいのです。

**暗黙の偏見は、そうしたバイアスの1つで、ある集団の特徴だと自分が思っている特徴に基づいて、人や集団を判断することです。**これが常にネガティブな考えや有害な信念につながるわけではありませんが、その集団と直接関わる経験があまりない場合、こうした思い込みはステレオタイプや誇張や偏見につながり、意図しないマイクロ・アグレッションを招きかねません。

## 皮肉を込めたお世辞

ケリーは、インポスター症候群とマイクロ・アグレッションについて私と共に調べていたときに、自分が奨学金や充実した学習プログラムの恩恵を受けられたのは、成績だけでなく人種的な背景にもよることを明かしました。彼女はいつもそれを気にしていて、自分の成功は実力によるものではないと思っていたのです。

「奨学金をもらえてラッキーだったね」とか「……にしては、よくがんばったね」と何度も言われたそうです。そうしたお世辞には、ケリーの成功は学業成績、努力、才能とはほぼ無関係で、不当に手に入れたものだという本音が潜んでいました。つまり、彼女の長時間に及ぶ勉強や、キャリアのために払ってきた犠牲によるものではない、と言っているのです。

また、ケリーは、成功しているのに自信を持てないことを、これまで誰にも打ち明けることができなかったそうです。とりわけ家族や職場の人に明かすのは論外で、そんなことをしたら、これまでずっと「だましていた」ことがばれてしまうと思った、と言います。そのため、別の意見を聞く機会がなく、インポスター症候群との闘いで誰かに助けてもらうことはできなかったのです。そしてインポスター症候群の症状が重くなるにつれて、彼女の頭の中では、皮肉を込めたお世辞が鳴り響くようになりました。

こうしてケリーは問題の本質を理解しました。その後、数週間にわたって彼女は、マイクロ・アグレッションに対する怒り、インポスター症候群の原因がわかったという安堵、長い年月を自己不信に費やしたことへの後悔など、さまざまな感情を味わいました。

ケリーはこう明かしました。「いつも問題は自分の心の内にあると思っていました。経験とは関係なく、自分の内面の何かが間違っているのだと思っていたのです」。この言葉からも、スモール・トラウマは気づきにくく、油断できないことがわかります。表面的にはポジティブでも、嫌な後味を残す言葉は、心を緊張させるのです。

マイクロ・アグレッションは行動に表れることもあります。たとえば、私のクライアントのカイは、会議での発言をいつもさえぎられました。同じように話を中断された人は他にいなかったので、カイの心に自己不信が根づき始めました。このように継続的なスモール・トラウマは人を疲れさせ、結果的にインポスター症候群などの問題を引き起こします。なぜなら発言を邪魔された人は、自分の話を誰かが聞いてくれるかどうかだけでなく、自分の意見に発言するほどの価値があるかどうかまで疑い始めるからです。つまり、これはマイクロ・アグレッションの一種であり、そのまま放置すると、陰険ないじめに発展する恐れがあります。

AAAアプローチの「気づき」から「受容」へ進む段階では、暗黙の偏見がどのように人をマイクロ・アグレッションなどの有害な行動に向かわせ、インポスター症候群を招いたり、自尊心を破壊したりするかを探究することが重要です。

## 自分に満足できない他の理由

スモール・トラウマは生涯にわたって蓄積するので、ただ1つのスモール・トラウマに「気づく」だけで「受容」につながることは稀です。ケリーについて、インポスター症候群の原因になっている複数の行動パターンを調べました。ケリーは、自分の習慣のいくつか、特にソーシャルメディアの利用について、私に明かすことにためらいを感じると言いました。彼女はリンクトイン（ビジネス特化型SNS）のスクロールに膨大な時間を費やしており、「暇さえあれば、そうしています」と言いました。それが自己不信を強めることを自覚していたのですが、閲覧をやめられなかったのです。

振り返ってみれば、自分は詐欺師のようだと感じ始めた頃に、リンクトインを中毒のようにチェックし始めたのでした。このことは、1つのスモール・トラウマが別のスモール・トラウマを取り込んで影響力を強めていくことを語っています。つまり、私たち自身——厳密に言えば、人間に生来備わっている認知メカニズム——が、スモール・トラウマの影響を増幅させているのです。

## 私たちはあまりに多くの参照点を持っている

他者からの暗黙の偏見はスモール・トラウマになりますが、私たちは自分を打ちのめすメカニズムを他にも多く持っています。中でも、近年目につくようになったのは、自分と他者を比べる傾向です。これには進化上の理由があり、初期の人類は、生き延びるためにこの能力を必要としました。即座に、ほぼ無意識の内に、自分と相手を比べて、自分の方が大きくて強そうだから、闘ったら勝てそうだと結論づけたり、自分の方が弱そうだからさっさと逃げよう、と判断したりする能力は、初期の人類にとって大いに役立ったでしょう。さもなければ、相手にいためつけられたり、殺されたりしかねないからです。もちろんこの説明は単純すぎますし、自分と他者を比較する要素は、腕力の他にも無数にあります。

　ともあれ、ほんの数世代前まで、自分と比べる相手は、家族やコミュニティ、職場の誰かに限られていました。それが現在では、いつでも数十億の人と自分を比較できるようになりました。そして、進化の観点から言えば、脅威になるのは自分より優れたライバルなので、遺伝子に組み込まれた配線は私たちに、自分より下の人とではなく、上の人と比較することを命じます。**つまり、私たちは生来、自分より優れている人に注目するようにできているのです。**これは初期の人類にとっては有益なメカニズムでしたが、プロフィールや画像を調整し、加工し、完璧なものにできるオンラインの世界では不利益をもたらします。

　心理学では、このような比較要素を「参照点《リファレンスポイント》」と呼びます。実のところ、参照点は無限にあります。なぜならソーシャルメディアのアルゴリズムは参照点を無限にするように設計されているからです。ケリーは、少なくとも初めのうちは、リンクトインのようなビジネスに特化したプラットフォームは、自分の写真を編集して載せたりする他のソーシャルメディア・アプリとは別物だと考えていました。なにしろ、リンクトインはネットワーキング・プラットフォームで、キャリアアップのためのものだと宣伝されていたのですから。不可解に思えたので、私とケリーはＡＡＡアプローチの「受容」に取り組み、スモール・トラウマが彼女をソーシャルメディアの利用と絶え間ない比較に駆り立てているかどうかを調べました。

## 「タラレバ」の例

私は『セックス・アンド・ザ・シティ』の大ファンではないし、全シリーズを見たわけでもないのですが、サマンサは「タラレバ（～していタラよかった、～していレバよかった、という後悔）」との上手な付き合い方を体現していると思います。つまり、「そんなことは考えない」というのが彼女の流儀なのです。もっとも、それは言うほど簡単ではありません。先に述べた通り、私たちは生来、人と自分を比較するようにできています。しかも他者とだけでなく、パラレルワールドの自分とも比較するのです。そんなことをしていたら、自分が自分にとって最悪のいじめっ子になりかねません！

ナバラ大学の一連の研究により、**人は自分が通らなかった道や選ばなかった選択肢を理想化しがちであること**がわかりました（注45）。それは、他の人が注文した料理をうらやましがるような無害なものもあれば、職業や人生のパートナーの選択、さらには子どもを持ったことを後悔するといった深刻なものまでありま す。選ばなかった道は経験できないので、そちらの道にも困難や紆余曲折、失望がつきものであることがわかりません。そして、いつまでも「～していたら、していれば、どれほどよかっただろう」ともう１つの道を過大評価するのです。ソーシャルメディアがそれに拍車をかけます。

ケリーによると、インポスター症候群に陥って以来、もし奨学金を受けなかったら、人生はどうなっていただろう、もしかしたら、他のことをして、もっと満足できていたかもしれない、という思いが、つきまとうようになったそうです。リンクトインでは誰もが素晴らしいキャリアを持ち、満足しているように見えるので、ケリーは「私はなぜ、あんなふうになれないのかしら？」と自問しました。

## AAAアプローチ：ステップ2 受容

その答えを見つけるために、ケリーと私は「だからどうなの？」というエクササイズをしました。この問いかけは、最初は少し冷たく聞こえるかもしれませんが、続けることで、驚くほど簡単かつ迅速に、問題の核心に迫ることができます。さらに重要なこととして、心理的不調の原因になっている感情に気づくことができます。

まず始めに、今抱えている問題をはっきりさせましょう。


**問題：**奨学金をもらってこの道に進んだのがよかったかどうかわからない。

**だからどうなの？**

奨学金をもらったのに、自分のキャリアに疑問を持つのは良いこととは思えない。

**ふーん、だからどうなの？**

別の人が奨学金をもらってこの仕事をしていたら、もっと良い結果を出していたかもしれない。

**そうかもね。だからどうなの？**

もしかしたら、私は、もっとふさわしい人からこの仕事を奪ってしまったのかもしれない。

**だからどうなの？**

私はこの仕事に満足していると思えないから、この仕事に就く資格がなかった。

**結論：**私は、自らの成功にふさわしい人間だと思えない。

**結論が引き起こす感情：**罪悪感、羞恥心、自己嫌悪。

先に述べたように、この問答は冷淡で無神経なように感じられるので、親友との問答を想像して、ユーモアを織り込んでもいいでしょう。この方法を用いると、スモール・トラウマの症状を長引かせるインポスター症候群などの感情を特定できます。そうした感情を白日のもとに晒すと、「受容」のワークは、飛躍的に前進するでしょう。

## 感情を特定し、はっきり名づける

ケリーと私はＡＡＡアプローチの重要な段階である「受容」に近づきつつありました。ケリーが自らの成功、より正確に言えば、成功を収めるために奨学金を受けたことについて、胸の奥底で抱いていた罪悪感は、彼女が長年にわたって経験してきたマイクロ・アグレッションに起因することが明らかになったのです。その感情に「罪悪感」という名前をつけたことで、ケリーはついに真正面からそれに取り組めるようになりました。彼女は奨学金によって「援助された」ことに罪悪感を抱き、自らの成功に自分は値しないと思っていたのです。

ケリーが実際に間違ったことをしたかどうかという観点から、罪悪感を抱くことが正しいかどうかを調べました。彼女にとって重要なのは、内なる詐欺師に支配されることなく熟考することでした。「受容」の段階では、不快な感情を受け入れるために、感情バイオームについて学ぶことが助けになりました。

## 他の人に圧倒されてはいけない——美術館を利用する手法

私はケリーに、行きたい場所を想像してもらいました。他の人も訪れる場所で、博物館、映画館、美術館、その他、公共の場所ならどこでもいいのです。ケリーは美術館を選んだので、そこで開かれている展覧会で絵を眺めているところを想像してもらいました。展覧会はもうすぐ終わるので、それらの絵を見られるのは今日だけ、という設定です。「その美術館に礼儀をわきまえない人が大勢いて、マナーを無視して大声でしゃべっていたら、どんな気持ちになりますか？」と彼女に尋ねました。「いらいらする」「腹が立つ」「不満に思う」という言葉が返ってきました。続いて私は、「そんな人たちがいるので、あなたは二度と見ることのできない数々の絵を見るのをあきらめて、美術館から出ていきますか？」と尋ねました。

あなたもこの状況を想像して、どうするか考えてみましょう。

ケリーはしばらく考えてからこう答えました。「いいえ、これが唯一の機会なら、他の人が何をしていようと、私はそこに留まって絵を鑑賞します」。

このエクササイズに登場する人たちは、文字通り「他の人々」と見なせますが、比喩的な意味で、スモール・トラウマと、それが生み出す罪悪感などの感情と見なすこともできます。自分の身に起きたことを変えることはできませんが、そうした経験を受け入れ、付随する感情に向き合うことはできます。

ケリーにとって美術館にいた心ない人々は、自らの罪悪感と羞恥心でした。そうした感情を抱いたとしても、自分の成功を喜ぶのをやめる必要はないことを悟って、彼女は一歩前進することができたのです。このように受容は、人生において真の意味で前進することを可能にします。自分の人生を生きるチャンスは一度しかないのですから。

## AAAアプローチ：ステップ3　行動

インポスター症候群を克服するには、内なる詐欺師の声の音量を下げるための今すぐできる対策と、自信と自尊心を取り戻すための長期的な対策を組み合わせることが有益です。

### 内なる詐欺師を操縦するための、今すぐできる対策

#### ミニ調査

私たちは自分と自分の長所を、いつも正しく評価できているわけではありません。そのせいで内なる詐欺師を育ててしまうことがあります。そこで、スマホを開いて、尊敬し信頼している人を少なくとも3人選び、あなたの長所を3つと、そう思う具体的な理由を尋ねましょう。その返事を受け取ったら、一貫性が見られるかどうか調べましょう。ただし、受け入れるのはポジティブな意見だけにしましょう。

#### ポーズでパワーアップする

社会心理学者エイミー・カディのパワーポーズの動画が急速に広まったのは、そのポーズがとても簡単で、どこでもできるからです。ボディランゲージによって自信を高めることができるというのがエイミーの理論で、このポーズをとると、世界に挑む心の準備が整ったと感じるだけでなく、実際に生理学的な変化が起きることが彼女の研究によって明らかになりました。テストステロンの分泌量が増え、コルチゾールの分泌量が減少し、リスク志向が高まったのです（注46）。ですから、今度パワーアップしなければならない状況に陥ったら、両足で床を踏み締め、腰に手を当て、顔をまっすぐ前に向けましょう。人のいない

ところ（たとえば、トイレ）で2分間、このポーズをとってもいいですし、重要な会議の場で、スペースを確保して、両手両足を広げて似たようなポーズをとってもいいのです。パワフルで自信に溢れていそうな人も、このようなボディランゲージを利用していることにあなたは気づくでしょう。そうだとしたら、真似をしても損はないはずです。

## 自分の批判者ではなく、自分のコーチになる

心の中の批判的な物語はインポスター症候群の明らかな兆候で、多くの場合、スモール・トラウマから生まれます。けれども、この自己批判の声をコーチの声に変えることができます。コーチとは、慰めたりなだめたりしてくれる人ではなく、私たちの長所を知った上で励ましてくれる人です。だから、今度「ここで何をすればいいか、きみにはわからないはずだ。きみに、ここにいる資格はない！」という声が聞こえたら、「きみは大いに貢献できる。だからここにいる権利がある！」というコーチのセリフを叫んで、その批判的な考えを打ち消しましょう。そして最後に「きみはこれをやり遂げたんだ！」と自分に言い聞かせましょう。

## マイクロ・アグレッションに対処する

私たちはマイクロ・アグレッションのない世界を望むかもしれませんが、実際には、誰もが暗黙の偏見を持っているので、そのようなユートピアは当分、実現しそうにありません。マイクロ・アグレッションは社会的なスモール・トラウマですが、対処の仕方次第で自分への影響を抑制することができます。対処法の1つは、目に見えないものを見えるようにすることです。

通常、マイクロ・アグレッションをした人は、自分の言動が差別的であることに気づいていません。つまり、マイクロ・アグレッションに差別的な意図はないのです。しかし、その影響は他の偏見や差別と同じです。人は自分の言動を自覚するまで、それを変えようとしないので、その言動がマイクロ・アグレッションであることを指摘するのは、された側だけでなく、した側にとっても有益です。この介入はしばしば「マイクロ・インターベンション（小さな介入）」と呼ばれます。次に挙げるのは、マイクロ・アグレッション（MA）とマイクロ・インターベンション（MI）の例です。

MA「だけど、とっても元気そうに見えるよ！」と言われたら、
MI「親切心からのお世辞なのはわかるけど、慢性疾患を抱えているから、そんなふうに言われるとよけいに落ち込むわ。これからは、調子はどう？　と聞くだけにしてね」というように、**相手の発言と意図を切り離して対処しましょう。**

MA「きみの経歴を考えたら、よくできた方じゃないかな」と言われたら、
MI「それはどういう意味？」と言って、**真意を尋ねましょう。**

MA「そうだね、で、どこの国の出身なの？」と訊かれたら、
MI「あなたが私のバックグラウンドを推測していることは、以前から知っていたし、私もかつては他の人に対して同じことをしていたわ。でも、それが失礼なことで、ステレオタイプに基づく偏見だということを学んだの」というように、**自分の意見や考えや変化を相手に伝えましょう。**

MA「うん、きみの状況で○○ができるなんてすごいよ」と褒められたら、
MI「物事を包括的に見ようとしているのはわかるけど、『きみの状況で』なんて言ったら、その意図が相手に伝わらないよ」というように、**その人の価値観に的を絞りましょう。**

MA「だんなさんは家にいるの？」と訊かれたら、
MI「そんなことを尋ねるのは失礼ですよ」というように、**直接的なアプローチをとりましょう。**

MA「私は肌の色をまったく気にしません」と言われたら、
MI「それはつまり、民族性を認識しないという意味ですか？」と**言い換えてみましょう。**

職場など、特定の環境で、日常的にマイクロ・アグレッションを受けている場合は、ラインマネージャーなど適切な人に報告して助けを求めましょう。

## インポスター症候群を克服するための長期的な対策

### 助言を求める

インポスター症候群の人は、自分がその地位にふさわしい人間であることを、常に自分自身に示そうとするため、往々にして仕事がとてもよくできます。高い技術を持ち、経験豊かで、その分野に通じているので、同僚やマネージャーからフィードバックを受けることはほとんどありません。その必要はないと、

誰もが思っているのです。その結果、インポスター症候群の人は、ケリーがそうだったように、「シグナル探し」を続けることになります。表情や言語以外のコミュニケーションを通して、他者の真意を知ろうとするのです。

これを乗り越えるには思い切りが必要です。なぜなら、心の中の詐欺師は「今までずっとだまし続けてきたことがばれるから、XXに尋ねてはいけない!」と言って、この現実確認《リアリティチェック》を邪魔しようとするからです。そのような考えが浮かんだら、第4章のASK(Accurate:Sensible:Kind)テクニックを試したり、自分の仕事について、職場の人か外部の助言者《メンター》と語り合う時間を持ったりしましょう。

メンターが選択肢として優れているのは、建設的なフィードバックと励ましをくれるだけでなく、インポスター症候群ゆえの感情や自己不信について気楽に相談できるからです。仮にあなたが企業のトップにいても、対等の立場のメンターやエグゼクティブコーチ(管理職を指導するコーチ)は、そのような役割を果たしてくれます。私は心理コーチングを行っていますが、その経験から言えるのは、企業のトップに立つ人は、インポスター症候群を強く経験しやすいということです。彼らにとって、こうしたサポートはきわめて有益です。なぜなら客観的な立場にあるメンターは、相談者が現実と不安を区別するのを手助けできるからです。誰でも、時々リアリティチェックをする必要があるのです!

**賢くなる**

インポスター症候群の人は、自分に対して非現実的なほど高い期待を抱きがちです。この傾向に前向きに対処するには、現実的で具体的で実現可能な目標を立てるといいでしょう。目標が漠然としていると、自分がどこまで進んだか、マイルストーンに到達できたかを知ることができません。目標を立てるときには、現実的になり、内なる詐欺師を黙らせましょう。

◎目標は具体的なものにしよう。仕事でトップを目指すというような漠然としたものではなく、明確に定義できるものにしよう。たとえば、技術者継続教育（CPD）の資格を取る、助言を与えてくれるメンターを見つける、といった具体的な目標だ。

◎目標が達成可能かどうか確認しよう。スケジュールにCPDコースの受講を組み込む余裕はあるだろうか？　メンターと出会える場所を知っているだろうか？

◎目標が自分にふさわしいかどうか自問しよう。たとえば、CPDは魅力的に思えても、あなたには必要ないかもしれない。自分の成長や発展を手助けしてくれる目標を選ぼう。

◎目標の達成度を評価する方法を決めよう。目標が具体的なら、評価は容易なはずだ。懸命に働いて仕事でトップになる、といった目標に比べて、CPDコースを修了したりメンターを見つけたりすることは、達成できたかどうかの評価がはるかに容易だ。

◎最後に、締め切りを決めよう。いつまでにその目標を達成したいか？　自分のスケジュールに合わせて、無理のない現実的な締め切りを決めよう。

インポスター症候群の人は、自らの成功をきわめて小さく評価し、失敗をきわめて大きく評価しがちなので、進歩と功績を記録しておくことが有益です。ファイルを用意して、エネルギーと勇気が湧いてくる名前をつけましょう（私は「ユー・ロック！（きみは最高！）」と名づけました）。そして最も重要なこととして、一つひとつの成功を祝福しましょう。愛する人と一緒に祝福できたら最高です。そして、賞賛をありがたく受け止める練習をしましょう。最初は難しいかもしれませんが、内なる詐欺師が弱くなってきたら、楽しみながらできるようになるでしょう。

## 自分の経験を語ろう

インポスター症候群の人は、自分は自分の業績に値しないと思うだけでなく、そこに辿り着くまでに乗り越えてきた困難や、その長い道のりを軽視しがちです。けれども、自分の経験を他の人と共有すれば、自らの業績に自分が値することを再認識できるでしょうし、多くの人に刺激を与えることもできます。だから、同じような道を歩む人々に自分の経験を語り、聞く人の立場に立って、ここまでの道のりを振り返りましょう。

そうすると、焦点が「あなた」から「彼ら」に移るので、心の緊張を解きほぐすことができます。「自分の経験を正直に話すと、圧倒されそうなほどのフィードバックが戻ってきました。驚くほど多くの人がインポスター症候群を抱えていて、自分が詐欺師であるかのように感じていたのです」という報告をよく耳にします。と言っても、自分が経験したスモール・トラウマのすべてを話す必要はありません。その状況にふさわしい部分だけを話せばよいのです。

## 自信をつけるプロンプト

**1** どのような賛辞を最も受け入れにくいと感じますか？

**2** どうすれば無条件に自分を信頼できるようになるでしょうか？

**3** 明日はどんな気分で過ごしたいですか？

## Chapter 6 まとめ

インポスター症候群はしばしばスモール・トラウマの連続によって引き起こされます。私たちは生来、人と自分を比較しがちで、また現在では無数の参照点に囲まれているため、誰でも「ばれる」ことへの恐れを経験する可能性があります。マイクロ・アグレッションに対処する方法を知り、他者と比較するのではなく自分の進歩に焦点を合わせるようにすれば、この困難を克服できるでしょう。

Chapter 7

# 心をすり減らしながら食べる

## ――食事とスモール・トラウマ

この章では次の項目について掘り下げます：

◎感情的摂食の見極め方
◎食べ物は燃料を超えたもの――報酬、処罰、苦行――である
◎問題は何を食べるかではなく、なぜ食べるかだ
◎マインドフル・セルフコンパッションで過食に勝つ
◎行動の実験を通してアイデンティティを変える

過食や拒食は私が最もよく目にするスモール・トラウマの症状の1つです。それらは「感情的摂食」と呼ばれ、ネガティブな感情を消すための手段と見なされています。失恋したブリジット・ジョーンズが大量のアイスクリームを食べて悲しみを紛らわせたのはその典型です。

けれども、そのような過食は、私が「スモール・トラウマがもたらす摂食障害」と呼ぶものの1つに過ぎません。「やけ食い」という言葉があるように、心を癒したいときに過食する人は現にいますが、人はストレスを感じるとき、退屈しているとき、興奮しているときにも過食します。実のところ、過食や拒食はありふれた現象で、その理由はさまざまなのです。スモール・トラウマも原因になりますが、人間に生

来備わっている高エネルギーの食品を求める傾向や、食欲を刺激する現代の環境は過食を導き、一方、容姿を重視する社会は拒食を導きます。

ここで第1章に登場したモウに話を戻しましょう。彼は子どもの頃に弟ヴァンの擁護者になりました。私の診断を受けにきたのは、食習慣を変えないと体を壊しますよ、と医師に警告されたからです。もっとも、彼が過食するようになった原因は、弟の面倒を見なければならないというプレッシャーだけではなかったのです。モウは家族と社会的背景について詳しく語りました。

ぼくは3人きょうだいの一番上で、ヴァンが次男、そして末っ子のミーラは女の子です。母はビッグフィーダー（人に過剰に食べさせて太らせる人）で（笑）、私とヴァンには山盛りのお代わりを2杯も3杯も食べさせました。でも、ミーラにはそうしませんでした。ミーラの食べ物に関して母は厳しくて、「太ったらお嫁に行けないよ！」と繰り返し言っていたので、ぼくはミーラのことをかわいそうに思いました。母の言葉は、今では時代遅れに聞こえますが、当時は普通でした。一方、男の子と男性はいつでも好きなだけ食べていいとされていました。むしろ、ぼくたちが食べ物を拒むことは、母にとって最大の侮辱だったのです！

ぼくは食べ物が慰めになることを知っています。ここでは大した発見ではないでしょうが（笑）。もし生野菜だけを食べていたら、肥満体にはならなかったでしょう（笑）。でも、今はどうすればいいか、わかりません。あらゆることを試しました。こっそりとです。なぜって、ぼくは男だから、ダイエットしていることを友だちが知ったら、きっとばかにするからです。

低炭水化物・ケトン食療法は事態をさらに悪化させ、ぼくは悪臭を放つようになりました。1回目のデートで振られるのは確実でした（笑）。断食法はすべて試しました。5：2ダイエット（2日間断食して5日間普通に食べる）も、16：8ダイエット（1日に16時間断食する）も試しましたが、元に戻ってしまいました。自分がデブだということをただ受け入れればいいのでしょうが、子どもがいるので50歳になる前に心臓麻痺で倒れたりしたくないのです。

実際、この時点でモウはかなり危険な状態にあり、変わりたいという気持ちは十分あったのですが、そのためのツールを見つけることができていませんでした。

## スモール・トラウマによる摂食障害とは

失恋した後に大量のアイスクリームを食べるといったことだけでなく、摂食障害は、さまざまなスモール・トラウマとつながっています。摂食障害がスモール・トラウマによるものかどうかは、行動パターンを見ればわかるでしょう。その重要な特徴は、お腹が空いていないのに食べることです。以下の食習慣の中に、思い当たるものはないでしょうか。いくつも思い当たるようなら、あなたはスモール・トラウマ・イーティングになっている可能性が高いと言えます。

◎ 気持ち悪くなったりお腹が痛くなったりするまで食べる。
◎ 逆に、長時間または一日中、何も食べず、空腹で気を失いそうになることもある。
◎ ゾンビのようにむさぼり、空っぽになった小袋を見て驚く。食べ物が知らない間に消えてしまったように感じる。

◎早食い――1杯の紅茶を淹れるより短い時間に1回分の食事を食べ終えてしまう。
◎電話で話す、歩く、運転する、コンピュータで作業するなど、他のことをしながら食べる。
◎食べ物を出されると、断りにくい。
◎他の人が食べていると、空腹でなくても食べてしまう。
◎おやつなしでテレビ番組や映画を見るのは難しい。
◎満腹になっていることに気づかず、お皿がからっぽになるまで食べ続ける。
◎お腹がすいていなくても、一日の決まった時間に食べないと気が済まない。
◎自分にとって必要なカロリーを考えたことはあまりなく、すぐ食べられるもの、たいていはコンビニ食をかきこむように食べる。
◎今現在のストレス、将来への不安、過去の反芻がもたらすストレス、何であれ、ストレスを感じると食べる（第4章を参照）。
◎単に、暇つぶしや退屈しのぎで食べる。
◎悲しみ、罪悪感、孤独感といった不快な感情から逃げるために食べる（第3章を参照）。
◎欲求不満、怒り、嫉妬、イライラなど、コントロールしにくい感情が生じると食べる。

誰でも空腹以外の理由から食べることがありますが、食事のパターンが深刻な体重増加や減少を引き起こしていて、その原因がスモール・トラウマにあるのだとしたら、食べ物とのより良い関係を築くために、AAAアプローチを試す価値があります。

## AAAアプローチ：ステップ1　気づき

肝心な点は、スモール・トラウマ・イーティングがどのような状況で起きるか、ということです。**食べることは、単に生きるための手段ではなく、愛情や安心感や安全と結びついています。**それらの感情が主な養育者からもたらされる場合はなおさらです。モウは家族を守りたいという気持ちがとても強く、この問題に取り組むことに消極的でしたが、食べ物がしばしば安心感や愛情と結びついていることを知ると、理解へ進むことができました。スモール・トラウマを探求するのは、過ちを指摘するためではなく、現在抱えている問題と過去の経験を結びつけるためです。これまでモウは、食べ物と食べるという行為を、キッチンのテーブルで感じた母親の寛容さや温かさと結びつけていました。常に弟から目を離さないでいるのは大変なことだし、年齢が幼ければなおさらですが、キッチンでは、学校で一日中張りつめていた気持ちを緩めることができました。

### 愛情としての食べ物

子どもは成長するにつれて、養育されることと食べ物を関連づけ、ひいては食べるという行動を安心感や安全と結びつけていきます。研究によると、家庭内の食事で、女性は男性より食べる量が少ない傾向にあるそうです。それは、生計費を男性が女性より多く稼ぐことから生まれるダイナミクスを反映していますす（注47）。したがって、家族に食べ物を分け与えることは、愛情の表現としてだけでなく、社会的役割の反映としても捉えることができます。これらのことを私が伝えると、モウはとても驚きました。幼い頃の彼は、妹が自分たち兄弟と違う扱いを受けていることに違和感を覚え、きまりの悪い思いをしていました。けれども、そういう傾向がよその家族――実のところ多くの家族――にも見られることを知って、ほっとしたそうです。モウは鬱積した感情から解放されつつありました。自分の感情を突き止め、調整し、言葉にできれば、憂さ晴らしに食べる傾向が弱まることが、研究によってわかっています（注48）。

## 情報は「気づき」の段階で力になる

モウは自分の感情が食行動に影響したことを理解しつつありました。理解をさらに深めるために、私は食べ物と気分を日記に綴ることを勧めました。**日記を書くことは、スモール・トラウマを抱えるクライアント全員に私が勧める簡単なエクササイズです。**これは、より自由な人生に進むための勇気ある一歩であり、その過程で深く埋もれていた感情を呼び覚ますこともあります。モウには、食べた物だけでなく、その日、何をしていたか、誰と一緒にいたか、食べる前と食べた後にどのような気持ちになったかを記録してもらいました。次ページに示すモウの日記の抜粋をモデルにして、皆さんも、「気づき」を高めるための重要な情報を書き留めましょう。誰かに見せる必要はないので、できるだけ正直に書きましょう。スモール・トラウマ・イーティングを起こしている人の多くは、ゾンビのように際限なく食べる習慣を身につけているので、このような形で食べた物をすべて記録すると、それを見てショックを受けることもありますが、この段階では寛容になり、自分に同情しましょう。食行動は日によって違うので、週末も含めて少なくとも1週間は記録を続けましょう。

【食べ物と気分の日記：11月3日】

| 時間 | どこで、誰と？ | 食前と食後の空腹度（注49） | 食べた物／飲んだ物 | 気持ち／気分 | その後の気持ち／気分 |
|---|---|---|---|---|---|
| 19:30 | レストランで、母、弟、妹家族と。 | 食前7<br>食後3 | ピザをシェア。前菜はガーリックブレッドとモッツァレラスティック。デザートはチョコレートケーキ。 | 仕事で長い1週間を過ごした後なので、家族に会えてうれしかった。 | 楽しかったが、少し疲れた。 |
| 23:41 | 家族が寝た後、家で一人で。 | 食前4<br>食後3 | チョコバー、紅茶、ビスケット | 何も感じず、ぼーっとしていた。 | また夜食を食べてしまったので、落ち込み、罪悪感がある。 |

## 食べ物と気分の日記

モウは2週間にわたって日記をつけた結果、自分の感情とスモール・トラウマと食行動の関係を、いっそうはっきり知ることができました。上の表は彼の日記の一部ですが、彼の一日の重要な側面を捉えています。この日のモウの食行動は特に極端なものではありません。

当初、モウは、体重増加を自分にはコントロールできないもののせいにしていました。「私は他の人より多く食べるわけではないので、太りやすいのはきっと遺伝子のせいです」と言っていたのです。けれども、家族との会食では、スモール・トラウマ・イーティングが表面化しました。愛する人たちを前にして食べるのはごく自然なことであり、家族と一緒にいるときに食べ物を断ることはとてもできない、と彼は思っていたのです。

モウは今では自分の家族を持っているので、自分を擁護者としてだけでなく、一家の稼ぎ手としても見ています。「皆の食事代を気前良く支払うのはいい気分です」と彼は言います。その一方で、体重を減らさなければならないことは、誰にも言いたくなかったそうです。心配させたくなかったからです。そして、家族全員に強い人間だと思われているので、お腹がすいていなくても、気分が悪くなるほど食べました。

日記に綴った感情を振り返ると、彼が自分を、人生で関わりのあるすべての人の世話人にして擁護者と見なしていることが、容易にわかります。それは、弟を学校のいじめっ子から守らなければならなかったときに身につけたパターンでした。このアイデンティティが自分の核になっていたため、家族や親しい人たちに弱みを見せたり、サポートを求めたりすることができなかったのです。この役割を24時間維持するのは困難なことであり、そのプレッシャーは耐えがたかったはずです。けれども、一日の終わりにチョコレートを食べると、そのプレッシャーが和らいだそうです……少なくともその瞬間だけは。

## 食べ物は抗うつ剤になるか？

チョコレートなどのおいしい食べ物は、脳内のセロトニンなどの「気分が良くなる」神経伝達物質を増やします。このことは気分に直接、影響します。「チョコレートは抗うつ剤になる」と言う研究者さえいるほどです（注50）。多量の糖を含む他の食品（果物のスムージーのような「健康的な」飲み物も果糖を多く含みます）は、覚醒度を高めて、脳を興奮させます。その後、体はバランスを取り戻そうとするため、しばしば気分は落ち込みます。

## 報酬としての食べ物

モウのスモール・トラウマ・イーティングは明らかに家族との関係に由来していました。もっとも、食べ物は愛情の証になるだけでなく、生涯を通じて報酬になり得ます。私たちは経験を通して、どの行動が報酬をもたらし、どの行動が罰をもたらすかを学びます。これは、ストレス反応が過去に経験したストレスフルな出来事に似た状況で起きるのに似ていますが、報酬および罰と行動との関連は、生得的な生存反応（ストレス反応）によってではなく、他者からどのように扱われるかによって学習されます。

このように、感情や思考や行動が、賞賛や褒美などのポジティブな経験によって強化されることを、専門用語では「オペラント条件づけ」、あるいは「連合学習」と呼びます。罰や非難といったネガティブな経験もオペラント条件づけをもたらし、世界に対する私たちの理解や取り組み方を形作ります。したがって、無分別な罰はスモール・トラウマになり得ますが、**報酬もスモール・トラウマ・イーティングを強めることがあるのです。**食べ物が報酬として頻繁に利用され、即時的な喜びをもたらすのはその一例です。

モウは、幼い頃から青年期に至るまで、良い行動をとると、いつも食べ物が報酬として与えられたそうです。とりわけ、弟を守り、社会規範を守る「良い子」になっていたときはそうでした。これは珍しいことではありません。私自身、病院に行ったときや、退屈な家族の行事や教会で行儀よくしていたときには、後でお菓子やアイスクリームをもらったことをよく覚えています。親という役割はとてつもなく大変なので、子どもを行儀よくさせる手っ取り早い方法として、食べ物がしばしば利用されるのです。

けれども、ただ褒められるのと違って、食べることは脳の「報酬システム」を活性化します（注51）。報酬システムは、脳内の特定の構造が、神経伝達物質のドーパミンに反応して活発になるときに機能します。

ドーパミンは人を良い気分にさせるので、ドーパミンの放出を促すものはすべて報酬として感じられます。そして報酬システムは、ドーパミンが放出されるような行動をとるよう配線されているため、行動に影響を及ぼします。つまり、私たちは、ある行動で良い気分になれたら、また同じ行動をとりたくなるのです。

モウは「良い子」でいたら報酬をもらえることを学びました。その報酬は、たいていの場合、脳の報酬システムを刺激するおいしい食べ物でした。その結果、モウは子ども時代だけでなく大人になってからも、この種の行動を続けるようになりました。とは言え、常に他の人のことを気にかけて行動するのは多大な負担であり、私の診察室を訪れたときには、食べ過ぎのせいで健康と幸福に深刻なダメージを受けていたのでした。

## AAAアプローチ：ステップ2 受容

### 人は食べたものでできている

モウは思春期にはすでに弟だけでなく、大切に思うすべての人の擁護者としての役割を身につけていました。そして、褒め言葉、愛情、価値、食べ物として受け取った報酬に深い満足を覚えていたため、スモール・トラウマ・イーティングのマイナス面が高血圧、高コレステロール、前糖尿病という形で現れ始めても、自分の食行動を客観的に見ることができなかったのです。モウにとって食べることはアイデンティティの核でした。この「気づき」を出発点として、モウと私はAAAアプローチのステップ2に進みました。その段階ではセルフコンパッション（自分を思いやること）が役に立ちました。次に紹介するエクササイズは、スモール・トラウマ・イーティングに取り組み、自分にとって役に立たないアイデンティティの側面を切り離そうとするときに役立つでしょう。

エクササイズ

## マインドフルなセルフコンパッション

モウは、受容の段階に進んでからも、自分の弱さを認めることや、家族を失望させること、そして言うまでもなく体重のことなど、多くの悩みを抱え、苦しんでいたので、私は彼に自分を思いやるためのマインドフルネスのエクササイズを勧めました。マインドフルネスは伝統的な仏教の瞑想に由来しますが、私たちはプラトニックな愛、思いやり、善意、博愛、平和、調和を意味する「慈悲《メッタ》」に焦点を当てました。しかし少々のサプライズがあります。

◎初めに数回、腹式呼吸をして、体と心を落ち着かせよう。

◎次に、身体感覚に注意を向けて、自分の存在を感じよう。一番簡単な方法は、呼吸に注意を向けることだ。息を吸うとき、吐くとき、どのように感じるだろうか。好奇心を持ち、心を開いて、この感覚を探ろう。その後、緊張、窮屈さ、重苦しさなど、他の感覚がないか、全身に注意を向けよう。

◎続いて、心から愛する人のことを考えよう。哀れみ、愛情、温情、思いやりなど、「慈悲」の感覚で自分を満たし、その人を優しく抱きしめているところを想像しよう。

◎そうしたら、次の文章に気持ちを集中させよう。
(愛する人)が、人生の旅路において幸せと自由を感じられますように。

(愛する人)が、人生を歩みながら、穏やかさと調和とやすらぎを感じられますように。

(愛する人)が、自分の内なる強さを信じ、人生がもたらす難問に対処できますように。

(愛する人)の苦しみが減り、これ以上増えませんように。

◎次に、自分の体の感覚に再び注意を向けよう。今、どのように感じているだろうか？　どのような身体感覚があるだろうか？　おそらく、呼吸がゆっくりになり、背中のこわばりが消えたことだろう。もしかしたら、いくらか気持ちが軽くなり、明るくなったかもしれない。笑みを浮かべたり、心の中で微笑んだりしているかもしれない。

◎次に、その人を思い浮かべたときに心の中に浮かぶイメージに意識を戻そう。その人が微笑み、笑い、自由を感じているのが見えるだろうか？　善し悪しを判断せず、好奇心を持ってこのイメージに近づこう。

◎さて、ここでサプライズがある。愛する人を立ち去らせ、その場所に自分を立たせるのだ。そして先の文章で愛する人の名前を入れたところに、自分の名前を入れよう。
私が人生の旅路において幸せと自由を感じられますように。

私が人生を歩みながら、穏やかさと調和とやすらぎを感じられますように。

私が自分の内なる強さを信じ、人生がもたらす難問に対処できますように。

私の苦しみが減り、これ以上増えませんように。

◎最後に、呼吸に注意を戻そう。息を吸うときの感覚に意識を集中させ、それから数秒かけて息

**をすっかり吐き出したら、このエクササイズを終えよう。**

最初は違和感を覚えるかもしれませんが、これは自分への思いやりを深めるための非常に強力なテクニックです。私が慈悲を自分自身に向けることを促すと、モウは、かなりイラついていました。それまで自分に対して愛や思いやりを持つどころか、自分について考えることさえなかったからです。けれども、彼は家族のためにこのエクササイズを続けました。すると時がたつにつれて姿勢や視線、全体的な様子が変わり、ＡＡＡアプローチの第2段階にしっかり到達していることがわかりました。

## アイデンティティを自称する

研究者のアマンダ・ブラウワーとケイティー・モサックは興味深い研究を行い、自称（自分をどう呼ぶか）を少し変えただけで、アイデンティティの自覚が高まることを示しました。この方法は、スモール・トラウマ・イーティングの問題にも応用できます（注52）。

この研究の目的は、健康を増進するための目標に「～する人」という接尾語をつけ加えると、行動にプラスの影響が出るかどうかを調べることでした。被験者たちは、健康を増進するための自らの目標に沿ったアイデンティティを「自称」するように指示されました。たとえば、果物をたくさん食べることが目標なら「果物を食べる人になる」。運動を増やすことが目標なら、「運動する人になる」といった具合です。「～する人」という接尾語をつけ加えたことによって、被験者たちはより積極的に目標に取り組むようになりました。実験開始からの一か月間、「～する人」になった被験者たちは、一般的な栄養指導を受けただけの対照群に比べて、健康的な食べ物をより頻繁に食べ、目標に関連する他の行動も増えました。

アイデンティティを自称し、それを他の人に伝えることは、行動だけでなくアイデンティティを変えるための強力な手段になります。これは、「成功するまで、成功しているふりをする」（訳注：ポジティブ心理学者エイミー・カディーの教え）よりはるかに素晴らしい方法です。なぜなら、自分を信じる気持ちは行動の原動力になるからです。とは言え、初めのうちは、新しいアイデンティティを試すことを不安に思うかもしれません。したがって、AAAアプローチの「行動」の段階では、行動を試してみて、問題がないかどうかチェックするといいでしょう。

## AAAアプローチ：ステップ3　行動

### 渇望に打ち勝つための、解決志向の短期的戦略

食べ物への渇望は抵抗しがたく思えるかもしれませんが、通常、ほんの数分しか続かないので、気分転換すれば乗り越えることができます（注53）。気分転換は人生の難題への対処法としては理想的とは言えませんが、食べ物への渇望に関しては、素晴らしい戦略です。衝動的な食欲がおさまるまで気をそらすための、簡単で効果的な方法をいくつか紹介しましょう。

#### ゲームをする

今回だけは、スマホを手にとることをお勧めします。なぜなら、『ワードル』や『テトリス』などの頭

を使うゲームは、食べ物への執着から関心や認知リソース（脳の資源）をそらすからです。もちろん、レトロな紙のクロスワードパズルでもいいでしょう。自分に合っているものなら何でもいいのです！

### 筋肉を引き締める

筋肉を緊張させると意志力が高まり、食べたいという誘惑に勝てることが研究によって立証されました。筋肉を緊張させることの効果は他にもあります。痛みへの耐性が高まり、苦い薬を飲めるようになり、精神的に辛いメッセージを受け止めやすくなるのです（注54）。

この種の認知の具現化は、食事パターンを長期的かつ継続的に変えたいと心から望むときには特に役立ちます。だから、食べることへの強い渇望を感じたら、ロッキー・バルボア（映画『ロッキー』の主人公）になったつもりで拳を固く握りしめましょう。

### 心のリモコンの一時停止ボタンを押す

無心に食べ続けるのはスモール・トラウマ・イーティングの一般的な症状ですが、心のリモコンを使えば、口に入れるものをコントロールできるようになります。これは楽しいテクニックなので、試してみましょう。まず脳の中にリモコンがあることを想像しましょう。それはどんな形をしているでしょうか。一時停止、再生、早送り、巻き戻しのボタンを想像しましょう。そして、強い食欲を感じて、スナックに手を伸ばしそうになったら、次のようにしましょう。

心の中でリモコンの一時停止ボタンを押して、現実の体の動きを止めましょう。つまり、今やっていることをやめるのです!

少し時間をおいて、外から自分を観察しているつもりになりましょう。

次に、心の中で再生ボタンを押して、この第1幕がどのように展開するか、見守りましょう。チョコレートをがつがつ食べる自分を見て、どのように感じるでしょうか。一瞬、気持ちは癒されるかもしれませんが、その後はどうでしょうか。

続いて、深呼吸して、おそらく1時間後くらいまで早送りしましょう。そこには食欲に負けたあなたがいます。

心の中の映画は第2幕を迎えたところです。「私はどんな気持ちか?」と自分に問いかけましょう。自分に失望したでしょうか? 自己嫌悪や罪悪感に襲われ、イライラしているでしょうか? このような食行動の後で、いつもどう感じるか、正直に答えましょう。それらの感情は強烈かもしれませんが、あなたの助けになるので、追い払ってはいけません。

未来を見たら、リモコンの「巻き戻し」ボタンを押して現在に戻りましょう。戻ったら、第1幕をやり直しましょう。ただし、今回は渇望に負けてはいけません。本当に空腹なのかどうか確かめましょう。もしスモール・トラウマ・イーティングの行動をとりそうなら、その強い欲求は数分で消えることを思い出しましょう。

もう一度、自問しましょう。どんな気持ちでしょうか? 強くなり、主導権を取り戻し、地に足がついたと思えるでしょうか?

最後に、「再生」ボタンを押して、現実の生活でとる行動を意識的に決める時が来ました。3度目となるこの選択では、最終決定権を自分に与えましょう。

このエクササイズの目的は、思考、感情、行動を意識下に戻し、行動をコントロールできるようにすることです。その影響は生涯に及ぶでしょう。

このリモコンの手法は、ゾンビのように無心に食べるのをやめるためだけでなく、自分のためにならないあらゆる習慣を変えるために利用できるのです。

## 感情的摂食に打ち勝つための長期的行動

食べることは社会生活の一部であり、人間関係と絡みあっているため、友人や家族やその他のグループの前で、食べるものや食べ方を変えることには抵抗を感じがちです。いじめや屈辱を受けるのではないかという不安、大切な人を怒らせるのではないかという心配、あるいは単に、自分がそうする理由を説明するのが面倒だという気持ちが、変化を阻みます。けれども、そうした心配は往々にして杞憂に終わります。変化を阻む障壁に立ち向かう良い方法は、行動実験をすることです。

### 行動実験で新しいアイデンティティを試す

モウにとって最大の難問は、家族との食事の場で食のパターンを変えることでした。彼は一家の大黒柱であり、家族の保護者を自認していたので、自分の健康のことで家族に心配をかけたくなかったのです。それに、食べるのを断って母親の機嫌を損ねるのも嫌でした。こうした懸念が、スモール・トラウマ・イーティングの克服を阻む障壁になっていました。

けれども、そのような家族の反応は、モウの予測にすぎなかったのです。これまで彼は、家族との食事でプディングを断ったことがなかったので、デザートを断ったらどうなるかを直接経験したことはありませんでした。私は同じようなシナリオを何度も見てきたので断言できますが、周囲の人と自分の反応について、自らの仮説を検証するには、行動実験をするしかありません。

**私が最もよく見かける問題は、「ノー」と言うことと、他者との間に健全な境界線を引くことに関するものです。**たとえば、ピープル・プリーザー（自分を犠牲にしてまで人を喜ばせようとする人）は、「ノー」と言ったら社会的つながりや自分の立場を失うのではないか、と恐れます。アルコールもしばしば「ノー」と言うことを妨げます。なぜなら、お酒を飲まないと楽しめない、会話が弾まずパーティが退屈でストレスの多いものになる、と考える人は少なくないからです。そういうわけで、行動実験は私のお気に入りのエクササイズの1つなのです。

そこで、私とモーは、彼の予測が正しいかどうかを検証するための行動実験を計画しました。皆さんも試してみましょう。

まず、1枚の紙を用意して、縦に5つに区切りましょう。書くことで自分の考えがはっきりします。今私たちは実験科学者なので、厳密な記録をとらなければなりません。

次に、実験の状況を設定しましょう。これは言うなればペトリ皿で、その中で自分の予測を検証するのです。モウが設定した状況を、189ページの表で見てみましょう。

次は、自分の予測を書きましょう。あなたは、状況がどのように展開すると考えているでしょうか。自分が直面すると思う問題を詳しく書きましょう。誰がどのような問題を起こすとあなたは予測するでしょうか。

実験の状況と、自分の予測を書き留めたら、予測される問題に対処するために、自分に何ができるかを考えましょう。ライフジャケットなしで深い海に飛びこみたくはないので、これは重要な作業です。

実験をして、実際の結果を記録しましょう。何が起きたか、誰がどのような反応をしたか、それらに対してあなたはどう思ったか——すべて記録しましょう。

最後に、この行動実験から得られる重要なメッセージを簡潔にまとめましょう。予測と結果に違いはありましたか？　これはあなたが実験から学んだことであり、これからの人生に活かすことができます。

モウは自分の予測が的外れだったことを知りました。と言っても、この実験は容易ではありませんでした。モウにとって、長い間世話をして守ってきた家族に弱みを見せるのは、容易なことではなかったのです。それでも彼は、家族を守っているという自負が、実際には家族との関係に害を及ぼし、自分の意に反して家族を遠ざけていたことに気づきました。

予測をテストするこの「科学的」方法によって、私たちが内面をよく知っているつもりの人も、本心を隠していることがわかるかもしれません。そうするのは、傷つきたくないから、あるいは、あなたを傷つけたくないからです。この実験を行って最初の一歩を踏み出すことは、あなた自身やあなたの大切な人をスモール・トラウマから解放するための重要なカギになるでしょう。

【行動の実験】

| | |
|---|---|
| 実験の状況 | 日曜日恒例の家族そろってのランチのために実家へ行く。弟、妹、妹の家族も含めて、いつものメンバーがそろうだろう。 |
| 予測 | 母は午前中ずっと料理をしていて、私がいつもと同じように食べるのを期待するだろう。弟は、私の様子がいつもと違うことに気づいて動揺するかもしれない。妹も不安になるだろうし、全員が落ち着かない気持ちになりそうだ。 |
| 自分にできること | 妻は一番頼りになる人だ。だから実家へ行く前に、自分の計画を話しておこう。そうすれば、私の予測通りになったときに、サポートしてもらえるだろう。 |
| 結果 | 母も他の家族も、私がいつもほど食べないことに気づいた。しかし、驚いたことに、皆、ほっとしていた。実のところ、母も他の家族も、以前から私の体重のことを心配していたのだが、それを口にすると、私が傷つくと思っていたのだ。私は本音で語ることに慣れていないので、家族の本当の気持ちを知って、少し居心地が悪かった。この経験によって、自分がどれだけプレッシャーを感じていたかがよくわかった。 |
| 重要なメッセージ | 私は常に強い人間でいる必要はない。私は強い人間だが、家族は私を助けたいと思ってくれている。私はこの仮面をずっとつけている必要はないのかもしれない。 |

## 感情的摂食をコントロールするためのプロンプト

**1** あなたは食べ物に何を望んでいますか？

**2** 精神的なエネルギーをチャージするために何ができますか？　食べることの他に少なくとも3つ見つけましょう。

**3** どんなときに「自分らしい」と感じられますか？

Chapter 7 まとめ

食べ物と食べることとは、自分をなだめる方法として、あるいは報酬やアイデンティティとして、多くの点でスモール・トラウマと関係があり、若年期に始まるスモール・トラウマ症状の1つです。それも当然で、いつでも簡単に高エネルギー食品を摂取できる現代社会では、食事の量を適度に保つことが難しいのです。食行動はおおむね無意識のうちになされるので、まず自分の食事パターンに「気づき」、それを「受容」し、主導権を取り戻すための「行動」をとることが重要です。

Chapter 8

# 愛は何のために
## ——愛情とスモール・トラウマ

この章では次の項目について掘り下げます：

◎さまざまな愛のタイプ
◎裏切りのトラウマ
◎羨望と嫉妬
◎愛の認識がどのようなダメージを与えるか
◎愛を学び直す方法

多くの人と同じく、私はハリウッド映画や、恋愛を美化したおとぎ話を見て育ちました。そのほとんどは愛を万能薬として描いていました。そうしたステレオタイプ（特にジェンダー規範）が少しずつ変わってきたことには、ほっとしますが、ロマンティックな愛の概念、すなわち、世界のどこかに自分を理解してくれる特別な人がいる、という考えは、広く行きわたっています。けれども、愛にはさまざまなタイプがあり、破局の形もさまざまです。

オリヴィアは深く傷ついていました。長く続いた関係が破綻したせいで、悲嘆に暮れていたのです。もっとも、それは誰もが思い浮かべるような破局ではありません。オリヴィアは白馬の騎士に裏切られたわけではありません。深い喪失感の原因は友人との別れでした。彼女は自分の「愛のスモール・トラウマ」について次のように語りました。

この話をすること自体、ナンセンスだと思います。大したことではないとわかっているのですが、「何があなたを変えたのですか」と尋ねられると、これしか思い当たりません。忘れることができないのです。数年前、私には親しい女友だちがいました。多くの時間を一緒に過ごし、ワッツアップやチャットを毎日していました。当時、私は体外受精の治療中でした。何もかも初めてのことばかりで、しかも、失敗続きだったので、彼女のサポートをとてもありがたく思いました。体外受精の失敗に私は深く傷つき、喪失感に苛まれ、人生が根底から揺らぐ思いでしたが、今では乗り越えて、気持ちは少し楽になっています。けれども、私がここへ来たのは、それが理由ではありません。親友だと思っていたこの女友だちがやがて妊娠し、それを私に黙っていたからなのです。彼女の友人がFacebookの投稿でそれに触れているのを読んで、初めて知りました。女友だちは妊娠については何も投稿していませんでした。私はとてもショックを受けました。彼女に赤ちゃんができたからではありません。それは感動的なことです。そうではなく、妊娠したことを彼女が教えてくれず、他の人の投稿を通じてようやく知ったからなのです。

この苦痛は言葉にできないほどで、今も動揺しています。もう誰も信じられなくなり、誰かに会うために出かけることもなくなりました。とにかく新しい人との出会いはありません。それに、このことについては誰にも話すことができません。そんなことをしたら、たいていの人は私が単に辛くて嫉妬しているだけだと思うでしょう。でも、誓ってそうではなく、私はただ、自分は彼女に何でも話していたのに、彼女がそれを教えてくれなかったことが、とてもショックで悲しいのです。だから今、彼女とは口をきいていません。

スモール・トラウマについてのオリヴィアの説明は典型的なものでした。私たちは、何が自分に影響を与えたかを心の奥底では知っていても、そのトラウマを、注意や同情に値しないものとして無視したり、他者からネガティブに見られることを恐れて隠したりします。そして、本書で述べてきたように、スモール・トラウマは累積し、しばしばドミノ倒しを起こします。**つまり、1つのスモール・トラウマが思考と行動の連鎖を引き起こし、人生で前進することを妨げるのです。**オリヴィアと私は、まず、友人が妊娠を告げなかったことを裏切りと言えるかどうかを検討しました。オリヴィアはそれを否定しました。「私たちはカップルではないし、彼女が浮気をしたとか、そういうことではないのです」。けれども、愛にはさまざまな形があり、そのすべてが心痛や裏切られたという感覚を引き起こし得るのです。

## スモール・トラウマ 裏切りのトラウマ

誰かに裏切られて、にわかに足元の地面が崩れるような気分になることがあります。信頼と安全の基盤と見なしていたものが粉々に砕け、心が激しく揺さぶられるのです。裏切られた後の心の傷は、体の傷と同様に激しく痛み、適切な手当をしなければ、いつまでも治癒しません。

裏切りのトラウマは、愛着を確立する重要な時期である幼少期に起こりがちです。心理学的に言えば、その後の人生の養育に一貫性がなかったりネグレクトされたりすると、「不安型」の愛着スタイルが培われ、生のさまざまな場面で、感情の絆を形成しにくくなります。けれども、裏切りのトラウマは大人になってからの恋愛関係、親密な友情、家族の間でも起こり得ます。私たちは、裏切りと聞くと、恋愛における裏切りを思い浮かべがちですが、他の親密な関係における裏切りも、不貞と同等の影響をもたらす可能性があるのです。

この意味では、さまざまな裏切りがトラウマをもたらします。不誠実さ、嘘、浮気（肉体的または精神的）、陰口、その他、絆を損なう行動すべてです。これには進化上の理由があります。人間は安心、安全、生存のために集団を頼みとする社会的な生き物です。現代では危険な捕食者から逃れるために仲間を必要とするわけではないのですが、私たちには初期人類と同じ性質が組み込まれています。こうした理由から、裏切りは生存を脅かす脅威のように感じられ、耐えがたく思えるのです。

## 愛の哲学と分類学

オリヴィアもそうですが、私たちは、本当に大切な愛は華やかでロマンティックな愛だけだと考えがちです。彼の胸に抱かれると落ち着く、出会った瞬間に恋に落ちた、一目惚れ、運命の人、などと表現される愛です。けれども、愛をそのように限定すると、幸福感は大いに損なわれます。なぜなら愛にはさまざまな形があるからです。

哲学、神学、神話、民衆の知恵は、愛にはいくつかのカテゴリーがあると語ります。その数については4つから7つまで諸説ありますが、そうした分類は人間関係の複雑さを理解するのに役立ちます。次に紹介するカテゴリーは、言うなれば単なるお遊びで、心理学用語ではありません。けれども、これらのさまざまな愛は、映画、絵画、音楽、その他、私たちが日常的に鑑賞するメディアに繰り返し描かれており、そのカテゴリーを知ることは社会文化的情報として役に立つでしょう。

**エロス**（**恋愛**）——「恋に落ちる」という言葉の由来について考えたことがありますか？ 現在私たちがキューピッドと呼んでいる小さな天使は、ギリシャ神話ではエロスと呼ばれ、恋愛と性愛の神でした。生意気なキューピッドの黄金の矢で射られた人は、たちまち情熱的で激しい恋に落ちました。その恋焦がれるさまは異常なほどでした。トロイア戦争は、スパルタの王妃ヘレンがキューピッドの矢に射抜かれてトロイの王子パリスに恋をしたことが発端でした（注55）。このように、愛の矢が当たれば、激しい情熱や他人の所有物に対する欲望が湧き上がり、時には破滅に至るのです。

**フィリア**（**友情**）——これは友情に基づく愛で、他者の幸福を望むことを核とします。フィリアは公正で、信頼と仲間意識を土台としますが、性的なパートナーシップやプラトニックな恋愛関係の一部にもなり得ます。恋愛関係ではフィリアよりエロスが優先されると考えられがちですが、まずフィリアがあって、自己認識、信頼、洞察力が高まる場合もあります。フィリアは真の友情であり、ポジティブな社会的支援という形で、心身の健康を守ると考えられています。

**ストルゲ**（**家族愛**）——これは家族の愛で、親が子に抱く無条件の愛のことです。愛を与える側が相手の幸せを望むという点でフィリアに似ていますが、子どもは本来、自己中心的で、この種の愛に返礼しないため、ストルゲは一方的な愛になります。赤ちゃんや子どもは、他の人間関係では許されない行動をとっても、愛され世話される必要があるため、種が存続していくためにストルゲは欠かせません。

**アガペー**（**世界への愛**）——普遍的な愛で、人類や自然界への愛、神に対する宗教的な愛などを指します。その核となる特徴は利他主義で、見返りを期待せず他人を助けるため、無償の愛と見なされます。

このように愛を分類することは、愛とは「運命の人」と育むものだ、という考えから脱却するのに役立つでしょう。私たちは生涯を通じて、ここで述べたカテゴリーに属するさまざまな「特別な人」に出会います。それが意味するのは、魔法のようにすべてを解決してくれる「王子さま」か「お姫さま」（この名称をジェンダーレスに言い換える言葉がまだないことは興味深いですね！）を見つけなくてはならないというハリウッド的なプレッシャーに屈する必要はないということです。

スモール・トラウマ

## 有害な友人

恋愛関係や家族関係と同様に、友情は害を及ぼすことがあります。むしろ友情の害は、恋愛や家族関係がもたらす害に比べて議論されにくいため、スモール・トラウマになりやすいのです。また、友情が害を及ぼすようになっているかどうかの見極めは総じて難しいでしょう。特に長い年月をかけて徐々に悪化していった場合はそうです。次に挙げるのは、友情が有害になっていることを示す重要な兆候、言うなれば危険を知らせる赤信号です。

◎ **あなたが大切にしている信念や価値観を、そうと知りながら軽視する。**

◎個人的な境界線を越えようとする。

◎非難する。たとえば、あなたの外見や服装、人間関係や仕事、自分ではほとんど気づかないような些細なことについて、とげのある発言をする、など。

◎友人の行動や発言によってあなたが傷つき、不快感を示しても、「神経過敏」なだけだと、逆に非難する。

◎人前やソーシャルメディア上で、あなたをけなしたり、恥をかかせたりする。

◎あなたが話しているとき、聞いてくれない。あるいは、あなたとの会話に退屈しているのがわかる。

◎友情が一方的で、いつもあなたの方から連絡をとっている。

◎ブレッドクラミング（相手が逃げない程度にパン屑《ブレッドクラム》だけを与えて引き止めること）が起きている。メールも電話も会う機会も少なく、堅牢な関係を維持するには不十分で、あなたは混乱し失望している。

有害な友人は、あなたから自尊心、自信、感情的エネルギーを奪う可能性があります。そうした破滅的な関係を見極め、排除すべきだと判断したときには、そうすることが大切です。友情は、エネルギーや安らぎを与えてくれるものであって、あなたの人生からエネルギーを吸い取るものではないのですから。

オリヴィアの友情について検討したとき、唯一目についた問題はブレッドクラミングでした。一貫性のない交流は、赤信号というより黄色信号です。言うなれば警告信号で、車のガソリンが残り少なくなると点灯する給油ランプのようなものです。ガソリンはまだタンクに4分の1ほど残っていて、次のガソリンスタンドまでどうにか持つことをあなたは知っています。同様に、人間関係の黄色信号は、有害さの兆候とは言い切れませんが、人間関係を見直す必要があることを示しています。ガソリンの残量が少なくなっているのを無視してはいけないのと同じです。ブレッドクラミングに関して、コミュニケーションと交流の欠如には他の原因があるかもしれないので、常にそれをチェックしておきましょう（これについては本章で後ほど検討します）。

これはオリヴィアのスモール・トラウマを解明するための重要な出発点になりました。スモール・トラウマは人それぞれで、きょうだい、親友、最も共感できる人でも異なります。そこで、手がかりを得るために、AAAアプローチの最初の段階である「気づき」に取り掛かり、オリヴィアの愛の実体を解明することにしました。

## AAAアプローチ：ステップ1　気づき

すべてのスモール・トラウマが幼少期に生じるわけではありませんが、愛は本質的に、養育されるという人間形成上の経験と結びついています。したがって、膨大な研究に裏づけられた「愛着スタイル」という分野をここで見直しておくことは有益です。

### 愛着こそすべて

人間は他の哺乳類と違って、生まれてすぐ歩いたり、自力で食べたりできるわけではないので、赤ちゃんも乳幼児も、生きていくには世話をしてくれる人を必要とします。そして、最初に世話をしてくれる人との関係は、世界を理解するための土台になります。幼少期の要求に養育者がどのように反応したかによって、「愛着スタイル」と呼ばれるものが形成されます。愛着スタイルにはさまざまなタイプがあり、人が成長するに従って、自分や他者をどのように感じ、どのように行動するかを形作っていきます。**幼い頃の私たちは、世界を探検するために必要な人間関係、信頼、安全、自信などの概念を、主な養育者から学びます。**それはたいてい母親ですが、父親、祖父母、その他の大人も養育者になることがあります。この愛着は、体の触れ合いや、「絆のホルモン」であるオキシトシンが安心と癒しを与えることによって促進されます。愛着スタイルには主に次の4つがあります。

**安定型愛着スタイル**

この愛着スタイルの人は、「他者は自分の要求に応え報いてくれる、だからこの世界はおおむね安全な場所だ」と感じています。大人になってからの人間関係は信頼に満ちていて持続しやすく、あらゆる種類の愛において、相手と気持ちが通じあいます。基盤が安定しているので、脆弱さを許容できます。また、生きていく上での課題にうまく対処し、サポートが必要なときには、比較的容易にそれを求めることができます。

**不安型愛着スタイル**

背景には、養育者が子どもの要求に敏感なときもあれば、気配りや温かさに欠けるときもあるという、一貫性のない愛情経験があります。この愛着スタイルの人は、依存や欲求不満に陥りがちです。パートナーや友人が本当は自分のことを気にかけていないのでは、という不安が根底にあるのです。この不安のせいで他者との絆を築きにくく、絆を結んだとしても、それが壊れた場合、別れの辛さに圧倒されがちです。

**回避型愛着スタイル**

この愛着スタイルの人は、子どもの頃に要求を満たしてもらえなかったせいで、他者は自分の要求に応えたり、愛情を示したりしないと予想しがちです。親密さや親しい関係を築きにくく、愛する人に自分の気持ちを打ち明けるのも苦手です。また、社会的絆や愛情のある絆を築くことにあまり関心がなく、傍目にはよそよそしく見えます。

**無秩序型愛着スタイル**

一貫性のない環境に起因します。押し付けがましい養育からネグレクトまで、養育に振れ幅があると、子どもは不安を感じます。この愛着スタイルはそれほど一般的ではないのですが、幼少期に経験した愛情を反映して、優しくした後に冷たい態度をとるなど、回避型と不安型の特徴の組み合わせとして表面化しがちです。

愛着スタイルには子育てや養育の質が影響しますが、他の多くのことも影響します。子どもの性格や特徴も影響する可能性があるため、愛着スタイルが形成されるプロセスは子どもと養育者との相互作用であることを覚えておきましょう。同じ家庭で育った子どもがまったく異なる愛着スタイルを持つことがあるのはそのためです。だから、愛着スタイルに関して責任はすべて親にある、と考えるのはやめましょう！

**メジャー・ライフイベントを含む家庭の状況、環境、文化はすべて愛着スタイルに影響します。**私たちは赤ちゃんの頃からさまざまな愛着を経験し、やがて独自の愛着スタイルを持つに至るのです。

オリヴィアと共にこれらの愛着スタイルを検討したところ、オリヴィアは子どもの頃はおおむね安定型の愛着スタイルを持っていたことがわかりました。養育者は自分の要求によく応え、信頼でき、自分を支えてくれていると彼女は感じていました。「でも、母はハグするのが好きだったわけではありません。母は冷たくはなかったけど、子育てに無関心で、私が知っていた他の母親のように温かくはありませんでした」。人は誰でも身体的接触を強く望むものなので（202～203ページの枠内を参照）、これが小さなヒントになって、オリヴィアのスモール・トラウマの背景が徐々に見えてきました。「お母さんとお父さんでは愛着の形が違っていたのではないですか」と尋ねると、それが突破口になりました。「その通りです」と彼女は答えました。父親との愛着は安定していましたが、母親との愛着は不安定だったのです。

心理と発達に関する研究と実践の場では長年にわたって、私たちは子ども時代から唯一の固定した愛着スタイルを持つと考えられてきました。つまり、何らかの愛着スタイルを身につければ、それは生涯を通して変わらない、と考えられていたのです。けれども今では人間経験の複雑さについて理解が深まり、人生はそれほど単純でないことがわかってきました。幼少期には、安定した基盤が形成されていくと同時に、スモール・トラウマを経験する可能性もあります。この2つの経験は相互排他的ではなく、だからこそスモール・トラウマは複雑に思えるのです。**つまり、安定型愛着スタイルの人が、「そうだとしたら、どうして私はこれほど問題を抱えているのか？」と思う可能性があるのです。**さらに言えば、愛する相手によって愛着スタイルが変わることもあります（たとえば、恋愛では安定型ですが、家族への愛では不安型、というように）（注56）。このことは大きな希望をもたらします。安定型愛着スタイルの人がスモール・トラウマのせいで人間関係に悩むのであれば、逆にスモール・トラウマを理解し克服することによって、あらゆるタイプの愛着スタイルを安定型に変えることができるのではないでしょうか。何が自分にとってスモール・トラウマになっているかを知ることの利点はそこにあります。

スモール・トラウマ

## スキンハンガー（肌のぬくもりへの飢餓感）

愛着を育むには、人と触れあうことが欠かせません。生まれたばかりの赤ちゃんを母親に抱かせるのも、両親が赤ちゃんとのスキンシップを奨励されるのもそのためです。第1章ではハーロウが行ったアカゲザルの母性剥奪の研究について述べましたが、その研究も示唆していた通り、幼児は生来、精神的な安らぎ（いわゆる「触覚の心地よさ」）を得るために何かに触れたい、抱きつきたい、という欲求を持っています。触れることで心地よさや安らぎが得られるのは、幼少期だけではありません。それは一生を通じて、心身の健康にとって欠かせないのです。

人と触れ合うと「愛情ホルモン」と呼ばれる神経伝達物質のオキシトシンが放出され、絆を深めるプロセスを助けます。また、オキシトシンには、気分を高揚させ、信頼感を高め、ストレスホルモンのコルチゾールを減少させる働きもあります。したがって、ハグなどの身体的接触をすると、オキシトシンが増え、コルチゾールレベルが下がり、ストレスを感じにくくなります。また、人との触れ合いは、免疫システムの働きも高めるようです。400人以上の健康な成人を対象とした研究により、ハグされると社会的にサポートされていると感じ、風邪にかかりにくくなることがわかっています（注57）。すでに風邪にかかっている場合でも、ハグや社会的サポートを受けやすい人ほど、症状は軽いのです。

もっとも、一人暮らしの人や、新型コロナウイルス感染症のパンデミックで経験したような一定期間の隔離が必要な場合、スキンシップをとるのは難しいでしょう。コロナ禍の時期には、多くの人がスキンハンガーを経験しましたが、ペットを抱いたり撫でたりするだけでもオキシトシンが放出されることが研究によってわかっています(注58)。動物好きの人や、人と交流できない人にとっては、ペットとのスキンシップも助けになるでしょう。

## 引っ越しと愛

オリヴィアと私は、AAAアプローチの最初の質問――それほど深刻とは思えないけれど、あなたに重要な影響を与えた、あるいはあなたを変えた出来事や経験はありませんか?――に戻って、人生のどの側面が、現在の彼女に最も強く影響しているのかを調べました。そうするうちに「小さな愛のトラウマ」が次第に明らかになってきました。オリヴィアの父親は軍隊に所属していたため、一家は数年ごとに引っ越しをしました。オリヴィアは、両親から愛されていると感じていましたが、引っ越しのたびに母親に大きなプレッシャーがかかっていることに気づいていました。「母はどちらかと言うと子育てに無関心でしたが、それはたぶん、引っ越しのせいです。引っ越しするたびに生活を一から整えなければならなかったから、大変だったに違いありません」。また、すぐに別の任地へ移動することがわかっていたので、オリヴィアは友だちを作りにくかったそうです。SNSで全米の人、世界中の人と連絡を取りあうことはできるけれど、他の子どもやティーンエイジャーが、自分が経験している混乱とは無縁の生活を送っているのを見るのは辛かった、と言います。大人になって1つの場所に落ち着いた後も、友人、特に女性の友人を作ることには慎重でした。けれども、あの女友だちはとても誠実に思えたため、すべてをかけるつもりで飛びこんだのです。そのため、その友情が破綻すると、オリヴィアはすっかり意気消沈してしまいました。オリヴィアはAAAアプローチによって、自分が母親のせいで不安型愛着スタイルを培ったことに気づきました。その愛着スタイルが要因となって、友人を失うことを恐れ、絶望的になっていたのです。

彼女は、女友だちの妊娠を告げる投稿を見たときに、喪失の鈍い痛みを感じましたが、それと同時に、友人の幸せを思って温かい気持ちになったそうです。第3章で述べた感情バイオームのことを考えれば、矛盾した感情を同時に抱くのは不思議なことではありません。友人の妊娠に対する羨望と喜びという2つの感情は、どちらもオリヴィアにとって本物の感情であり、心からのものでした。

## 嫉妬、羨望、緑色の目の怪物

嫉妬《ジェラシー》と羨望《エンヴィー》は、どちらも不快な感情ですが、重要な違いがあります。簡単に言えば、嫉妬は、自分にとって大切な人や物を失うことへの恐れであり、不安、怒り、不信といった感情をともないます。

一方、羨望は他人の持ち物を欲しがる気持ちで、2つの側面があります。1つは、誰かが持っている物や経験を欲しがって奪うことです。もう1つは、誰かが持っている物や経験を、自分も持ちたいという気持ちです。このため羨望は、憧れと劣等感を生みます（たとえば、「あなたはなんて素晴らしい休日を過ごしたのでしょう。私もそうする余裕があればよかったのに！」というような憧れと劣等感）。羨望の暗い側面は、妬みが頭をもたげることです（「彼はそのキャリアにふさわしくない。私は懸命に働いているのだから、代わりにその地位に就くべきだ」というような妬み）（注59）。後者はよりネガティブな羨望で、シェイクスピアが悲劇『オセロー』で語った「緑色の目の怪物」がそれにあたります。この破壊的な感情は、他者からも自分からも非難され、時には羞恥心や罪悪感をともなうでしょう。

突き詰めれば、嫉妬と羨望の違いは、「喪失loss」と「欠如lack」の違いなのです。これは、女性の友人に関して特に顕著かもしれません。親友を他の人に奪われることに関して、女性は男性より強く嫉妬を感じるという調査結果があります。第1章で、女性ならではの「思いやりと絆」のストレス反応について述べましたが、女性は、集団の親密さと健全さを保って集団の生存可能性を高めるよう、進化的にプログラムされています。女性が友情の破綻をとても辛く感じるのは、1つにはそのためであり、特にその友人とフィリア（深い友情）で結ばれている場合はなおさらです。状況に応じて微妙な違いがありますが、根底にこのような進化上の理由があることを知るだけで、嫉妬と羨望といった不快な感情を手放し、あるいは受け入れて、感情バイオームを育てやすくなるでしょう。

## AAAアプローチ：ステップ2　受容

AAAアプローチの最初の段階である「気づき」から次の「受容」へ進むためには、このフィリアという愛のタイプを掘り下げることが有益です。なぜなら、友情の働きや持つべき友人の数について、考え方は人それぞれですが、時としてそれがスモール・トラウマをもたらすからです。

### 友情と「フィリア」に注目する

私の親友の一人は、「友情には理由があるもの、一時だけのもの、一生続くものがある」という格言を教えてくれました。多くの有名な格言と同じく、誰の言葉なのかはわかりません。けれども、私はこの言葉に感謝したいと思います。なぜなら、それを知ったおかげで、友情が冷めたり破綻したりしても大丈夫だと思えるようになったからです。

研究によって、私たちが一度に維持できる友人の数には限界があることがわかっています（注60）。心の内を明かし、夜通し語りあうような親友は、通常、片手で数えられるほどしかいません。それほどではないけれども親しい友人は15人程度です。これは共に過ごしたり、共に活動を楽しんだりする仲間ですが、秘密を打ち明けたりはしません。彼らに続くのは、パーティ、誕生会、結婚式、葬式などの大きな行事で顔を合わせるものの、定期的に連絡を取ったりはしない人々で、通常35人から50人です。そして最後に、ソーシャルメディアでつながっていて、何をやっているか時々確かめるけれど、めったに連絡を取らない人の数は、およそ150人です（もしあなたが少し高齢なら、ソーシャルメディアのリストではなく、クリスマスカードを送る人のリストに載っている人々かもしれません）。あなたはソーシャルメディアで数百人以上とつながっている可能性もありますが、今現在、気にかけている人に限れば、この150人前後という数字になるでしょう。

しかし、つながりがこれほど多くなくても、まったく問題はありません。量より質の方がはるかに重要だからです。友だちにはさまざまな種類があります。

クインという名のクライアントが私のもとへ来たのは、無二の親友だったチューイを失ったからでした。チューイはコッカプー（コッカースパニエルとトイプードルのミックス犬）で、クインがパートナーと別れたときに、元々の所有者だったパートナーが連れていってしまったのです。状況は変わりつつありますが、今もほとんどの国では、動物は法律上「動産」つまり、ソファや宝石と同じように所有物と見なされています。このような形で動物を失ってスモール・トラウマを抱える人は少なくありません。私は急成長している動物介在療法の分野で同僚と研究をしていますが、動物が無条件の愛を与えてくれることは明白であり、そのような私心のない動物との別れが、ひどく心を傷つけるのは当然なのです。

先の話題に戻って、友情のゾーンによって友人の数が異なるのはなぜでしょうか。人生の時間とスペースは限られていて、近づいてきた人全員と深い友情を維持することはできませんし、ほとんどの人はそれを望んでもいないからです。また、人生を歩むにつれて、希望、夢、状況は変化し、それにともなって友情も変化します。ハリウッド的なフィリアではなく、もっと現実的で希望に満ちたものになるかもしれません。

## 友情の破綻に対処する

心理療法では、人間関係の破綻は話の半分でしかなく、修復、あるいは修復の試みが、同等に重要です。あらゆる種類の人間関係に破綻はつきものです。友情は、時がたつにつれて消滅したり徐々に有害なものに変わったりしますが、他の親密な関係と同じく、深刻な口論、出来事、状況の後に、壮絶な破局を迎えることもあります。そして、かつては信頼しあい、楽しく、愛に満ちていた友人との絆が壊れると、人はしばしばオリヴィアのように方向を見失い、さまよっているような気分になります。この状態が長引くほど、スモール・トラウマの傷は深くなるでしょう。だから、もし友情が悪化していることに気づいたら、**3ステップからなる「O・W・Nプロセス」**を試してみましょう。そうすれば、自分の経験を理解し、「小さな愛のトラウマ」に前向きに対処できるようになるはずです。

## Oはオープンの O

自分の気持ちオープンにして、友人と対話しましょう。相手が防御的になるのを避けるために、「私は」という言葉を使って、今の状況をどう思っているかを語り、話し合いの場につくチャンスを友人に与えましょう。たとえば、こんなふうに――「最近、私たちの友情は少し一方的になっていると、私は思うんだけど……」。

## Wはワンダーの W

Oの一人称の発言に続いて、自分の驚きと好奇心を語りましょう。親しい友人でも、自らの困難な状況を隠していることがあります。特に、強くてしっかりしているように見える人ほど、そうしがちです（そのような人の多くは、善良で批判しない友人を必要としています）。友人の態度が目に見えて変化し、その人らしくないと思える場合は、このWのステップが特に重要です。Oのステップを土台として、こう続けてみましょう。「最近、私たちの友情は少し一方的になっていると私は思うんだけど……だから気になっていたの。あなたは大丈夫？」。

## Nはノーの N

あなたがオープンで和やかで温かな態度を取っても、友人が有害な反応を示すようなら（「有害な友人」の枠内を参照）、あなたの心の平和と境界線を尊重すべき時期に来ています。そのような人間関係にはただ「ノー」と言いましょう。その人は、何か理由があって、あるいは一時的に友人になっていただけで、生涯の友人ではなかったのです。それはそれでよしとしましょう。けれども、友人が肯定的な反応を示す場合は、より深く充実したつながりへ向かうターニングポイントが訪れているのかもしれません。このプロセスにおける「ノー」は自分の境界線を維持することにつながります。

時には、理由やタイミングがそろって友情が蘇ることもあるので、関係を完全に絶つのではなく、OWNプロセスを利用して、より有益なつながりを育むための時間とスペースを自分に与えましょう。このプロセスについて考えただけで辛くなる場合は、自分に優しくなって、喪失感や悲しみも感情バイオームの一部であることを認めましょう。最後に、他の友人に精神的サポートを求めましょう。ただし、延々と旧友を批判するのは避けましょう。なぜなら、それは憤りや反芻をもたらし、あなたの生活の質と将来への楽観が損なわれるからです。

オリヴィアは勇気ある一歩を踏み出し、OWNプロセスに沿って友人と対話しました。それは控え目に言っても、心理的に苦しく、非常に疲れるやりとりでしたが、涙とハグ、そして希望の光をもたらしました。友人は、自分の妊娠があのような形で広まったことを悔いていて、「不妊治療に失敗したオリヴィアに、自分の妊娠をどうやって知らせればいいのかわからなかった」と心の内を明かしました。また、「赤ちゃんが生まれた後、新米の母親として予想以上に苦労したけれど、思えばそれも幸せなことなので、その経験ができなかったオリヴィアに相談する気になれなかった」とも言いました。友人は、育児と仕事と生活全般のやりくりに追われてダウン寸前でした。フリーランスのライターとしてのキャリアを懸命に維持しようとしながら、ワッツアップのNCT［韓国の男性アイドルグループ］のチャットにもはまっていたのです。これが「ブレッドクラミング」の黄色信号が灯った本当の原因でした。また、OWNプロセスによってわかったことは他にもありました。友人は、自分の話をオリヴィアはちゃんと聞いてくれないと感じていましたが、それはオリヴィアが友情や不妊治療のことで大いに悩んでいたせいだったことを友人は知ったのでした。それを聞いてオリヴィアは辛く感じましたが、その思いを隠して、友人の正直な気持ちに寄り添いました。「小さな愛のトラウマ」を理解しようとするときには、自分の行動や気持ちに責任を持つことが大切です。難しいかもしれませんが、まずそこから始めましょう。

## 見るものの強い影響

愛のスモール・トラウマの症状について、包括的な全体像が見えてきましたが、さらに重要なパズルのピースがもう1つあります。社会的学習理論とは、基本的に、「人は他者がしていることをする」、つまり、人間が他者の行動を模倣しがちであることを説いた理論で、模倣の対象になるのは往々にして養育者や尊敬する人です(注61)。この理論は1960年代後半に心理学者アルバート・バンデューラが提唱しました。従来の学習理論(条件づけ理論)を土台にしていましたが(第4章を参照)、従来の理論が、「学習する人自身の経験」を前提としていたのに対し、バンデューラは、「**人は、自分が経験しなくても代理経験(他者の行動を見聞きすること)だけで学習する**」と主張しました。今では有名になったバンデューラの「ボボ人形」実験では、誰かが人形を叩く様子を見た子どもは、その後、同じようにその人形を叩く傾向にあることが確認されました。当時、子どもがテレビ番組で暴力を目にすることの影響が大いに懸念されていて、1972年に米国公衆衛生局は、テレビでの暴力の放映は公衆衛生上の問題である、と宣言しました。今日に至るまで、代理経験の実験には多くの批判がなされてきましたが、代理経験が社会的学習をもたらす、という基本的な理論は今も有効です。**自分を取り巻く環境や見聞きする情報がスモール・トラウマになる理由もそこにあります。**

オリヴィアは、私を含む多くの人と同じように、本や映画の中で親友との友情が永遠に続くのを見て育ち、それが真の友情はどうあるべきかというモデルになりました。加えて、彼女の一家はしょっちゅう引っ越しをしたにもかかわらず、母親は一人の友人との親密な友情を保っていました。事実、オリヴィアときょうだいは、その人を「おばさん」と呼んでいたほどで、何度引っ越しをしても、その人はオリヴィアの心に存在し続けました。それが彼女の信念におけるフィリアのハードルを上げ、友情がそのハードルに届かないと、ひどく失望したのでした。

## AAAアプローチ：ステップ3　行動

この行動戦略は、あらゆるタイプの愛、恋愛《エロス》、家族愛《ストルゲ》、さらには友情《フィリア》に役立ちます。

### あらゆるタイプの愛のための長期的アプローチ

#### LISTENを学ぶ

心理学者は、「アクティブ・リスニング（積極的傾聴法）」というスキルを教わりますが、あなたもそれを学び、利用すれば、愛情関係の質を向上させることができます。アクティブ・リスニングは、ヒアリングと同じではありません。ヒアリングはやや受動的なコミュニケーションですが、アクティブ・リスニングはいくらかの集中と努力を必要とします。しかし、そうするだけの価値があり、親密な関係が完全に変わることさえあります。目的は、発せられた言葉の文字通りの意味だけでなく、その感情的な意味を明らかにすることです。私が考案した次のLISTENテクニックを試してみましょう。これは偉大な人間性心理学者、故カール・ロジャーズの教えを基にしています。

## Lは Look（見る）のL

アクティブ・リスニングには、言語コミュニケーションと非言語コミュニケーションの両方が含まれます。まずは、見えるものに注意を払うところから始めましょう。あなたの愛する人は、アイコンタクトの量、視線、小さなジェスチャー、姿勢、かすかな表情によって、さまざまな情報を伝えているはずです。

## Iは Incongruence（不一致）のI

誰かの発言が、非言語コミュニケーションが発するシグナルと矛盾しているかどうかを調べることはきわめて有益です。通常、非言語のシグナルは、その人の感情をより正確に反映します。したがって、あなたのパートナーや友人が「私は大丈夫、何も問題はない」と言っていても、肩をいからせ、腕を組み、目を逸らすのであれば、まったくもって大丈夫ではないはずです。

## Sは Silence（沈黙）のS

アクティブ・リスニングに限らず、人の話を聞いているときの私たちは、先を急ぎ、どう返事をしようかと考えがちになります。その結果、性急に返答したり、相手の話をいきなりさえぎったりします。つまり心に余裕がなく、アクティブに聞くことができないのです。沈黙することは、最初は気後れするかもしれませんが、そうすることで、あなたは言語と非言語の両方のメッセージ（何をどう言っているか）を深く理解することができ、パートナーはよりオープンになることができます。

## Tは Touch（接触）のT

私たち人間には、「社会的タッチ」と呼ばれる直感的で非言語的なコミュニケーションの方法があります。ほんの数秒、腕に手を置いたり、肩をつかんだりするだけで、思いやりや理解を伝えることができ、長々と語るより効果があります。社会的タッチは、相手を安心させ、落ち着かせるために役立ちますが、さまざまな感情を共有するためにも活用できます。

## Eは Emphasis（強調）のE

コミュニケーションにおいて声は重要で、相手の声の調子、高さ、スピード、ボリューム、強弱など、注意を払うべき要素はたくさんあります。だからといって、それらすべてに配慮しなければならないというわけではありません。あなたはこれまでの経験から、話し方のどの要素に注意すべきかを知っているでしょう。たとえば、誰かがマシンガンのように叫び続けていたら、その人が大丈夫である可能性は低いはずです。話し方の特徴は人それぞれですが、いつもの会話の中に普段と違うところがあれば、それに注意を向けると良いでしょう。

## Nは Noticing yourself（自分自身に気づく）のN

愛する人とのコミュニケーションの感情的な意味を読み解くもう1つの手がかりになるのは、そのコミュニケーションの間に自分の体に起きている変化です。たとえば、そのやりとりの前にはなかった緊張を感じているでしょうか？　今、自分の感情、体、知覚は何を感じているでしょうか？　私たちの本能的で即時的な内部反応は、しばしば他の人に何が起きているかについて、多くのことを教えてくれます。

アクティブ・リスニングはスキルなので、少々の練習が必要になります。パートナーと一緒に練習してもいいでしょう。アクティブ・リスニングを試して社会的交流の結果がどう変わるか確かめましょう！

## LOVEを学び直そう

どういうわけか、この章では頭文字の語呂合わせが続くようです。私は愛の基本を覚えておくために、LOVEテクニックを使っています。なぜなら、忙しい生活を送っていると、一番大切な人に愛情を示すことを忘れがちになるからです。

### LはListen（聴く）のL

LOVEの最初の一文字Lから始まるListenは、何より重要なテクニックです。

### OはOpenness（心を開く）のO

人間関係は正直でオープンなコミュニケーションの上に築かれますが、どうすればそうできるか、はっきりしないときもあります。あなたの人間関係が深まった瞬間を思い出してみましょう。それは、二人が完璧に幸せそうにしていたときでしょうか、それとも仮面がはがれて内面のナイーブさが見えたときでしょうか？　ここで大切なのは心の弱さに寄り添うことです。そうすれば、親密な絆はさらに深まるでしょう。

### Vは Values（価値観）のV

お互いの価値観を認め、尊重すると、絆は深まります。あらゆる話題について、友人や愛する人に同意しなければならないというわけではありませんが、重要な価値観を共有できていれば、より表層的な問題については、意見の相違を認めやすくなります。

### Eは Enable（愛する人が自分らしくいられるようにする）のE

ハリウッド的な愛ではない真実の愛は、深い受容から生まれます。人は変化するものであり、愛する人はあなたの目の前で成長し、変容します。あなたはそれを支えることができますが、その人を変えようとしてはなりません。と言っても、それはトラウマや虐待を受け入れることではありません。誰かが人生の境界線を踏み越えた場合、あなたにできることは自己防衛で、その人との関係を断つ必要があるかもしれません。深く愛する相手であっても、変化を強いることはできないのです。もっとも、健全な人間関係においては、愛する人が安全で信頼できる環境の中でありのままの自分でいられるようにすることが肝心です（注62）。

オリヴィアと友人にとって、これらの愛のスキルを学んだことは真の転機になりました。とは言え、魔法をかけられたかのように、二人の友情が一夜にして修復したわけではありません。なぜなら、今や二人は、まったく異なる道を歩んでいるからです。それでも、修復の可能性が見えてきました。オリヴィアは、友人がその人生において自分とは異なる季節を過ごしていることを知り、この人間関係の緊張から解放されました。そして愛する人たちとの絆を深めることに力を注げるようになったのです。

**最後に、愛について……**

これまであなたを愛してくれた人たちについて考えましょう。1分間、じっくり考えてみましょう。

**愛のプロンプト**

**1** 人間関係におけるあなたの3つの長所と、愛する人にそれらをどのように示すかを書き留めましょう。

**2** あなたが人間関係から学んだ最も大切なことは何ですか？　この章で述べたさまざまな愛について考えましょう。

**3** あなたはどのようにして愛する人から力を得ていますか？

Chapter 8 まとめ

愛はあらゆることに関係しており、本章では愛のスモール・トラウマの症状について軽く触れたにすぎません。それでも、恋愛だけでなくあらゆる形の愛にスモール・トラウマが付随し得ることに気づけば、友情など、恋愛以外の関係に生じた困難も乗り越えやすくなります。幼少期に形成される愛着スタイルは重要ですが、それらは固定したものではなく、私たちは自分が選んだ方法で、堅牢な絆を築くことができるのです。それには「受容」を育み、「行動」を起こすことが欠かせません。

Chapter 9

# 眠れば、たぶん夢を見る

## ――睡眠とスモール・トラウマ

この章では次の項目について掘り下げます：

◎睡眠生理学の基礎
◎リベンジ夜更かし
◎ラベリング理論とハイリー・センシティブ・パーソン
◎睡眠制限によって体内時計をリセットする方法
◎睡眠の質と量を改善するための脳の再プログラミング

あなたは、よく眠れていますか？　深夜の魔の時間の問題は、私がよく目にするスモール・トラウマのテーマの1つです。私の診察室を訪れる眠れない人たちは、他の多くの眠れない人と同様に、ありとあらゆる薬、ハーブ、生薬、製品を試し、生活習慣の改善にも取り組み、それでもなお眠れない人たちです。もっとも、よく眠れている人に「眠るために何をしていますか」と訊ねると、たいていは「何もしていません」という答えが返ってきます。もどかしいですが、本当にそうなのでしょう。

睡眠の世界市場は今では数千億ドル規模になり、一大産業として急成長中です。論理的に考えれば、それらの製品が不眠に効くのなら、夜の苦悩をめぐる競争はこれほど激化していないはずです。もっとも、不眠に関してもスモール・トラウマは何らかの答えに導いてくれるかもしれません。ハーパーの物語を覗いてみることにしましょう。

私が敏感すぎることは知っています。眠れないのはそのせいです。これまでずっと「あなたは敏感すぎる」と言われてきました。父は私のことを「エンドウ豆の上に寝たお姫さま」と呼びました。おとぎ話に出てくる、20枚ほどのマットレスの下に1粒のエンドウ豆があったせいで眠れなかったお姫さまのことです。その呼び方には愛情がこもっていて、父は私のことを人とは違う特別な存在だと思ってくれていたようですが、今ではこの敏感さのせいで、私の人生は台無しになっています。

私はいつも敏感だったと母は言います。眠ることだけでなく、何事においても。小学校では、友だちが喧嘩するのを見て、――私とではなく、友だち同士が争うのを見て――気分が悪くなりました。私自身が喧嘩することは、めったにありませんでした。校庭から遊ぶ声が聞こえても、誰かに誘われても、あまり興味が湧かず、静かに本を読んでいる方がずっと幸せでした。

けれども、当時、睡眠に問題はなく、よく眠れていました。眠れなくなったのは手術を受けた後からです。痛みのせいで夜眠れなかったので、何時間もオンラインで過ごしました。と言っても、ネットフリックスなどを見るのではなく、無料の講座を調べたり聞いたりしていたのです。こうして睡眠パターンが狂って疲れがたまったせいで、いっそう敏感になり、他の人にとっては何でもないことが気になるようになりました。そこで解決方法を調べて試してみましたが、どれも効果はないようです。

眠りたいのに眠れなくて、頭がおかしくなりそうです。この過敏さを治していただけませんか？

重要なこととして、ハーパーは睡眠について熟知していました。あなたも不眠に悩んだことがあれば、睡眠についてよくご存じでしょう。睡眠が奪われると、極端な場合、錯乱状態に陥ります。睡眠剝奪が拷問の手法として用いられてきたのは、そのためです。そういうわけで、眠れない人たちはオンラインで多くの時間を費やし、あたかも取り憑かれたかのように、睡眠に関するありとあらゆることを調べます。けれども、そんなことをしても、ＡＡＡアプローチの「気づき」の段階に進むことはできません。**睡眠にこだわることは、むしろ睡眠障害を長引かせる要因になりがちなのです。**

## なぜ、私たちは睡眠にこだわるのか？

睡眠は、心と体の両方が休息し回復するための自然な現象ですが、長い間、少々謎めいたものと見なされてきました。睡眠に関する寓話、おとぎ話、民話は数多くあり、私たちが昔から睡眠に魅了されてきたことがわかります。「エンドウ豆の上に寝たお姫さま」の大筋は、嵐の晩に城を訪れた女性が、エンドウ豆のせいでよく眠れなかったので、王子の結婚相手にふさわしいプリンセスとして認められた、というものです。翌朝、このプリンセスは睡眠不足のせいで機嫌が悪かったでしょうから、現代に置き換えれば、必ずしもロマンティックな物語ではないのですが、眠りが浅いことが良いことのように語られていることに興味が惹かれます。この物語では、眠れないことは王族の証《あかし》と見なされましたが、慢性的な睡眠障害を抱える人は、そんなことを言われても、少しもうれしくないでしょう。また、眠りが浅いことを自覚している人にとって、エンドウ豆で睡眠を妨害されるのは、迷惑以外の何ものでもないはずです。それでも、いつの時代も、特に女性の「繊細で眠れない人」は、絵画や物語などで肯定的に描かれてきました。つまり、私たちは昔から眠れないことに興味を寄せてきたのです。そして現在では、睡眠中の痙攣や身震いを追跡できるようになりました。

## 不眠症とは何か？

成人の約10パーセントは、不眠症と診断されるほどの睡眠不足に悩まされていて、そのうちの3人に1人は睡眠不足のせいで日中に問題を抱えています（注63）。その問題には、眠気や倦怠感だけでなく、集中力の欠如、物忘れ、イライラ、ストレス耐性の低さも含まれます。もっとも、不眠症の診断の指標になるのは、次の3つです。

◎ **入眠障害（寝つきが悪い）**
◎ **中途覚醒（眠りが浅く、何度も目が覚める）**
◎ **早朝覚醒（早朝に目覚めて、二度寝できない）**

一般に、不眠症と診断されるのは、これらの睡眠障害の1つ以上が週に3回発生し、少なくとも3か月以上続く場合です。

また、この睡眠障害の影響で日中の活動能力が低下し、通常の義務、役割、責任を果たせないほどになっている、というのも不眠症の必須条件です。つまり、不眠症の確定診断を得るには、基本的に人生がめちゃくちゃになっていなければならないのです。

## ＡＡＡアプローチ：ステップ１　気づき

私は、ハーパーの睡眠不足を導いたスモール・トラウマを探求する前に、この生理的要求に関する彼女の考えを知りたいと思いました。そこで彼女と共に睡眠の基礎知識を復習しながら、ＡＡＡアプローチの「気づき」の段階に着手しました。

### 睡眠・きほんのき

通常、眠っているときには、周囲の世界で何が起きても気づきません。けれども、睡眠中も体と脳は信じられないほど忙しく働いています。それらのプロセスは意識されませんが、睡眠中に脳、筋肉、その他の身体システムの活動レベルが変化することは、睡眠生理学と心理学の分野で研究され、実証されています。睡眠中の脳内では新たな記憶が整理され、その日溜まった精神的なゴミを取り除くための剪定作業が行われているのです。

睡眠のメリットは数多くあり、心身が正常に機能するために睡眠は欠かせません。かなり多くの症状が睡眠との関連を疑われており、慢性的な睡眠不足は認知機能の低下、心血管疾患、不安、うつ、慢性的疼痛などにつながることが研究によって明らかになっています。つまり、睡眠は食べることと同じく生きるために欠かせず、睡眠不足は基本的な体調を悪化させるのです。

けれども、眠りすぎも健康によくありません。これも童話（「三匹のクマ」）に語られている通り、自分にとってちょうどよい量の睡眠が必要なのです。５、６時間の睡眠でぱっと起きる人もいれば、10時間眠

**【一晩の睡眠ステージとサイクル】**

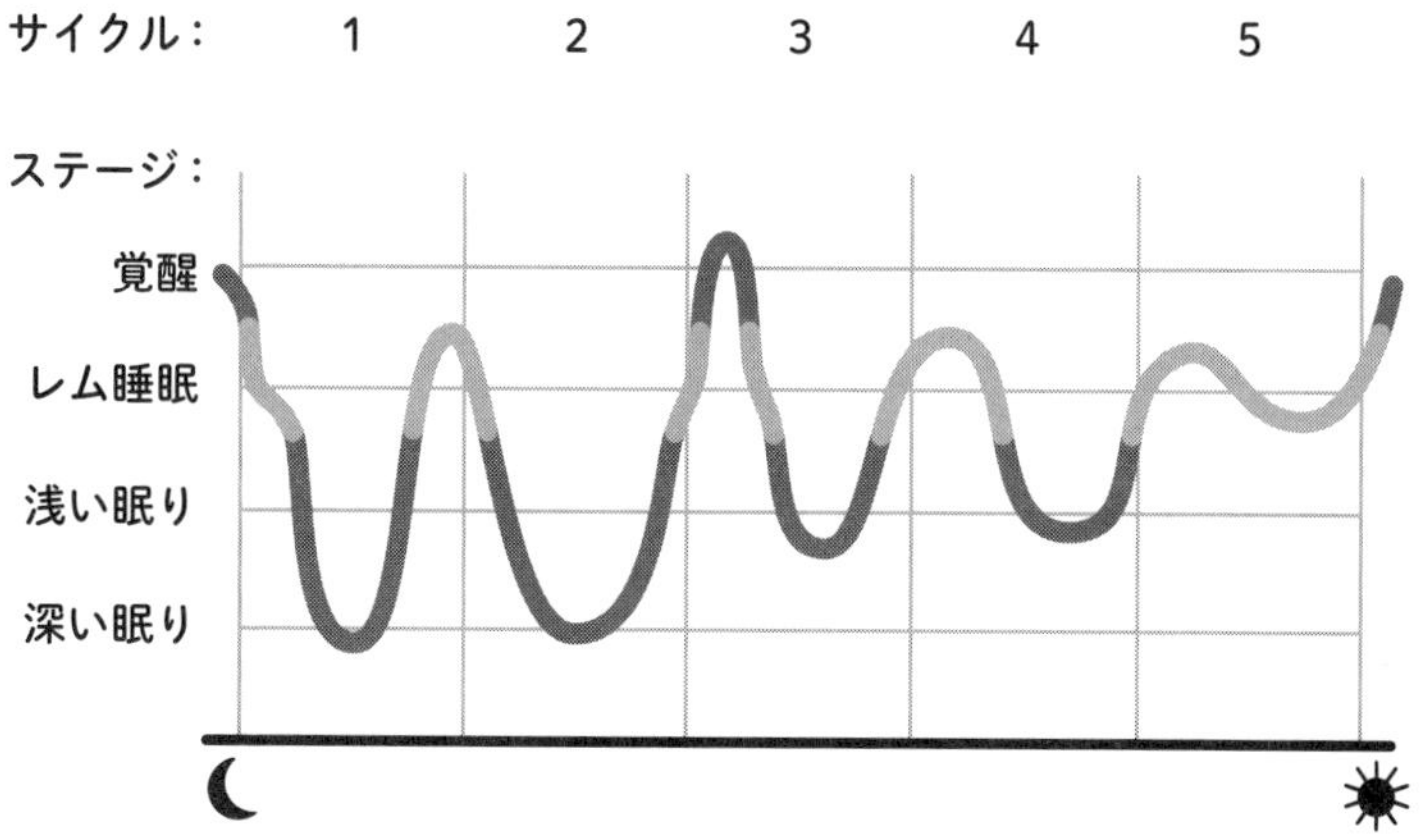


らないと調子が出ないと言う人もいます。たいていの人は、必要な睡眠時間が年齢に応じて変化し、成人は平均で7～9時間の睡眠を必要としますが、高齢者は少し少なく、およそ7、8時間で十分です（注64）。

しかし、量がすべてではありません。質も重要です。ベッドで8～9時間過ごしても、睡眠が頻繁に妨げられると、疲れがとれず、日中の生活に支障をきたすことがあります。多くの人は医師のもとを訪れるまで、夜中に目が覚める病気を患っていることを自覚していません。ただ、「いつも疲れている」（TATT:tired all the time）と感じているのです。もし自分のカルテに「TATT」と書かれていたら、そういう意味です。質の悪い睡眠は過剰なカロリー摂取につながるので、このような人は体重が増えているかもしれません。また、多くの場合、日々の生活を送るのが大変だと感じています。

夜中に目が覚めるのは、睡眠が単一のプロセスではなく、一連の周期的なプロセスだからです。私たちは通常、一晩で睡眠サイクルを4、5回繰り返し、各サイクルの睡眠フェーズは異なります（上のグラフを参照）。

本書で述べた他のことと同様に、これには進化上の理由があります。本来、人間は8時間ぐっすり眠り続けるようにはできていないのです。そのような眠り方をすると、捕食者が近づいてきても気づきません。むしろ、周囲の脅威に備えて、周期的に眠りが浅くなったり目覚めたりするように進化してきたのです。

そして、ストレス反応が先進的な現代社会に追いついていないのと同様に、睡眠も生理学的には初期人類の頃とほとんど変わっていません。**それにもかかわらず私たちは「夜中に目を覚ますべきではない」と思いこんでいるので、夜中に目が覚めると、心は反芻と心配で忙しくなり、再び眠ることができなくなるのです。**

これがまさにハーパーが経験したことです。目覚めている間に何について考えていましたかと尋ねると、彼女は、睡眠について考えることが多かったと答えました。「私は過敏すぎる、明日はきっと最悪の気分だろう、あの仕事もこの仕事もまともにできないに違いない」といったことを考え続け、朝方には疲れ切って、うつらうつらし始めます。けれども、そこで目覚まし時計が鳴って、恐れていたことが現実になるのです。

### リベンジ夜更かし

このスリリングなドラマをもう一話だけ見よう……あと数分、ソーシャルメディアをスクロールしよう……手段が何であれ、寝るのを先延ばしにしているのなら、おそらくあなたは「リベンジ夜更かし」をしているのでしょう。それは、重要な欲求のいくつかを無視した昼間の自分への「リベンジ」です。人生は非常に忙しく、私たちは目覚めた瞬間から眠りにつくまで、休みなく活動し続けます。驚きや喜びを味わう暇もなく、空想にふける余裕さえありません。そのため、長い一日の終わりには、内なる自己が反抗して、「自分」の時間を要求するのです。夜更かしが翌日の倦怠感や不機嫌、「どうでもいい」という気持ちにつながるとわかっていても。

「リベンジ夜更かし」は日中のストレスと自由時間の不足に対する反応で、若者と女性によく見られます(注65)。けれども実際には、私たちの一日には自由に使える時間があることが研究によってわかっています(注66)。ただ、前世代の人々と違って、まとまった時間がとれないだけなのです。**今、私たちが持っているのは「タイム・コンフェッティ(細切れの自由時間)」で、それは一日の中に散らばっています**(注67)。問題は、このような空き時間を、仕事や日常の雑務や、その他の楽しくないタスクで埋めてしまうことです。だから、夜更かしして自分を苦しめるのではなく、日中の細切れの時間を笑顔で過ごすようにしましょう。イヌと遊んだり、手軽なマインドフルネスをしたり、自然の中で一休みしたりするのです。そうすれば、内なる自己は満足して、リベンジしなくなるでしょう。

## 自己成就的な睡眠予言

私が見たところ、多くの人は、自分の睡眠の未来を予測するようです。スモール・トラウマが作用し始めるのはこのときです。ハーパーは、自分はいつも敏感だったと言っていました。と言うより、幼い頃から、「あなたは敏感だ」と言われてきたのです。自分の敏感さが睡眠にどう影響し、自分の人生をいかに台無しにしたかについて、彼女はさらに詳しく語りました。

私はカフェインをまったく摂らなくなりました。最初はカフェインを含む飲み物の量を減らし、次に午後に飲むのをやめましたが、今では紅茶も飲まなくなりました。遮光ブラインドとアイマスクを購入し、耳にフィットする耳栓を特注しました。安眠効果のあるホワイトノイズと自然環境音の再生ソフトを購入し、あらゆる睡眠アプリやトラッカーをダウンロードし、大人向けのベッドタイム・ストーリーのオーディオブックも試しました。メラトニンやバレリアン、その他、催眠作用のある植物の根やハーブエキスをすべて試しました。でも、1つも役に立たなかったのです。夜は食べ物を口にせず、辛い食品はまったく摂らないようにしています。CBDオイルなど、睡眠に関係のありそうなサプリメントはすべて試しましたし、バスルームにはエプソムソルトとラベンダーオイルが並んでいます。以前、かかりつけ医が1週間分の睡眠薬を処方してくれました。効き目がありましたが、翌日はひどく眠くて、何も手につかず、二日酔いのようになりました。飲み続けたら、依存するようになるでしょう。最も避けたいのは、処方された睡眠薬の中毒になることです。

不眠に関する反芻と心配は、ハーパーの日常生活のあらゆる側面に影響しました。また、彼女は睡眠に関してきわめて厳格なルーティンを決めていて、このルーティンを破ることはとてつもないストレスになるため、旅行や休暇、家族と過ごすことさえ、今では遠い昔の思い出になっていました。

そういうわけで、ハーパーと私の旅の次のパートは、彼女にとってちょっとした驚きでした。私はこう訊ねたのです。

「その敏感さが、あなたのスーパーパワーだとしたら?」。

## AAAアプローチ：ステップ2 受容

ハーパーがＡＡＡアプローチの「気づき」から「受容」に進むには、睡眠とその生理学に関する自らの知識を疑うだけでは不十分でした。なぜなら、睡眠障害は彼女のスモール・トラウマの症状であって、スモール・トラウマそのものではなかったからです。すべてのスモール・トラウマの症状と同様に、睡眠障害は1滴のスモール・トラウマから始まり、やがてさまざまな問題を巻き込んで、ハーパーの人生を麻痺させるようになりました。これはスモール・トラウマの影響が雪だるま式に増えるためですが、多くの場合、私たちがそのサインや合図に気づき始めるのは、人生のバランスを崩す何かが起きてからです。ハーパーにとってその「何か」になったのは外科手術でしたが、スモール・トラウマのツタはさらに「エンドウ豆の上に寝たお姫さま」までさかのぼっていきました。父親にそう呼ばれたとき、ハーパーは、俗世で生きるには「敏感すぎる」というレッテルを貼られたのです。

彼女は、これまで数えきれないほど「あなたは敏感すぎる」と言われてきたことを打ち明けました。あまりに多くそう言われたため、心の奥深くに刻み込んでしまったそうです。その言葉はしばしば非難のように感じられ、敏感さは自分の人格に付随する治しがたい欠点だと思えたそうです。そういうわけで、私がこの性質を「スーパーパワー」としてリフレーミングすると、彼女は疲れた目に涙を浮かべて、私を見つめました。このとき、彼女にとって「受容」への道が開けたのです。

## ラベリング理論

ラベリング理論は、社会学と犯罪学の分野で犯罪行為や違法行動を説明するためによく用いられますが、精神的・心理的ヘルスケアにおいても役割を担っています。簡単に言えば、この理論は、**ラベルづけという他者からの評価によって特殊な行動タイプが生じ、それが行動を形作っていくこと**を説明します。別の言い方をすれば、もしあなたが子どもに、おまえは悪い子だ、いたずらっ子だ、ダメな子だ、と何度も言ったら、その子がこのラベルづけに従って悪い子に育つ可能性は高いでしょう。

睡眠時の敏感さについても同じことが言えます。人より敏感な人はいるでしょうが、もし眠りが浅いことを何度も指摘されたら、その人は、わずかな音、動き、その他の環境要因に対して過敏になり、ひいては睡眠不足になるでしょう。これは往々にして、ラベルづけが何らかの利益をもたらす場合に起こります。たとえば幼い子どもは元来、親の注意を引きたいと思うものなので、「眠りにくい子」というラベルづけを取り込んで、ベッドタイムでより長い時間、親と過ごそうとするかもしれません。

また、ラベルからの逸脱が禁じられたり、無視を招いたりすると、よりラベルに沿った行動をとる可能性があります。最後に、このラベルづけが公に行われると、それに反する行動には危険がともない、大切な人々、たとえば両親に、困惑という形で精神的苦痛を与えるかもしれません。そうしたことは、アイデンティティを確立しつつある年頃に起こりがちです（注68）。結局のところ、ラベルづけは迅速かつ容易に、良い子を悪い子に変える可能性がありますが、裏を返せば、ラベリング理論をうまく活用すれば、問題行動を是正できるのです。

## HSP――ハイリー・センシティブ・パーソン

1990年代、アメリカの研究心理学者エレイン・アーロンが、自らの経験に基づく研究を始めました。アーロンは生活のある領域に困難を感じ、心理療法を受けていました。そのセッションでセラピストから、「ハイリー・センシティブ・パーソン（非常に敏感な人）」、すなわちHSPであると指摘されました（注69）。それは決して軽蔑的な意味合いではなく、観察に基づく見解でした。それがきっかけとなり、アーロンは他にもこの特徴を持つ人がいるかどうかを調べ始め、のちには、その評価基準を考案しました。最終的にアーロンは、人口の15～20パーセントがHSPだと推定しました（注70）。HSPの特徴は以下の通りです。

◎社会的状況において、他の人の気分や雰囲気に影響される。
◎騒音、光、粗い質感、強い匂い、痛み、空腹、刺激物（カフェインなど）に敏感で、これらの刺激をコントロールしようとする。
◎高度な要求をされたり、仕事を監視されたり、あるいは計画が突然変更されたりすると、緊張や不安を感じる。
◎非常に誠実で、ミスを避けたいという気持ちが強く、間違いを犯すと延々と悔やむ。
◎環境の細部にまでよく気づき、外の世界のわずかな変化や美しさを理解することができる。
◎豊かで繊細な内面の世界を持ち、芸術、音楽、その他の創造的な領域を楽しむ。

現在、HSPの概念はよく知られるようになりました。もっとも、アーロンはHSPを良くも悪くもない性格特性と見なしていましたが、「センシティブ（敏感）」という言葉は、一種の侮辱や、自覚のない差別として使われがちです。本来、「センシティブ」は、容易に気分を害したり動揺したりすることを意味しますが、わずかな変化や合図や影響への反応が早いことも意味します。そうした特性は、進化上、有利に働いたことでしょう。環境の微妙な変化に気づく能力は、個人だけでなく集団を守ったでしょうから、初期人類にとって貴重な特性であったはずです。しかし、騒々しく、明るく、常に変化する現代社会では、この特性は利点ではなく、弱点になっています。けれども、私の考えは違います。

この時点で、ハーパーと私はあるエクササイズを行いました。オフィスの壁に貼った大きな紙に、さまざまなスーパーヒーローとそのスーパーパワー（超人的能力）を、思いつくまま書き出したのです（231ページの図を参照）。

　考えてみれば、多くの人が愛するスーパーヒーローは、自らのスーパーパワーをコントロールすることができました。そして、このコントロールこそが彼らを特別な存在にしたのです。

　続いてハーパーと私は、「受容」をスムーズに進めるためにリフレーミングのエクササイズに取り組みました。ハーパーが持つプラスの性質をリストアップしたのです。するとその多くは、アーロンが指摘したＨＳＰの特性に当てはまりました——他者の気持ちを敏感に察知して、素晴らしい友人や親友になる。我を忘れるほど音楽に没頭する。動物の気持ちがよくわかる等々——。

　最後に、私たちはスーパーヒーローの超人的能力の図をもう一度見て、これらのヒーローたちがスーパーパワーをあらゆる場面で発揮したか、それとも、状況に応じてコントロールしなければならなかったかを検討しました。答えはもうおわかりでしょうし、それはどの文化や社会でも、観察によって裏づけられています。実のところ、世界の多くの地域では、物静かで、内省的で、敏感な人が称賛されます。声が大

【スーパーヒーローと HSP の超人的能力】

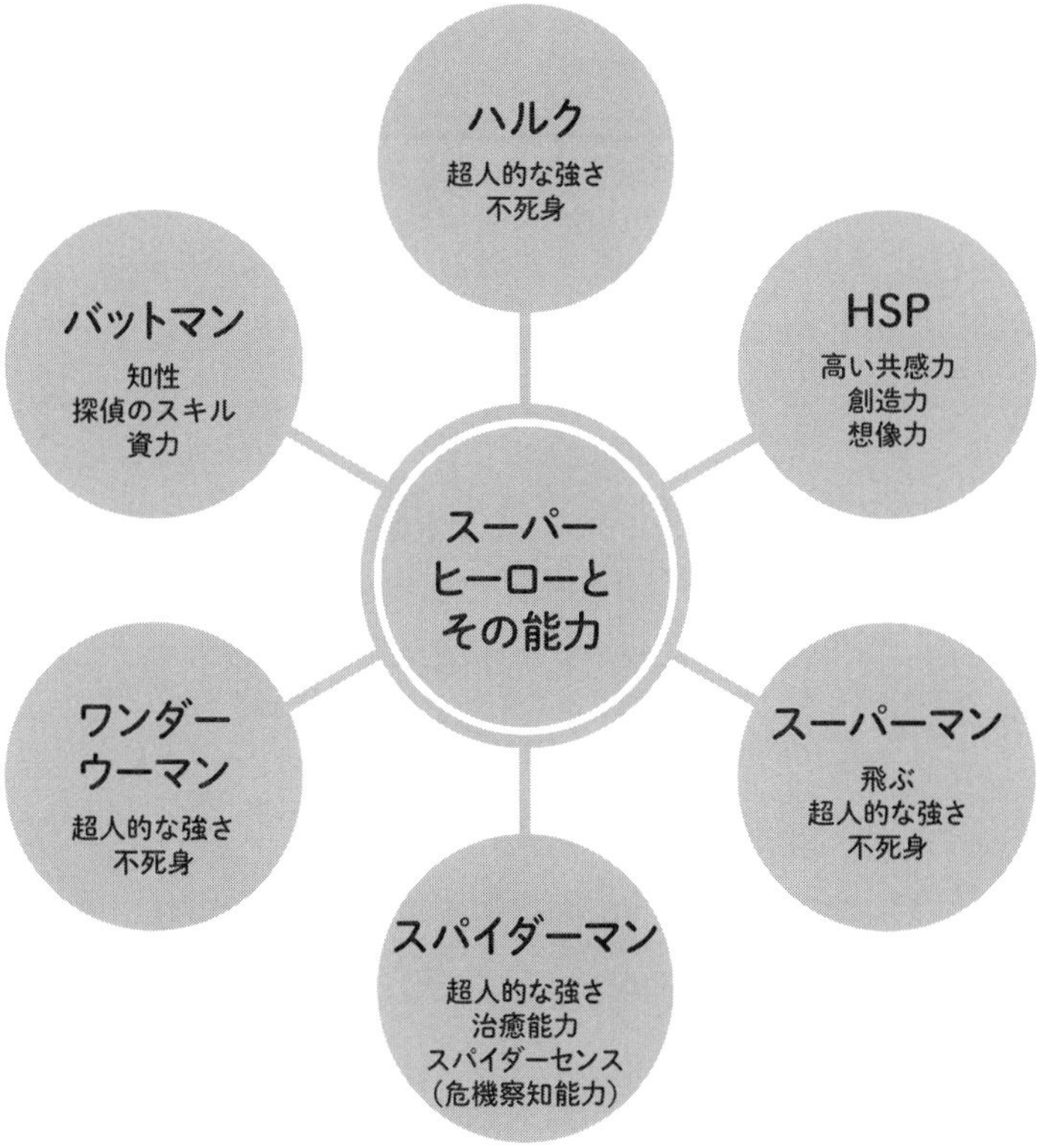

きく、怖いもの知らずで、過度に外交的であることが長所と見なされるのは、西洋社会だけなのです。

そして、ここにもスモール・トラウマの累積効果が見られます。すなわち、敏感さは「悪い」ことではないのですが、西洋社会という環境では、欠点と見なされがちなのです。そしてハーパーは「敏感すぎる」と何度も言われるうちに、敏感さを厄介な特性と見なすようになったのでした。

## 夢セラピー

人間は昔から夢に心を奪われ、興味を寄せてきました。夢に意味があるとすれば、それは何を意味するのでしょうか？　夢分析の分野は科学に基づいていませんが、夢に目的があることを示唆する研究は多くあります。

よく知られる通り、精神分析の父ジークムント・フロイトは、「夢は、潜在意識が心の最奥にある願望や欲望を私たちに知らせる手段だ」と語りました。もう一人の著名な精神分析医、カール・ユングはこれに反論し、夢は目覚めているときの問題を、普遍的なイメージやテーマによって顕在意識に伝えるものだ、と主張し、その普遍的なイメージやテーマを「元型」（アーキタイプ）と呼びました。つまり、多大な影響力を持つこの二人はどちらも夢には目的があると考えていたわけですが、現在の研究は、感情に関して、——そしてスモール・トラウマに関しても——それが真実であることを示唆しています。

20世紀後半に行われた研究の多くは、夢の大半はネガティブであることを明らかにしました。思い出された夢の約4分の1は、不快な感情と関連していたのです（注71）。そのため、「脳は夢を見ることで、目覚めているときには表現しがたい辛い感情を処理している」と説明されてきました。**言い換えれば、私たち**

**の心は、眠っている間にスモール・トラウマに対処しているのです。**実際、離婚のトラウマについて研究していた神経科学者ロザリンド・カートライトは、離婚後にうつ病を発症した人が、不愉快な夢――悪夢さえも――を見ることによって、より順調に回復することを発見しました(注72)。

そういうわけですから、あなたも今度、悪夢を見たら、それを恐ろしい経験としてではなく、ちょっとした無料のセラピーとしてリフレーミングしましょう！　そうすれば、足取り軽く、明日に向かって前進できるでしょう。

## AAAアプローチ：ステップ3　行動

もっとも、睡眠障害の人や眠りにくい人が皆、「非常に敏感」というわけではありません。スモール・トラウマのあらゆる症状と同じく、睡眠に悩む人はそれぞれ心の中に独自の傷を持ち、それが生きづらさをもたらしているのです。もっとも、私の見るかぎり、「睡眠のスモール・トラウマ」には普遍的な対処法があります。そのカギになるのは「非活性化」と「関連づけ」です。私たちが住む24時間営業の慌ただしい世界では特に、非活性化に効果がありそうです。楽に眠れるようになるための一日の過ごし方を紹介しましょう。

### 重要なのは効率――「睡眠制限法」で睡眠の質を改善する

今、あなたの睡眠が絶望的な状況で、二度と自然な睡眠パターンに戻れないと思うのであれば、「睡眠制限法」によって体内時計をリセットするとよいでしょう。これは高度なテクニックなので、スケジュールが空いているときに行い、できるかぎり次の手順を遵守することをお勧めします。最も重度の「睡眠のスモール・トラウマ」を抱える人々に、私がこのテクニックを用いたところ、彼らの人生は一変しました。手順は以下の通りです。

**【フェーズ1】**

まず、自分の睡眠効率を知る必要があります。少なくとも1週間、ペンとメモ用紙をベッドサイドに用意して、次のことを書き止めましょう。

**◎ベッドで過ごした時間。眠っているかいないかにかかわらず、ベッドで過ごした時間の平均値。**

**◎中途覚醒の時間を除く、睡眠時間の推定値。**

睡眠トラッカーや睡眠アプリを使うことはお勧めしません。それらは不適応な睡眠へのこだわりを強める傾向があるからです。ペンと紙を使う昔ながらの方法がうまくいくでしょう。

次に、ちょっとした計算をしましょう。調べた情報を用いて、あなたの睡眠効率スコアを出すのです。やり方はいたって簡単です。平均睡眠時間をベッドで過ごした時間（臥床時間）で割り、それに100を掛けるだけです。式に表すとこうなります。

**（「総睡眠時間」÷「ベッドにいた時間」）×100＝「睡眠効率」**

次に示すのはハーパーの例です。

**（5・5時間（総睡眠時間）÷10時間（ベッドにいた時間））×１００＝55パーセント（睡眠効率）**

睡眠効率が１００パーセントになることはありませんが、良好な睡眠効率は（長期疾患のない人の場合、）およそ80～85パーセントなので、ハーパーの不眠症は、日中に深刻な問題を引き起こしているはずです。

**【フェーズ2】**

睡眠効率について理解したら、睡眠制限に進みましょう。

あなたの「睡眠時間」は、ベッドにいる時間ではなく、眠っている時間の平均です。睡眠制限法では、ベッドにいられるのは、この平均睡眠時間が上限になります。ハーパーの場合は5・5時間です。

次に、「就寝時刻（ベッドに入る時刻）」を設定しましょう。ハーパーはこの時刻が極端に早く、ベッドに横たわったまま、なぜ眠れないのかを悶々と考えて長い時間を過ごしていました。そこで、合意の上で「就寝時刻」を遅らせ、深夜の12時に設定しました。

最後に、この「就寝時刻」と「睡眠時間」から「起床時刻」を決めます。その時刻になったら、まだ寝ていたくても、起きてベッドから出なければなりません。ハーパーの場合、「起床時刻」は午前5時30分で、かなり厳しいように思えました。けれども肝心なのは、睡眠効率を改善し、彼女が作り上げた有害な睡眠パターンを是正することなのです。

目標は、このスケジュールを1週間続けて、心身に睡眠への強い欲求を持たせることです。この1週間

【ハーパーの睡眠制限】

| 時刻 | |
|---|---|
| 午後10時 | 深夜12時にベッドに入る＝就寝時刻 |
| 午後11時 | |
| 午後12時 | 睡眠時間<br>ベッドにいられるのは5.5時間以内<br>（平均睡眠時間） |
| 午前1時 | |
| 午前2時 | |
| 午前3時 | |
| 午前4時 | |
| 午前5時 | |
| 午前6時 | 朝5時30分に起きてベッドから出る＝起床時刻 |
| 午前7時 | |
| 午前8時 | |

は、たとえうんざりしても、次の3つの睡眠制限ルールを守りましょう。

**◎就寝時刻を過ぎてから、ベッドに入る。**

**◎睡眠時間だけ、ベッドで過ごす。**

**◎朝、起床時刻が訪れたら、まだ眠かったり疲れていたりしても、ベッドから出る。**

**【フェーズ3】**

この最後のフェーズでは、睡眠時間を増減します。まず睡眠効率を再計算し、次のガイダンスに従って睡眠時間を調節しましょう。

**◎睡眠効率が85パーセントを上回っていたら、睡眠時間を15分増やそう――ハーパーの場合、睡眠時間は5時間45分になる。**

**◎睡眠効率が80～85パーセントなら、**

◎ もう1週間、同じ睡眠時間を維持しよう。睡眠効率が80パーセント未満なら、睡眠時間を15分減らそう。

見ての通りこれは段階的なプロセスなので、少々忍耐が必要です。それでも、あらゆる手を尽くしても眠れない人は、このプロセスを試してみましょう。これは睡眠不足から抜け出す強力な方法なのです。

## 心と体を生理学的に鎮静化するための実践的ガイド

次に挙げるヒントは、一般的な「睡眠衛生」のガイドラインに含まれています。言うなれば、完璧な眠りのためのガイドラインです。経験則に基づくこれらの提案は、心身が生理学的に活性化するのを抑制し、眠るべきときに眠りやすくしてくれます。

初期の人類はこのようなガイドラインを必要としなかったでしょうが、現在、私たちは、テクノロジーの世界に生きていて、たとえば食品も高度に加工されています。そのため、日常的にさらされる刺激物に意識を向け、必要に応じてそれらの刺激を弱めることは有益なはずです。

もっとも、ガイドラインをすべて守るのではなく、自分の生活、移動、家族に合わせて、柔軟に対処しましょう。次に挙げる項目について不安や窮屈さを感じるのであれば、自分の思考パターンについて考えてみる価値があります（第4章を参照）。

「寝室では、睡眠とセックス以外のことをしてはならない」という古い教えは今も有効です。スマホやタブレットなどを寝室から遠ざけましょう。「でも、ぼくはスマホを目覚まし時計にしているんだ！」と叫ぶ声が聞こえそうですが、私は愛情を持って、こう提案します。昔ながらの目覚まし時計や夜明けシュミレーター（夜明けを再現する照明器具）は安価で、容易に快適な一日をスタートさせることができます。どうしてもスマホを寝室に持ち込まずにいられない人は、リベンジ夜更かしやスモール・トラウマの問題を密かに抱えているはずです。夜間のメッセージ、ソーシャルメディア、メールを放置できないと感じるのであれば、根底にある問題に取り組みましょう。

カフェイン、チョコレート、ある種の食品（スパイシー、芳香がある、ピリッと辛いもの）は刺激があるので、午後半ば以降は摂らないようにしましょう。遺伝的な代謝能力にもよりますが、カフェインの半減期はおよそ5、6時間です。昼下がりに憂鬱な気分を吹き飛ばそうと、エナジードリンクのようにカフェインを多く含む飲料を飲むのは、ベッドに入る直前に小さなカップ1杯のコーヒーを飲むのと同じです（注73）。お腹にずっしりくる高カロリーの食品――パン、パスタ、その他のデンプン質の食物――は、血糖値の急激な変動を招くため、最初は眠気を引き起こすかもしれません。けれども、これらの食事は消化するために胃腸が過剰に働くので、体が活性化し、目が覚める可能性があることに注意しましょう。もちろん、時々、友だちと夕食にカレーを食べるのは問題ありません。

以上の提案は、良質で回復力のある睡眠をサポートして、睡眠が心身にとって闘いの場にならないようにすることを目的としています。

よくある誤解は、寝酒は睡眠の助けになるというものです。お酒を飲むと眠くなるかもしれませんが、実のところアルコールは体内で代謝されるときに睡眠を妨げます。おおまかなルールとして、（昼間でも）アルコールを1杯飲むと、睡眠が1時間減ると考えるといいでしょう。ワイン、ビール、シードル、何であっても、飲酒量が増え、酔いが回るにつれて、自分がどれだけ飲んでいるかわからなくなります。大きなグラス1杯のワインは、ボトル3分の1に相当するので、1日に大きなグラス3杯のワインを飲んだら、ボトル1本を飲み干したことになります！ これは9～10単位のアルコールに相当し、その夜は一晩中、良質の睡眠がとれないことを意味します（アルコール1単位は、純アルコール20グラムに相当します）。

多くの処方薬や市販薬も、睡眠を妨げる可能性があります。β遮断薬、副腎皮質ホルモン剤、SSRI抗うつ剤など、一般的に使用される薬はすべて生理機能を変化させるので、睡眠を妨げても驚くに値しません。たとえば、副腎皮質ホルモン剤は、副腎で生成されるホルモンの効果を模倣します。そのホルモンは神経システムの一部になっているため、副腎皮質ホルモン剤も心身を活性化させます。薬を飲まなければならない人は、心身を落ち着かせる時間を確保するために飲む時間を早めていいかどうか、医師に相談しましょう。

一般に、寝室の最適な温度はおよそ18℃です。部屋が暑すぎたり寒すぎたりすると、体は体温を下げたり上げたりしなければならず、睡眠が妨げられます。私たちの体は、夜になると自然に体温が下がって、睡眠が促されるようになっています。あるトリックを使ってこの反応を誘発することができます。就寝前にぬるめのお風呂に入ると、深部体温が高くなりますが、入浴後、体が冷えるにしたがって、深部体温は低くなり、眠気が催されます。これを睡眠儀式の一部として利用するのです。そうすれば、気分が落ち着き、自然に眠気が訪れるでしょう。

私たちは毎日体を動かすように進化してきたので、もしあなたが、現代人の大半と同じくデスクワークや座りっぱなしの仕事をしているなら、動くことをスケジュールに組み込みましょう。そうしないと、体がエネルギーの一部を燃焼する機会が失われます。と言っても、就寝前の3、4時間は、激しい運動を避けましょう。運動は体を活性化させるからです。

## 就寝時の余計な考え（侵入思考）を不活性化する

睡眠に関する悩みは睡眠を妨げますが、多くの人は、そうした悩みだけでなく、その日の失敗や間違いやちょっとしたミスを心の中で何度も再生します。時には、その日の出来事ではなく、数週間、数か月、数年前に起きたことだったりします。このように過去の失敗を気に病むと、ストレス反応が活性化し、そのことが何度も思い出され、また同じことをするのでは、という心配が生じます。中には、10年前の結婚式で誰かの名前を忘れ、顔から血の気が引き、憐れむような視線を浴びて手が震えたことを思い出してしまう人がいるかもしれません。

**ベッドに潜り込んだとたんに心が失敗談を延々と語り始めることは、あまりにも多いのです。** 通常、それはすぐ始まるため、自分にこの心の中の物語を止める力はない、と人々は言います。これらの無益な思考パターンは睡眠の天敵で[注74]、睡眠はこのストレス反応に勝てないことが研究によってわかっています[注75]。（現実のものであれ、予測したものであれ）脅威に直面したときの、生き残りたいという私たちの欲求はきわめて強いのです。それでも、このような考えを不活性化するシンプルなテクニックがあります。私は就寝時と、夜中に目覚めたときに、それを好んで使っています。

それは、頭の中で、「the」という言葉を1秒おきに言うというものです。「the」に感情的な意味はないので、ストレス反応は起きませんが、それを言うことに意識を集中させると、過去のミスや将来への不安に意識が囚われて眠れないということはなくなります。

## 関連づけを利用して、就寝時のルーティンをプログラムする

第4章では、関連づけが私たちにネガティブな影響を与え、ストレス反応を活性化し、スモール・トラ

ウマによる回避行動をもたらす仕組みを見てきました。けれども、関連づけを良い方向に利用することもできます。

ベッドに入った子どもは、リラックスして寝るために、儀式的なルーティンを必要とします。けれども、大人になると、なぜかこのことを忘れてしまいます。私たちは皆、人生をさまよう大きな子どもにすぎないのですから、子どもに学んで、就寝前のルーティンを取り入れてもよいでしょう。一連の合図を設定すれば、心を穏やかに鎮めることができます。

脳は電灯のようにオン・オフの切り替えが効く、と考える人は多いですが、脳はそのようにはプログラムされていません。それでも、頭の中で働いているコンピュータを徐々にシャットダウンするために、就寝時のルーティンをプログラムすることは可能です。

## ベッドタイムのルーティン

ベッドに入る時間の60～90分前になったら、テレビ、タブレット、コンピュータなどの電源を切り、刺激になるものをすべてシャットアウトして、ベッドタイムのルーティンを始めましょう。

読書、穏やかな音楽、瞑想、アートワークなど、心が鎮まってリラックスできることをしましょう。入浴によるクールダウンを試すのもよいかもしれません。心地よい照明、キャンドル、香りなどを使って、自分専用のスパを作ってみてはいかがでしょうか？

軽いストレッチや呼吸法のエクササイズも、リラックスするためのルーティンに取り入れることができます。

また、明日の「やることリスト」を書いて、心から重荷を降ろしておくのもいいでしょう。そうすれば、夜中に目が覚めてしまったときに、翌日の仕事についてあれこれ悩まなくてすみます。

他にも、書くことが有益な場合があります。ベッドタイムのルーティンとして日記をつけることは、その日の興奮を鎮めるもう1つの方法です。

いろいろ試して、自分にとって効果がある方法を見つけましょう。その際には、新たな神経回路を脳に定着させるには時間がかかることを覚えておきましょう。それでも、いったんそのつながりが定着したら、ベッドタイムのルーティンを始めるだけで眠気を感じるようになるでしょう。

## 熟睡するためのプロンプト

**1** 「今日のひとこと」を挙げるなら何でしょうか。なぜその言葉を選んだのでしょうか？

**2** 今日で終わりにしたいことを書きましょう。

**3** 明日も続けたいことを書きましょう。

**4** 明日のための「今日のひとこと」を決めましょう。その言葉が自分にとってどんな意味を持つかを考えましょう。

Chapter 9 まとめ

不眠の問題は世界中に広がっています。疲労回復して健全な日常生活を送るために、この問題の一因になっているスモール・トラウマを明らかにすることは重要です。HSPの人は環境の影響を受けやすいため、目が覚めやすく、また、就寝時に余計なことを考えがちですが、睡眠障害はHSPの人に限るものではありません。なぜ眠りにくいのか、独自の原因を探ることや、戦略的に体内時計をリセットすることは、良質な睡眠を手に入れる助けになるでしょう。

Chapter 10

# 人生の過渡期
## ——ライフステージとスモール・トラウマ

この章では次の項目について掘り下げます：

◎ライフステージと社会時計
◎モラル・インジャリー（道徳的負傷）
◎中途半端な過渡期
◎更年期と板挟み世代
◎手放して前進

私が大学で学んでいた頃の心理学は子どもの発達段階に注目し、生涯を通じての成長にはそれほど関心を寄せていませんでした。当時の発達心理学は、子どもは年齢に応じて一定の発達段階を踏んで成長していくという「発達段階理論」に頼りがちでしたが、当時から私はその考え方に疑問を抱いていました。人はそれぞれ違うのだから、子どもがこうした段階から外れていても、どこかがおかしかったり、遅れていたりするわけではない、と思っていたのです。私の疑念は正しかったらしく、今では、発達段階理論は厳密な指標ではなくガイドにすぎない、という見方が主流になっています。それでも、この理論はあまりにも普及し、実のところ多大な不安の種になっています。特に親は、当然ながら子どもが発達段階を着々とこなしていくことを望みがちですが、子どもにしてみれば、ある段階を超えるのは単にそうしたいからなのです。

とは言え、こうした段階が想定されているのは子どもの頃だけではありません。ほとんどの文化には、人は生涯を通じて、ある時期に何らかの指標《ランドマーク》に到達すべき、という一種の共通認識があります。**こうした目に見えないラインに達していないと、「敗北感」が生じ、それがスモール・トラウマになる可能性があります。**なぜなら、他の人たちはどうにかそのラインを越えているように思えるからです。

ここで、フレイヤを紹介しましょう。30歳の誕生日を目前にして私のもとを訪れた、若く素敵な女性です。彼女は弁護士で、パートナーと同棲中でした。

ばかげていると思いますが、30歳になるのが怖くてしかたがないのです。今までに何かをやり遂げたという気がしません。何をすべきかわかりません。仕事はもちろんのこと、人間関係や他のこともそうです。家を買えるようになるとは思えないし、安定した家庭がないまま子どもを産むなんて考えられません。すべてが手の届かないところにあるように思えます。家族に相談しても、はぐらかされるだけです。「きっと何もかもうまくいくわよ」と。でも、どうやって？　自分が何者なのか、どうあるべきかさえ確信できないのに。後退しているように思えます。仕事を始めた頃はわかっていました。少なくとも、わかっているつもりでした。でも今はわかりません。自分を、あるいは人生を、どう扱うべきかがわからないのです。どうすべきでしょうか。

もちろん、私はフレイヤに代わってその問いに答えることはできません。答えを知っているのは彼女だけです。AAAアプローチに取り組めば、きっとその答えがわかるでしょう。

## 誰の発達段階なのか

発達段階理論の中でよく知られるのは、エリック・エリクソンの「心理社会的発達理論」とダニエル・レビンソンの「人生の四季（Man's Life）」（248ページの表を参照）でしょう（注76）。どちらも、成人期を18歳から始まるものと見なし、前期、中期、後期と、いくつかの発達段階を定義しています。社会学や心理学における人間理解の大半は、この種の理論に基づいていますが、こうした概念が形成された背景を少し考えてみる必要があります。エリクソンの理論は1950年に、レビンソンの理論は1978年に発表されました。その頃の暮らしぶり、たとえば男女の役割分担がどうであったかを少し考えてみると、現在広く受け入れられているこれらの発達段階を、うのみにすべきでない理由が見えてきます。Man's Lifeというレビンソンの理論のタイトルからして偏っていて、レビンソンをはじめ当時の心理学者、研究者、科学者の大半が、男性を被験者とする研究から結論を導いていたことがわかります。実を言えば、レビンソンは後に女性に対しても聞き取り調査を行い、当然ながら、男性との相違点をいくつか発見しました。けれども、彼の目的は成人期に共通するテーマを特定することだったので、人間をひとまとめにし、経験の複雑さや多様性、背景の影響を排除したのです。

レビンソンが持論を発表したとき、そのタイトルに眉をひそめる人はいなかったでしょう。比較的最近まで、女性の体（そして心も）は研究するには複雑すぎるという考えが、科学や医学の研究に広く浸透していたからです。今となっては驚くべきことですが、画期的な研究の大半は、人間、動物、そして細胞さえ、男性や雄を対象にしていました（注77、78）。このことは、心理学の研究や理論形成に間違いなく影響していて、1970年代以降、私たちはそれに気づくようになりました（注79）。とは言え、成人期の移行と発達に関するモデルの多くはいまだに男性を対象とする研究に基づいているので、ジェンダーバイアスの影響を常に心に留めておく必要があります。

そうしたバイアスはあるものの、これらの研究と理論が数多くの貴重な発見をもたらしたことは見過ごせません。**特に重要な発見は、私たちは生涯を通じてさまざまな段階を通過し、その過程でしばしば「危機」と呼ばれる変化を経験する、というものです。**エリクソンが指摘した心理社会的な葛藤と、レビンソンが指摘した「過渡期」を付き合わせてみると、過渡期がスモール・トラウマとどのように結びついているかが見えてきます。

一般に、過渡期がスモール・トラウマを引き起こすのではなく、むしろ**スモール・トラウマが、過渡期の危機や心理社会的な葛藤を乗り越えるのを難しくしている**ようです。フレイヤが語ったことは、確かに、危機（実際には過渡期の危機）のように聞こえました。

## 過渡期の危機

レビンソンの理論には「30歳の過渡期」が含まれ、それは「クオーターライフ・クライシス」とも呼ば

【成人の心理社会的発達】

| 発達の時期 | エリクソンの心理社会的危機 | レビンソンの過渡期と危機 | 社会時計と生物時計の圧力 |
|---|---|---|---|
| 成人期前期（20歳～40歳） | 親密vs孤立 | 成人期前期の過渡期（17～22歳） | 教育を終える<br>就職する<br>パートナーを探す |
| | | 30歳の過渡期（28～33歳） | パートナー、職業、子育てに関する悩み |
| 成人期中期（40歳～65歳） | 次世代育成能力vs停滞 | 中年期の過渡期（40～45歳） | 家庭と職業における挫折、更年期 |
| | | 50歳の過渡期（50～55歳） | 空の巣症候群、<br>更年期障害、<br>（介護と子育てを担う）板挟み世代のプレッシャー |
| 成人期後期（65歳～死） | 自己統合vs絶望 | 老年期の過渡期（60歳～65歳） | 人生の選択の受容、<br>退職、健康状態の悪化、<br>祖父母になる |

れます。もっとも、当然ながら30歳を目前にした人が皆、危機を経験するわけではありません。危機はもっと後になって起きるかもしれないし、もっと早く訪れるかもしれません。実のところ、誰もが人生のさまざまな時期に過渡期を経験するのです。

とは言え、過渡期の危機の研究は主に「中年の危機」に焦点を当ててきました。「中年の危機」という言葉を最初に使ったのは、カナダの精神分析学者で社会科学者のエリオット・ジャックで、1957年のことでした。彼は自分の職場で、中年の人々（ほとんどが男性）が、年相応の体の衰えや死を遠ざけようと、若作りしたり、スポーツカーを買ったり、多くの異性と関係を持ったりするなど、今では「中年の危機行動」の典型と見なされる行動をとるのを見ていました（注80）。

ジャックの研究報告の中で最も興味を引くのは、年齢に応じた社会的・文化的指標を満たしていない人の方が、過渡期の危機をより強く経験し、苦しんでいるように見えることです。言い換えれば、友人、恋人、ソーシャルメディアに目を向けるたびに、**「私はこの年齢で満たすべき指標を満たしているのか」という問い**が耳元で鳴り響くのです。同じことが、30歳前後の成人期前期にも起きます。

## 社会時計《ソーシャルクロック》――比較のためのベンチマーク

人生の指標《ベンチマーク》、少なくとも子どもを持つ年齢について語るときには、生物時計について語りがちで、「社会時計」について語ることは稀です（注81）。けれども、生物時計と同じく、社会時計も時間との闘いであり、就職、特定のパートナーとの交際、結婚、家の購入、昇進、退職など、人生の大きなイベントに対する社会的・文化的期待が、年齢によって示されます。

社会時計は世界共通の現象であるらしく、それをテーマにしたボードゲームがあるほどです。昨年のクリスマスに、甥と姪が「人生ゲーム」で遊びたいと言うのを聞いて、私はハズブロ社製のそのゲームのことを思い出しました。かつては赤と青だけだった駒の色が増えた以外は、昔とほとんど変わっていません。このゲームはまさに、社会時計が多くの文化に共通するものであることを示しています。けれども、社会時計がどのように人に影響を与え、その影響が人によっていかに異なるかは、このゲームを見ているだけではわかりません（注82）。心理学が扱う多くの事象と同じく、社会時計が重要だと考えればそうなりますが、往々にして真実は見かけとは異なるのです。

フレイヤの物語を振り返ってみると、「すべき」「あるべき」「確信できない」という言葉があふれています。いずれも、「オール・オア・ナッシング（全か無か）」という考え方が形になったものです（第4章を参照)。けれども、人生の道筋をそのように捉えるのは、フレイヤが考え違いをしているからではありません。真の原因は、社会時計を支持する環境から生じたスモール・トラウマにあります。フレイヤが、この社会文化的なスモール・トラウマのカーテンの向こうを覗けるよう、私と彼女はAAAアプローチの旅に出ました。このアプローチを練習することで、彼女は今までの人生を客観的に見られるようになりました。

## AAAアプローチ：ステップ1　気づき

**エクササイズ**

### ライフマッピング

フレイヤのように人生の岐路に立っているクライアントに、私はしばしば「ライフマッピング」を勧めます。このテクニックは、「気づき」を促すのに役立ちます。

まず白紙に直線を引き、左端に誕生日を書き込みましょう。そしてこれまでの経験を思い出して、次の項目をライフマップに書き込みましょう。

◎ 自分にとって重要な指標かライフイベント（ある年齢までに到達すべき、といった社会的慣習にとらわれないもの）。

◎ 重要な点で自分を変えた、あるいは誇りに思う、成果や出来事。

【フレイヤのライフマップ】

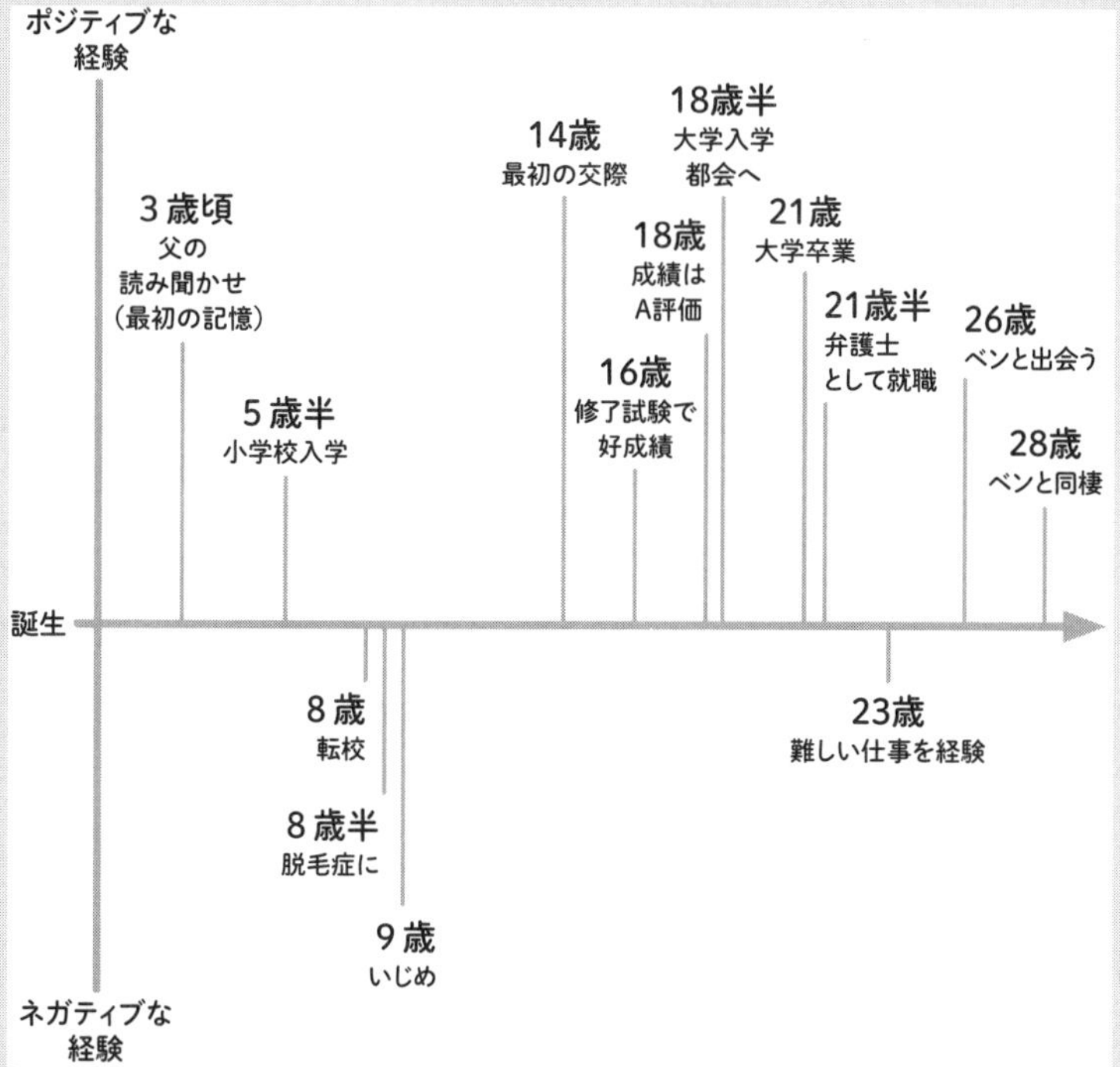


◎ **ライフマップの上半分にはポジティブなライフイベント、下半分にはネガティブなライフイベント**

これらの出来事があなたに影響した度合いを線の長さで示すと、何が最も（良くも悪くも）あなたの人生を変えたかが一目瞭然になります。これまでの歩みをより明確に把握できるよう、それが起きたときの年齢を書き添えてもよいでしょう。

それぞれの経験については、簡潔に記述しましょう。

「気づき」を深めるために、以下の質問について考えてみましょう。

◎ **これまでの人生で乗り越え**

た障害は何か。その方法は？

◎好調なときの自分と低調なときの自分について、何を発見したか？

◎ライフマップにしばしば、あるいは頻繁に登場する価値観はあるか？

さて、一歩下がってあなたのライフマップの全体像を眺めてみましょう。ただし、誰か他の人のマップとして見るのです。その人のライフマップを俯瞰して、あなたはどう思うでしょうか。

フレイヤのライフマップを見ていると、スモール・トラウマとメジャー・ライフイベントが浮かび上がってきました。覚えているでしょうか。第1章ではスモール・トラウマとメジャー・ライフイベントの違いについて簡単に触れました。後者はより明確でわかりやすく、多くの人はそれらを困難な経験、あるいは変革をもたらす経験として認識します。フレイヤはかなり多くのメジャー・ライフイベントを経験していました。たとえば小学校時代の転校、小学校・中学校・大学の入学と卒業、きわめて優秀な成績を収めたこと、引っ越し、など。こうした経験は確かに彼女に影響を与えましたが、私がより興味を惹かれるのは、スモール・トラウマの方です。私の目に飛びこんでくるのは、いくつかの捉えにくい切り傷――とりわけフレイヤが仕事で経験した困難なケースです。

## 大人の世界の子ども

フレイヤは家族法を専門とするジュニア・ソリシター（事務弁護士）で、当時、子ども二人を巻き込む苛烈な離婚調停に関わっていました。財産分割をめぐる争いは醜悪になりがちですが、この争いの熾烈さは、フレイヤの予想をはるかに超えていました。クライアントは、望む和解を勝ち取るためにあらゆる手を用いたのです。

この時期、フレイヤ自身の人生にも影が差し始めました。彼女は長く大学に通ったので、返済すべき奨学金は相当な額になっていました。仕事は年齢の割に高収入でしたが、その収入を得るには、自らの倫理観を犠牲にしなければなりませんでした。フレイヤは幼い少女になったような気分でした。大人なのに、まったく無力で、ジュニア・ソリシターとして例の離婚調停に取り組むほかなかったのです。そうしなければ仕事もキャリアも失い、自らの家庭を築くための経済的安定さえ得られない可能性がありました。

スモール・トラウマ

## モラル・インジャリー

モラル・インジャリー（道徳的負傷）とは、戦場や救急医療の現場などで、自らの倫理観や信条に反することを行ったり目撃したり、あるいは自らの倫理観や信条に沿う行動がとれなかったりすることに起因する心理的苦痛を指す言葉です（注83）。コロナ・パンデミックの折には、医療従事者は「すべての患者に危害を及ぼさない」という倫理綱領に背いて、一部の重症患者への治療を制限せざるを得ず、その多くがモラル・インジャリーを報告しました。もっとも、モラル・インジャリーは、不正、虐待、侮辱、その他、モラル違反が起きる状況では、誰にでも起こり得ます。それがもたらすスモール・トラウマは往々にして当惑から始まり、それが他者への憤りになり、やがて罪悪感と羞恥心に変わります。スモール・トラウマのすべてに言えることですが、これが戦場で起きた場合は、理解しやすく見つけやすいのですが、フレイヤが経験したようなモラル・インジャリーはわかりにくいので、他者に相談するのも自分が受け入れるのも難しいのです。

私の同僚でコーチング心理学者のシーラ・パンチャルは、「30歳」あるいは「クォーターライフ」の過渡期に関する興味深い研究を行っています。パンチャルによると、フレイヤのように人生のこの時期にキャリアを見直す人は珍しくないそうです(注84、85)。かなりの時間とお金をキャリアに投資してきた末に、それが期待したほどではなかったことに気づくのは、さぞショッキングなことでしょう。加えて、30歳前後では、給料や地位を上げたいという欲求も強くなります。今は物価が高いので、なおさらです。さらに言えば、10代後半では希望に溢れ、20代では快楽を追いますが、30代に近づくにつれて、自分の体は完璧でいくらでも無理が効くという思い込みを手放すようになります。現代では、30歳の危機は特に厳しいものになっているようです。

フレイヤの場合、モラル・インジャリーは、キャリアの選択に疑問を抱かせ、恋人との関係にも影響しました。248ページの表から、こうした内面の闘いは、エリクソンが指摘する「親密vs孤立」の葛藤と見なせることがわかります。人生のある時点で——おそらく30歳前後ですが、人によってはもっと早かったり遅かったりします——親密さを求める気持ちと独立を求める気持ちとの間に感情的・心理的な緊張が生じます。フレイヤは職場で孤立を感じ、サポートを必要としていましたが、自力で対処できているふりをしました。この緊張のせいで彼女は、命綱なしで空中に漂っているような不安で混乱した状態になったのです。

## AAAアプローチ：ステップ2 受容

AAAアプローチの「受容」の段階に進む前に、少し立ち止まって、フレイヤが陥った状況について考えてみましょう。

### リミナル・スペース

リミナル・スペースとは、行き詰まりがちな境界や、中途半端な状況のことです（注86）。フレイヤが最初のセッションで語ったように、この「行き詰まり」は不快で、当惑と曖昧さ、理解の欠如を特徴とします。言うなれば、足元の地面が崩れていくのを、身動きできないまま見つめているような状況です。**自分や社会的役割や組織について知っていたことに疑問を覚え、片足が過去（境界の手前）に捕らわれたまま、もう一方の足はためらいがちに未来（境界の向こう）へ進もうとするのです。**

どの文化でも、人間はリミナル・スペースに捕らわれがちです。そのため、ある段階から別の段階へスムーズに移行できるよう、多くの儀式や式典が用意されていて、それらはしばしば「通過儀礼」と呼ばれます。もっとも、通過儀礼があっても、境界の霞の中を通り抜けるのは容易ではありません。しかも通過儀礼の多くは、年齢や成長段階についての時代遅れの概念と結びついています。

エクササイズ

## 過渡期のオニオン

リミナル・スペースを通り抜けて、ＡＡＡアプローチの「受容」に進むには、私が「過渡期のオニオン」と名づけた手法が役に立つでしょう（257ページの図を参照）。オニオン（玉ねぎ）の中心には、今あなたが通過しようとしている過渡期を書き込みましょう。続いて、以下の例から選んだり、自分にとって重要な要素を書き加えたりして、オニオンの層を埋めていきましょう。完成したオニオンは、数々の経験とスモール・トラウマが入り混じったものになるはずです。次に挙げるカテゴリーについて考え、オニオンの中心に位置づけた過渡期に関して、何があなたに影響しているのかを掘り下げましょう。

◎人間関係と愛情と絆：幼少期のものでも現在のものでも、自分の過渡期に影響していると思える人間関係と愛情と絆。

◎スモール・トラウマを含む人生経験：本書に挙げたスモール・トラウマの事例を読むうちに気づいた、自分を行き詰まらせているスモール・トラウマや経験。

◎文化的背景と社会的環境：職場の組織（たとえば転職する場合や退職する場合）、宗教や信仰のコミュニティ（しばしば結婚、子育て、愛する人との死別といった過渡期に関係する）。その他、過渡期をどう感じるかに影響する幅広い社会的見解。

重要なポイントは、過渡期をどう経験するかに日々の生活が影響していることに気づくことです。つま

【過渡期のオニオン】

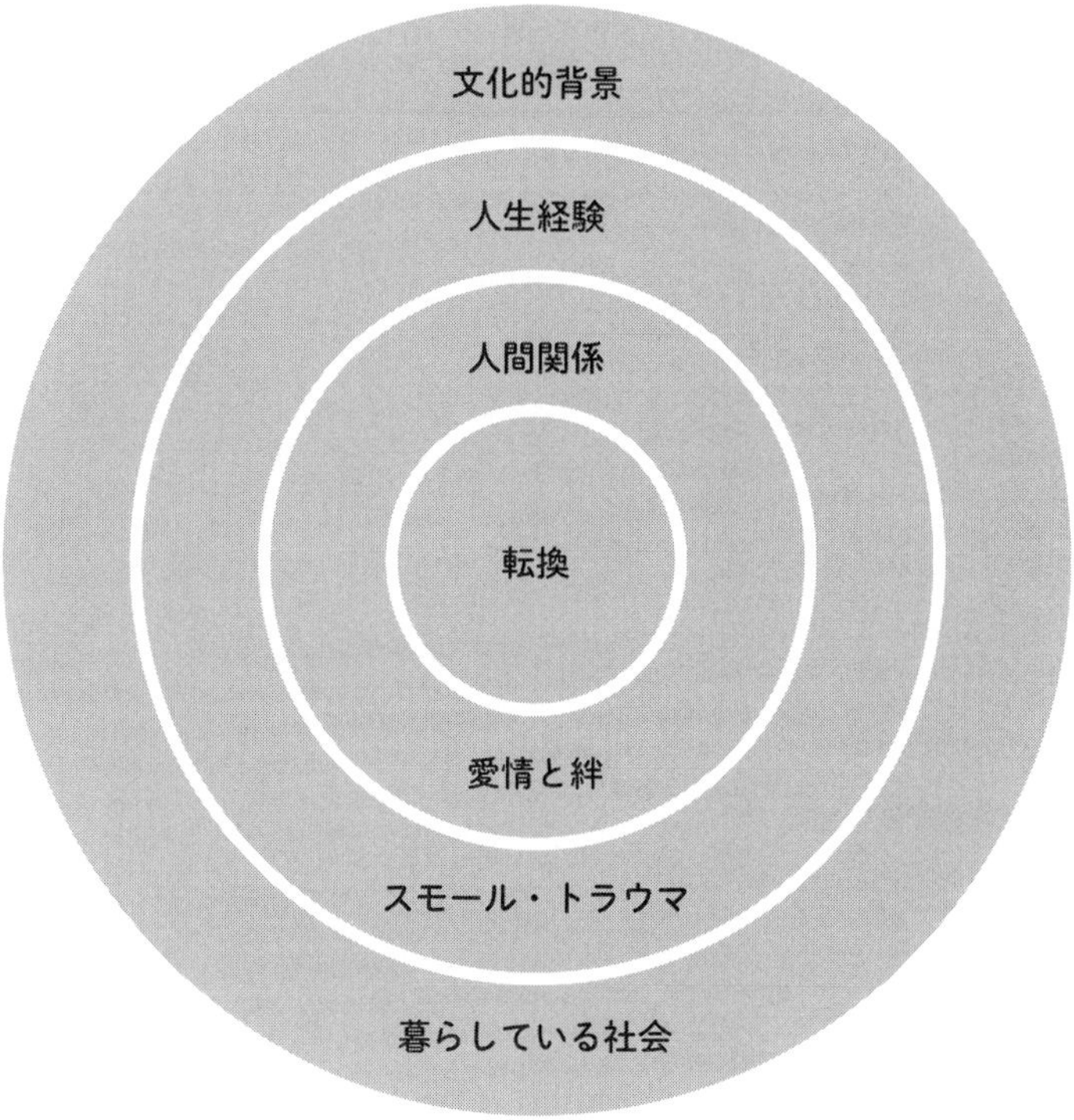

り、**行き詰まりの原因は、私たち自身にあるのではなく、さまざまな背景が私たちに背負わせる期待にあるのです。**

「受容」が本領を発揮するのはまさにここです。本書で取り組んできたスモール・トラウマの対処法の大半と同様に、**ここでの目的は、私たちの経験と、その経験に影響している事柄を結びつけることです。**それができて初めて、孤独感は解消され、「行動」の段階に進むことができます。

「受容」の段階では、自分にプレッシャーをかけている個人的事情や社会的期待や絆を知ることが大切です。それをおろそかにすると、しばしば不利益がもたらされます。子どもを持つか持たないかという過渡期を例に挙げてみましょう。子どもを持たないことを選択しながら、リミナル・スペースで苦しんでいる人を、私は何人も見てきました。そうした人々がリミナル・スペースを通り抜けて「受容」に至るには、自分の足枷になっている社会時計と社会的背景を（例のオニオンを使って）よく知る必要があります。子どもを持つことをよしとする文化的・社会的圧力は、誰にとっても厄介なものになり得るからです。また、私は、子どもを持つ多くの人たちと共に働いてきましたが、それぞれ社会時計の観点から、子どもを持った時期が早すぎた、遅すぎた、間違っていた、と感じていました。このことは、信念と期待と環境が過渡期におよぼす影響について、重要なことを教えてくれます。つまり、おそらくは「正しい」時期など存在せず、自分にとってちょうど良い時期があるだけなのです。

フレイヤに話を戻すと、過渡期のオニオンを埋めていくうちに、彼女の30歳の危機には別の要素が絡んでいることが明らかになりました。それはフレイヤのライフマッピングとは無関係で、家族に関することでした。オニオンの社会文化的な円の、人間関係と愛情の層について話し合っていたとき、フレイヤは、母親が更年期障害で苦しんでいるので、自分の悩みは後回しにしている、と言いました。つまり、スモール・トラウマに苦しめられている多くの人と同様に、母親が経験している「本当の過渡期」に比べると、自分の悩みなど取るに足らないと感じていたのです。さらに、フレイヤの母親は、更年期障害のためのホルモン補充療法（HRT）がうまくいかず、不安やイライラなどの症状に悩まされていました。加えて、母親は以前にも増して両親（フレイヤの祖父母）の世話をしなければならず、同時に仕事もこなし、フレイヤの弟の面倒も見ていたので、多忙を極めていました。フレイヤは、そんな母親にこれ以上負担をかけたくなかったので、自分の悩みを打ち明けることができませんでした。このことが圧倒的な孤独感をもたらしたのでした。

## 更年期と板挟み世代

生理機能の変化によってはっきり定義される過渡期があります。中でも更年期（閉経期）は、成人期における最も明確な過渡期でしょう。人間は長生きするようになり、1840年代以降、ほとんどの先進国で、平均寿命は10年ごとに2歳半ずつ伸びてきました（注87）。それでも、更年期が始まる平均年齢（51歳）は変わっていません。そしてプレ更年期はそれより10年早い40歳代前半から中頃に始まります。平均寿命が短かった時代、更年期以降の年月は、人生の4分の1程度でした。けれども、現在、私たちは80代以降も生きるようになったため、一生の半分をプレ更年期、更年期、ポスト更年期に費やす可能性が出てきました。また、多くの国では、子どもを持つ年齢が遅くなったせいで、あらゆることが同時進行するようになっています。更年期の症状、子どもの巣立ちの遅れや出戻り、高齢の親の介護、すべてが1つ屋根の下で同時に起きているのです。

更年期障害の約3分の1は日常生活に支障をきたすほど深刻です。しかも、それが10年以上続く人も少なくありません。プレ更年期の初期症状には不安感や圧倒されるような感覚が含まれ、かかりつけ医に抗うつ剤を処方された後に私のもとを訪れるクライアントが数えきれないほどいます。薬にも効果はありますが、自分が板挟み世代と更年期障害が重なった困難な時期にいることに気づけば、気持ちが楽になり、自分が抱える問題とじっくり向き合えるようになるでしょう。

「板挟み」とは、フレイヤが語ったように、2つの責任を同時に背負うことです。そしてこの状況では、エリクソンの理論にある「次世代育成vs停滞」の対立が生じます。次世代育成とは、次世代の育成に寄与し、自分の足跡をこの世界に残すことで、しばしば人生のゴールと見なされます。けれども、私たちは、停滞しないために自分のケアもしなければなりません。老親を介助し、子どもをサポートし、その上自分をケアするのは、大変な負担です。フレイヤは、母親がそのような状況にあることを直感的に悟り、それ以上負担をかけたくないと思ったのです。

もっとも、更年期は悪いことばかりではありません。ケンブリッジ大学のある研究は、更年期以降の女性はより心を開いて本音を語りやすくなる、と報告しています（注88）。また、更年期をきっかけとして自信と強さが増し、自分の感情とうまく付き合えるようになり、抑制に縛られにくくなる、という報告もあります（注89）。つまり、更年期には良い点もあるのです。更年期の症状は現実の身体的・精神的苦痛であり、女性を衰弱させますが、適切に治療すれば、人生を取り戻すことができます。更年期や母親が抱える葛藤について、母親と語り合うことはフレイヤにとって有益でした。率直に語ることで、フレイヤは母親との親密さを取り戻すための扉を開くことができたのです。

## AAAアプローチ：ステップ3　行動

過渡期のスモール・トラウマに対処する「行動」の段階では、リミナル・スペースを通り抜け、過去の過渡期から得た学びを、未来の過渡期に活かすことを目指します。このエクササイズはどのような過渡期の危機にも使えるので、あなたが今経験している過渡期に焦点を当てましょう。

エクササイズ

### 過度期の綱引き

このエクササイズは、過渡期のさなかにいる人に大きな変化をもたらし、「受容」から「行動」へ進むのを助けます（注90）。まず、あなたが闘っているものについて考えましょう。それから次のストーリーを想像しましょう。

あなたはスーパーヒーローで、強い敵と闘っています。敵は極悪な怪物か悪魔で、あなたを破壊するほど強い力を持っています。

あなたと敵は、火山の頂上で噴火口を挟んで立っています。ぽっかり口を開いた噴火口の底では、赤黒いマグマが煮えたぎっています。熱で顔が火照り、この穴が地球の熱い深部に続いていることがわかります。

あなたと敵は、噴火口越しに、太い綱を引き合います。この綱引きに負けると命はありません。どちらも全力で引きますが、力は拮抗しています。
さて、綱から手を離しましょう。
どんな気分でしょうか？

私はこのエクササイズをとても気に入っています。なぜなら即座に気持ちが変わるからです。あなたはこのストーリーを読んで、どう感じたでしょうか。言葉が見つからなければ、88ページの「感情の輪」を見てみましょう。あるいは、感情を絵に描くなど、自分に合う方法を試しましょう。

このエクササイズは、闘いは往々にして自分の中で起きていることを教えてくれます。つまり、私たちが闘っている相手は自分の考えや期待であり、過渡期には、それらに焦点が当たりがちなのです。闘い――綱引き――だけに気持ちを集中させていると、過渡期を乗り越えるのに役立つ方策があるのに、それを見出すことができません。AAAアプローチが重要なのは、そのためです。気づき、受容し、行動しなければ、自分を見失い、同じ場所に留まるためにすべてのエネルギーを費やしかねません。留まるために走り続けたり、自分との綱引きを続けたりするのは、誰にとっても楽しいことではありません。そんなことを続けると、相当疲れます。しかも往々にして、私たちを愛してくれる人たちも疲れさせてしまいます。

## 「未来からの手紙」エクササイズ

「行動」へと進む方法を理解するために、未来の自分、つまり、リミナル・スペースを通過し、すべてがかなりうまくいっている自分を思い浮かべましょう。重要なことから些細なことまで、人生のさまざまな側面が未来ではどうなっているかを想像しましょう。

そして紙とペンを取り出し（手書きすることが大切です）、未来の自分から今の自分に宛てて手紙を書きましょう。その際には、第2章を読み返して、ライフ・アセスメントの各領域について考えるとよいでしょう。充足という観点から、それぞれの領域についてどう感じるでしょうか。中には、あなたにとって特に重要な領域があるかもしれませんし、その逆かもしれません。すべては、あなたが何に価値を置くかによるのです。

今の自分から見て、未来の状況がどのように見えるか、詳しく説明しましょう。それはどのように感じられるでしょうか。背景や周囲の状況はどうなっているでしょう。未来の自分は日々どんなことを考え、どのような行動をとっているでしょう。以下に、この手紙を書く上で役立つ、コーチング心理学のプロンプトを紹介しましょう。

**◎あなたにとって最も重要な領域における夢について考えよう。それはどんな夢だろうか。**

**◎あなたに無限の資産（お金だけではなく、時間、サポート、励ましも含めて）があるとしたら、それを使って何をしたいか。**

**◎今の能力の枠に縛られず、将来の可能性の観点から、夢や希望について考えよう。**

**◎その夢を実現すると、あなたの人間関係、仕事、健康の質はどう変わるだろうか。**

このエクササイズは「未来」と「今」との距離を縮め、リミナル・スペースを通り抜けるために役立つので、私はよく利用します。

フレイヤはこのエクササイズによって、自分は仕事に愛着を持っているけれど、(母親を含む)家族や職場からの精神的サポートを必要としていることを悟りました。もっとも、少なくとも現実の生活では、すべての物語が「めでたしめでたし」で終わるわけではありません。実のところ、フレイヤは、私とのセッションに取り組んでいる時期にパートナーと別れました。自分が感じていた社会時計のプレッシャーの多くは、人生はこうあるべきだというパートナーの期待に起因していたことを悟ったからです。また、「親密vs孤立」の葛藤に取り組んでいるときに、パートナーが望むロマンティックな恋愛関係から解放されたいと感じたそうです。フレイヤはパートナーとの関係では、孤立を選択しました。その結果、自立心が高まり、日々の生活でパートナー以外の人とより親密で意義のある関係を築けるようになりました。社会時計の針の動きをあまり気にしないようになり、ついには解放されたのです。

## 過渡期に向けた長期計画

人によって文化的・社会的違いはあるものの、ある種の過渡期は、私たちの大半が経験します。成人期後期においてその一例となるのが退職で、通常、エリクソンの発達段階説における最後の段階、すなわち「自己統合vs絶望」の段階で経験します。自己統合は自分の人生を振り返り、その成果に満足することであり、一方、絶望は、後悔したり、人生を無駄にしたと感じたりすることです。

有給か無給か、家庭内労働か外部組織での労働かにかかわらず、仕事は私たちに目的を与え、日々の生活に構造とルーティンをもたらし、アイデンティティの重要な一面にもなり得ます。また、ほとんどの仕事は社会的ネットワークと友人をもたらし、いずれも幸福にとって欠かせないものです。このような理由から、退職は人を落ち込ませ、実のところ多くの人が退職後にうつを経験しています。とりわけ、本人の病気や家族の介護のために退職を余儀なくされたり、次の仕事が見つからなかったりした場合はそうなりがちです(注91)。現在では、職業は「一生の仕事」から、より流動的なキャリアになっていますが、ほとんどの人がいつかは職業生活に終止符を打ちます。ボランティア、趣味、新しい人間関係の構築など、仕事がもたらしていた心理社会的な要素や構造を取り戻す方法はいくつもありますが、何らかの精神的バリアのせいで、退職後の年月を心から楽しむのは難しいものです。

研究によると、老いることをネガティブに捉える人の方が退職によって落ち込みやすいそうです(注92)。そこで、退職、老い、その他の過渡期に不安を感じる人のために、過渡期をスムーズに通過するための方法を紹介しましょう。

◎ **退職を目前にしている人や、転職を考えている人は、すでに退職した人に尋ねて、退職してよかったことを3つ、準備しておけばよかったと思うことを3つ挙げてもらいましょう。どのような過渡期についても言えることですが、暗がりに座って未知のことを恐れていないで、他の人の経験や知恵を求めて行動した方が賢明です。**

◎ **幅広い文化やメディアの中にポジティブなロールモデルを見つけましょう。一般に、ロールモデルを必要とするのは若い人と考えられがちですが、どの年齢の人にとっても、ロールモデルを持つことは有益です。ロールモデルの素晴らしいと思える特質に注目し、退職という過渡期にそれらの特質がどのように真価を発揮しているかを観察しましょう。そして、どうすればそれらの特質を自分の日常に取り込めるか考えましょう。たとえば、退職後にコメディアンとして**

舞台に立っている人に憧れたとします。だからと言って、あなたが30分間、舞台に立つ必要はありませんが、家庭でユーモアセンスを磨くことはできるはずです。

◎最後に、過去にあなたが首尾よく乗り越えた過渡期に注目し、でこぼこ道を進むのを助けた自分の特質を突きとめましょう。それは謙虚さ、忠誠心、あるいは誠実さでしょうか。もしかすると、ユーモアのセンスかもしれません。過去の過渡期は、今のそれとは異なるでしょうが、自分の価値観に基づく過去の経験は、人生の次のステップに進むための指針になるでしょう。

### 過渡期を乗り越えるプロンプト

**1** 過渡期を迎えて、人生のどのような側面に驚きましたか？

**2** ティーンエイジャーになったつもりで、過渡期にある今の自分に3つ質問するとしたら、どんな質問でしょうか？

**3** 1年前には知らなかったけれど、過渡期を経て、今は真実だとわかったことは何でしょうか？

Chapter 10 まとめ

人生に過渡期はつきものですが、いつも楽に乗り越えられるわけではありません。他の人たちが過渡期をどのように乗り越えてきたかを知り、過渡期を当たり前のものとして捉え直すことは、過渡期を乗り越えるための良いスタート地点になります。人生の次のステージに進むには、それまでの自分を手放す必要があることを受け入れることも有益です。やがて訪れる過渡期に備えて心の免疫を育てるには、前もって準備しておくことが肝心です。

Chapter 11

# 深淵に飛びこもう

## ——人生のためのスモール・トラウマ処方箋

**この章では次の項目について掘り下げます：**

**◎人生のためのAAAアプローチ**
**◎自分の矢印（方向性）にどうやって従うか**
**◎どうやって選択肢を絞るか**
**◎優しさがなぜ重要か**
**◎「くだらないこと」を減らすための人生の処方箋**

さて、ついにこの旅の最終章に辿り着きました。私の願いは、本書で紹介したスモール・トラウマのエクササイズのすべてとは言わないまでも、いくつかを、今もこれからも皆さんが活用されることです。スモール・トラウマを、現実に存在する概念として認識するだけでも、大きな恩恵があります。スモール・トラウマは無数にあり、本書ではとうていカバーしきれません。**何かを不快に感じ、違和感を覚えるけれど、サポートを受けるほどではないと思う場合、それは一種のスモール・トラウマである可能性が高い、**とだけ言っておきましょう。

けれども、深淵を見つめていないで飛びこむべきときが必ず訪れます。「深淵をのぞくとき、深淵もまたこちらをのぞいているのだ」とは、ドイツの哲学者フリードリッヒ・ニーチェの言葉ですが、他の偉大な哲学者の名言と同様に、これもさまざまな解釈がなされています。「心の暗部ばかり見つめていると、自分を見失う」というのもその1つです。この解釈をスモール・トラウマの観点から掘り下げると、人生における厳しい現実や、これまでに経験した困難について長々と考え込むのは危険だということがわかります。**つまり、「気づき」ながら「受容」と「行動」へ進もうとしないのは、危険なことなのです。**ですから、私が皆さんに望むのは、これまで学んできたことと、この章の最終的な教えを組み合わせて、過去をコントロールし、現在を十分に生き、臆することなく豊かな未来へ飛びこむことです。

## 人生のためのＡＡＡアプローチ

本書では、私が発案した「気づき」と「受容」と「行動」からなるAAAアプローチを用いてきました。この重要な心理学的スキルは、どんな困難にも応用できますし、使えば使うほど磨きがかかります。また、他のスキル同様、練習することで簡単にこなせるようにもなります。つまり、より容易に問題に「気づける」ようになり、人生に起きる厄介な出来事を「受容」しやすくなり、「行動」を起こす力がついて、充実した人生を送れるようになるのです。

# AAAアプローチ：ステップ1　気づき

## あなたの人生の目的は？

とても重要なことを尋ねているのに、何と短い質問でしょう。中には、目的を見つけるために生涯を費やす人もいます。この旅については、さまざまなことが語られてきました。「子どもを持って、ついに目的がわかった。それは人を育てることだ」と言う人もいれば、仕事やコミュニティの活動のすべてに目的を見出す人もいます。けれども、そこに問題が生じます。多くの選択肢がある中で、どうすれば目的を絞り込むことができるのでしょうか。

**エクササイズ　自分の矢印に従う**

選択肢を絞るために、「矢印に従え」というゲームをしてみましょう。次のページの図の各項目はコアバリュー（基本的価値）です。それぞれのカテゴリーについて、重要だと思えば矢印を長く伸ばし、あまり重要だと思わなければ、短くしましょう。

このリストに制限はないので、あなた独自のカテゴリーを追加することもできます。

さて、どの矢印が長く伸びているでしょうか。なぜそれが自分にとって大切なのか、しばらくの間、考えてみましょう。

【矢印に従え（一例）】

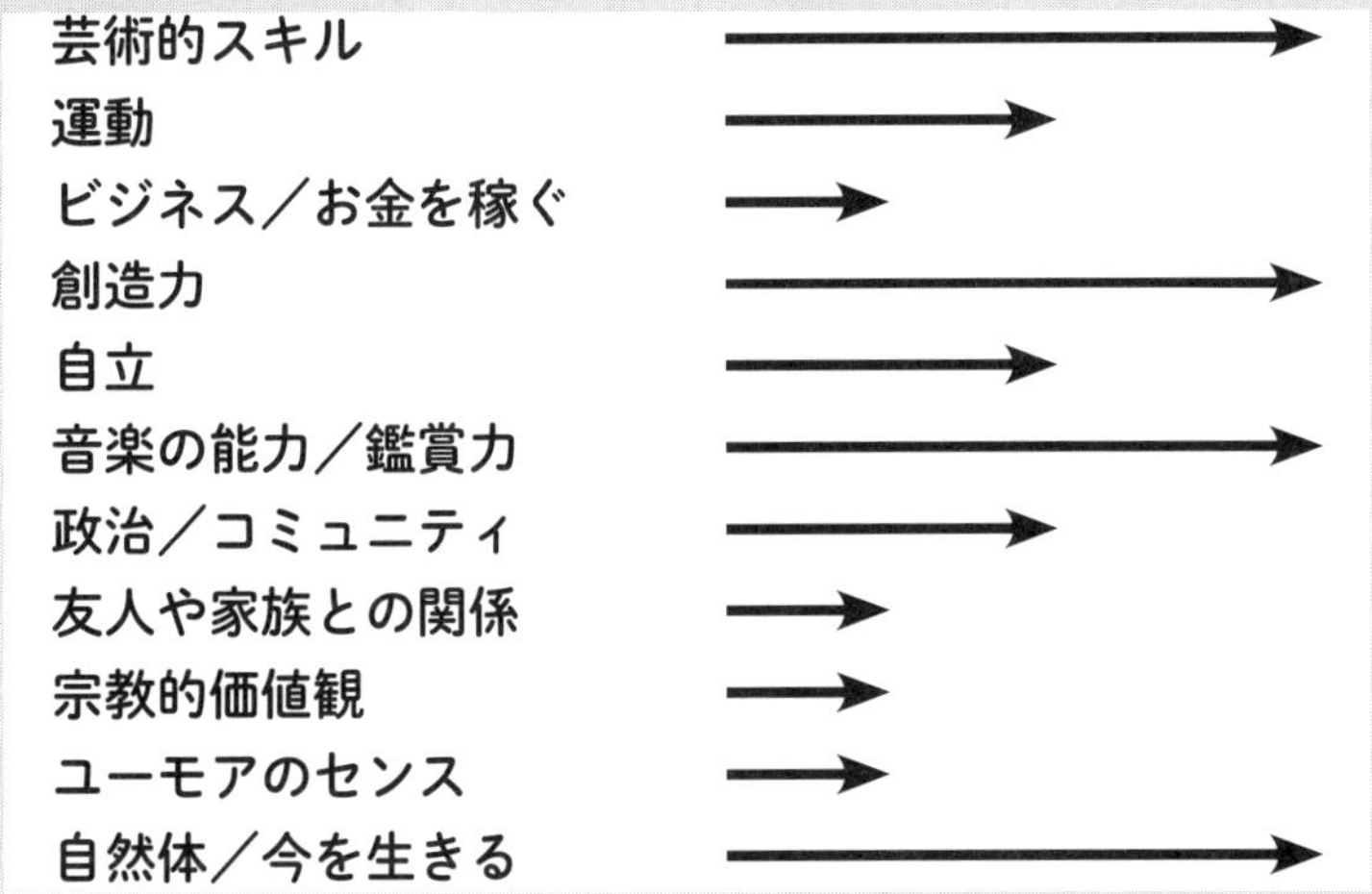


これらはあなたのコアバリュー、すなわち、人生の「目的」を見出すのを助け、道からそれたら戻り方を教えてくれる、あなただけの星です。

もっとも、実を言えば、あなたが持つ星は1つだけではありません。価値観、目的、道は、いくつも持つことができるのです。

たった1つの真の目的を見つけなければならない、とよく言われますが、人生はそれほどケチではありません。人生はもっと寛容です。私たちが人生をそう見るのであれば。

次に、自分に問いかけてみましょう。

「私の人生は、どうすればこの（これらの）方向に進むだろうか？」

この問いを心に留めて、この先を読み進めましょう。

## 目的のベン図と生きがい

自分の矢印に従うことを考えるとき、「生きがい」という日本の概念が浮かび上がってきます。次ページの図は、生きがいのベン図です。生きがいは、「好きなこと」、「得意なこと」、「世の中に必要とされていること」、「対価として報酬を得られること」が重なるところに見つけることができます。

私の母はかなり長い年月を日本で過ごしました。そこで母に、このベン図について尋ねてみました。母は、「その一部は理解できるけれど、あまりに厳格すぎて、このすべての条件を満たす生きがいがあるとしたら驚きだわ」と答えました。私の専門的な立場から見ても、4つの条件をすべて満たす必要があるとしたら、大半の人にとってハードルは非現実的なほど高くなるでしょう。心の免疫システムの要である柔軟性という観点から考えると、あなたが人生の目的と見なすものは、あなたが好きで得意なものであっても、報酬は得られないかもしれません（ベン図では「情熱」に含まれる）。そうであれば、あなたは夢中になれるプロジェクトに費やす時間を確保しつつ、世の中に必要とされ、報酬を得られること（ベン図では「職業」に含まれる）に、いくらか時間を費やす必要があります。

多くの社会的なスモール・トラウマと同様に、「充実した人生を送るにはすべての条件を満たす必要がある」という主張は、私たちに多大なプレッシャーを与え、逆効果になります。一方、「生きがい」の西洋的な解釈では、**人生における目的を、生涯にわたって変化し発展していくものとして捉えます。**地球上での持ち時間をより豊かにするために、より多くの分野に向けて矢を放つこともできるでしょう。

【生きがいのベン図】

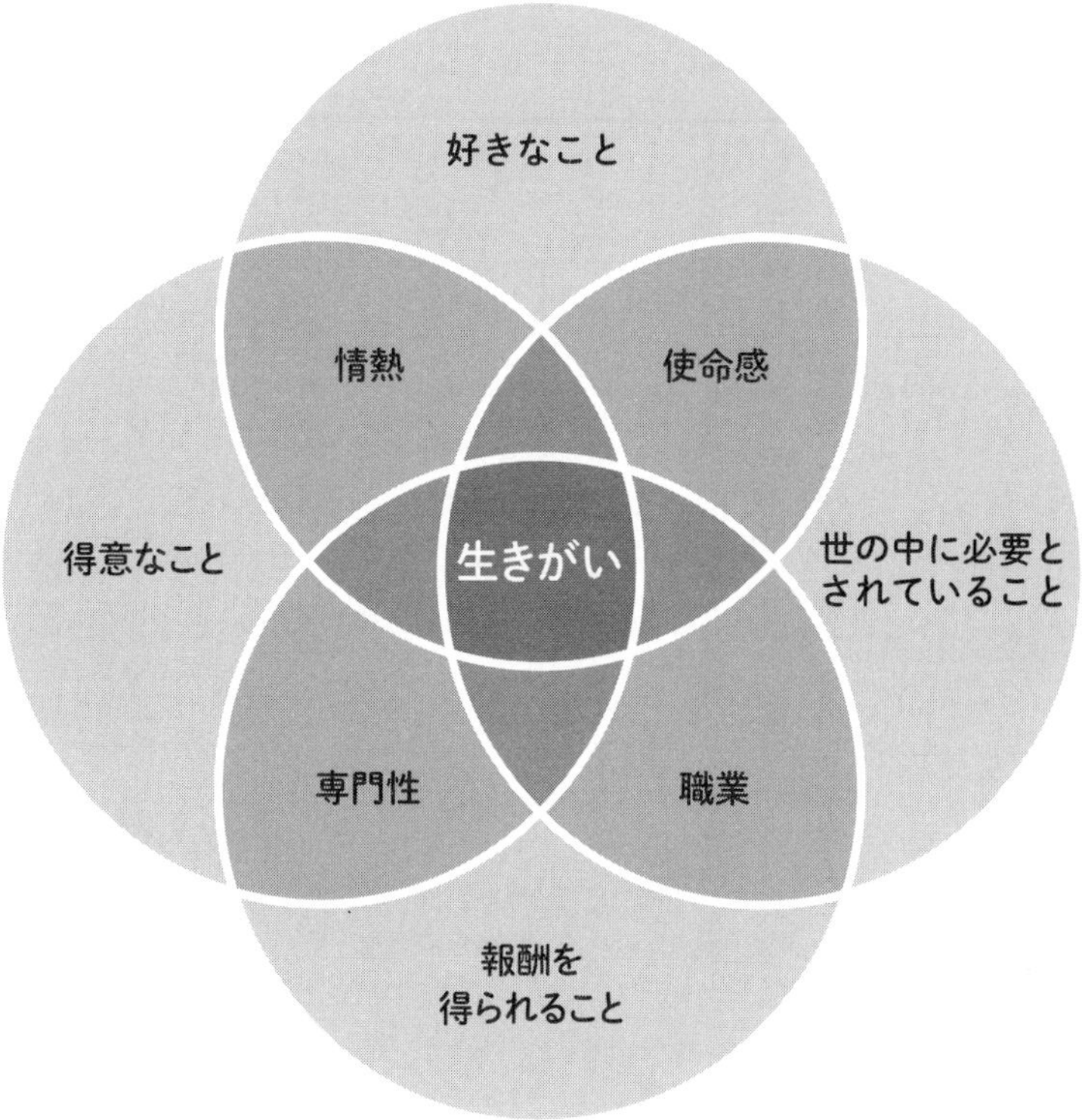

## 多すぎる選択肢とサイコロ

人は選択肢が無数にあることを望みがちですが、多すぎる選択肢は役に立たないことを、私は身をもって学びました。「選択肢過多」は心理学用語で、選択肢が多すぎると意思決定が麻痺することを指します(注93)。けれども、選択肢を絞り込む簡単な方法があり、それを私は実践しています。私とパートナーは時々料理をテイクアウトしますが、選択肢が多すぎて、決めるのに夕方の時間の半分を費やしていました。ある年のクリスマス、私たちはそうとは知らず、互いに同じプレゼントを用意していました。テイクアウエイダイス(料理の名前が入ったサイコロ)です。正直言って、パートナーが選んだサイコロの方が素敵でした。私がギフトショップで選んだのはプラスチック製のおもちゃのサイコロでしたが、パートナーが選んだのは木製の素敵なサイコロで、ネームも入っていたからです。それでも二人そろって、些細な決断に手助けが必要だと考えていたのです。実際にサイコロを使ってみると、食べたいものを絞ることができました。たとえば、サイコロで「カレー」と出たとしましょう。私たちは顔を見合わせてこう言います。「いや、ピザにしようよ」。つまり、選択肢を限定すると、自分が本当に何を望んでいるかに気づきやすくなるのです。したがって**人生の選択肢について考えるときも、候補を3つに絞り、他をすべて想像上のゴミ箱に放り込んでしまえば、3つの候補を真剣に検討するための余地が生まれるでしょう。**

## 買う前に試す

「ビルド・ア・ベア・ワークショップ」というおもちゃの店をご存じでしょうか。子どもたちはこの店のコンセプト(ぬいぐるみのクマに衣装やパーツを組み合わせて購入する)が大好きですが、親はそれほど好きではないでしょう。なぜなら、かなり高くつくからです。とは言っても、購入する前に、ぬいぐるみの種類や衣服、アクセサリーなどの付属品を選ぶことはできます。**あなたの「生きがい」についても、これと同じこと、つまり「購入前のお試し」をしてみてはいかがでしょうか。**

スタンフォード大学の非常勤教授で、デザインプログラムのエグゼクティブ・ディレクターであるビル・バーネットは、まさにそれを提案しています（注94）。人生全体を方向転換するのではなく（バーネットの調査では、通常これはあまりうまくいかないことがわかっています）、あなたの矢が指し示す要素を、今の人生に足してみるのです。仮に、矢の1つが「芸術的スキル」を指していたとしましょう。だからと言って、大人向けの学習センターで美術を学ぶのは、かなり敷居が高いでしょうが、日々の暮らしを通じて芸術への欲求を満たすことはできるはずです。たとえば、家を模様替えするとか、ピンタレスト（画像共有サービスを提供するアプリ）で画像を加工するとか。いろいろ試してみれば、何が自分に向いていて、実行できるかどうかがわかるでしょう。

生きがいになるものを知るには、少々試してみるのが有益です。郊外の家を売って、森で自給自足の生活を始めるのは素晴らしいチャレンジのように思えるかもしれませんが、いきなりそれを始めたら、森へ行って初めて、どれほどクモが苦手だったかを思い出し、また、どうにか食べられる物を育てるのがいかに難しいか思い知るはめになるでしょう。何もかも売ってしまう前に、長期休暇を取って、数か月間、トレーラーハウスで自給自足の生活を試した方がよさそうです。その程度の変化は、期待したほどではないかもしれませんが、新しい人生を丸ごと買う前に、少々試してみれば、無一文になるリスクを負うことなく、選択肢の中身をはっきり理解できるでしょう。

## AAAアプローチ：ステップ2　受容

「受容」はAAAアプローチの中でも最も難しい段階ですが、往々にして見過ごされます。なぜなら私たちは、人生で何か悪いことが起きると、自分が悪い人間だからそうなった、と考えがちだからです。つまり、そうした経験は非常につらく、耐えがたいので、こんな目にあうのは自分がひどいことをしたからに違いない、と理屈をつけて、スモール・トラウマを合理化しようとするのです。

けれども、あきらめるのではなく、受容の段階に進めば、心の免疫システムを鍛え、自分に対して少し優しくなれます。あきらめと受容の違いの表（43ページ）を見直しましょう。この機会に、受容という考え方が心地良く感じられるかどうか、それが自分を理解するためにどれほど重要であるかを掘り下げてみましょう。

## スモール・トラウマと心の免疫システム

第1章の終わりで紹介した心の免疫システムについて振り返りましょう。第1章では、それを体の免疫システムと比較しました。私たちは生まれつき、いくらか免疫を備えていますが、免疫システムの大半は、生涯にわたって（特に幼少期に）、ウイルスなどの微細な侵入者と接触することで育ちます。体は侵入者に反応し、たとえば風邪をひいたときには、咳や鼻水、倦怠感といった症状を示します。心の免疫システムも同じように働き、スモール・トラウマを経験すると、ストレス反応や無感情といった形で不快感を示します。実のところ、体の症状も心の症状も、免疫システムを育て、環境に適応させるために重要なのです。私たちは何らかの困難を経験しなければ、生来の免疫システムしか持つことができません。人生で遭遇する大きなイベントの厳しさを考えると、心の健康を保つために十分とは言えないでしょう。

そういうわけで、**スモール・トラウマに「気づき」、人生で経験する擦り傷や引っかき傷を「受容し」、これらの経験にうまく対処するための前向きな「行動」をとることで、スモール・トラウマを「心理的抗体」、つまり、「対処スキル」に変えることが重要です。**

言い換えれば、スモール・トラウマのコンセプトが推奨するのは、無抵抗やあきらめではなく、**過去をコントロールして現在を自分のものにし、単に生き延びるだけでなく繁栄できる未来を切り拓くこと**なのです。

## 「でも」に気をつける。スモール・トラウマを言い訳にしない

もっとも、スモール・トラウマは言い訳にはなりません。スモール・トラウマに人生を支配されないようにする確実な方法の1つは、心の中の会話でも他の人との会話でも、「でも」や「なぜなら」を使わないようにすることです。

たとえば、こんな心の声を聞いたら、「でも」に注意しましょう。

**「友人と話したい。でも、彼女は私を動揺させるので、話しかける気になれない」。**

それをこう変えてみましょう。

**「友人と話したい。彼女は私を動揺させるけれど、話しかけてみよう」。**

「でも」を消すことで、未来に向かう別の道が開かれるのです。また、人生と人間の感情の複雑さも、よりはっきりと見えてきます。私たちは友人に腹立ちを覚えながらも、その人を大切にできるのです。「でも」ばかり使っていると、「でも」の壁の後ろで動けなくなりますが、「でも」を消すと、壁を打ち壊して

前進できるようになります。

同様に、「なぜなら」にも注意しましょう。

**「昇進試験に応募したくない。なぜなら、過去に職場で嫌なことがあったから」。**

それをこう変えてみましょう。

**「過去に職場で嫌なことがあったけれど、昇進試験に応募したい」。**

言葉を変えても、過去を変えることはできませんが、言葉を和らげれば、スモール・トラウマの縛りを緩めることができます。心の中の会話でも、他の人との会話でも、自分の気持ちを表現する言葉を変えることで、前に進めるようになります。心の中のシナリオに注意して、「できない」「無理」「しない」といったネガティブな言葉を、力が湧いてくる言葉に置き換えましょう。

## 人生という映画の編集者になろう

語る相手が自分でも他者でも、あなたの人生をどう語るかは微調整できますし、大幅な変更もできます。先の「でも」や「なぜなら」の例は、あなたの人生を描く映画の台詞と見なすことができるでしょう。そして、編集者の仕事はさまざまな場面をまとめて映画を完成させることです。ショット、フレーム、テンポはすべて作品の雰囲気に影響するので、編集者はこれらのツールを活用したり、特定のシーンの時間を調節したりして、伝えたい物語に観客の注意を惹きつけます。

このプロセスを理解するために、シナリオの概略《シノプシス》を書いてみましょう。シノプシスには、今のあなたを作り上げた出来事、経験、スモール・トラウマ、その他もろもろを含めます（これについては、第1章の冒頭のスモール・トラウマの質問を参照しましょう）。これらの要素は、あなたの映画のタッチポイント（観客の理解を促す要素）であって、解釈ではありません。つまり、通常は「でも」とか「なぜなら」に先立つ情報です。先の例では、あなたが友人と話したがっていたことがタッチポイントです。このタッチポイントを少々いじって、行動に意味と結果を与えましょう。先の例では、話しかける、話しかけない、という2つの結果を考えました。他に、どのような結果を考えることができるでしょうか。

このエクササイズの目的は、**未来だけでなく過去と現在の解釈においても、自分に主体性があること**を理解することです。

## AAAアプローチ：ステップ3　行動

「行動」はスモール・トラウマの旅の最終段階です。ここでは、体と心の免疫システムの両方を支える日常の行動についてお伝えしましょう。慢性疲労から感情的な摂食行動、不安、悲嘆にいたるまで、本書で述べてきた症状や問題を解決するには、次にご紹介する基本事項を守ることが大切です。

### 人生のための日々の処方箋

私は20年にわたって健康分野の研究と仕事に従事してきました。その過程で得た重要な知見を1つ挙げるとしたら、それは、**生活が自然界と調和していればいるほど心が落ち着き、生きることに安らぎを感じられる、**ということです。ややヒッピー風に聞こえるかもしれませんが、科学的に見ても、それは理にかなっています。テクノロジーによって心と体がどれほど自然から遠ざかっていても、人間は自然の一部なのです。体内の働きと生理的プロセスは、太陽光の24時間周期と同期しています。これは睡眠に限ったことではありません。睡眠の他にも、環境に応じて分子レベルで作動する多くの生体リズムがあるのです。たとえば月経周期のように、さらに長い周期もあります。

これらのリズムに逆らうよりも協調する方が、体と心の健康に良いはずです。リズムに逆らおうとしたら、情報や薬による刺激や鎮静が必要になり、その上、無益な思考にふけることにもなるからです。この観点から、最良の人生を送るための「行動」のヒントを紹介しましょう。

## 光を味方にしよう

24時間周期の概日リズムにとって、光は最も重要な環境因子です。人間の心と体は本来、夜に眠り、昼に活動するようにできています。けれども、人工的な明かりが発明されたおかげで私たちは時間に関係なく、自分がしていることを見ることができるようになりました。トーマス・エジソンを批判するつもりはありません。白熱電球の発明は第二次産業革命を牽引し、世界経済を刺激して、無数の人々の生活水準を引き上げたのですから。けれども優れた発明品の常で、人間は人工光に過剰に頼るようになりました。現在のノンストップ社会では、スイッチを切ることは比喩的にも文字通りにも難しいのです。

現在、私たちは昼の時間の大半を室内で人工光を使って過ごしています。この明かりは自然光と質的に異なり、脳に送られる信号も異なります。研究によって、人工光は私たちの健康と環境に影響を与えることがわかっています（注95）。長年にわたって専門家は睡眠障害とＳＡＤ（Seasonal Affective Disorder：季節性情動障害）に注目してきました。昼間の日照不足が心身の健康にとって害になることが、次第に明らかになってきています。

## 季節性うつ――スモール・トラウマとしてのSAD

SADは日が短くなり始めると話題にのぼる疾患です。とは言っても、それが本当の疾患かどうかについては、議論が続いています。SADは再発性大うつ病性障害のサブカテゴリーに属し、特定の季節に発症するのが特徴です。SADを訴える人の大半は冬に症状が出ますが、約10パーセントは、夏場に症状が出ます。SADと診断されるには、「季節変化にともなう始まりと終わりがはっきり観察される」「少なくとも2年間、他の季節に症状が出ない」「季節性の抑うつエピソードが非季節性のエピソードより多い」が条件となります。

いくつかの研究は、自然光と気分に関連があることを示していますが、その生理学的なメカニズムはまだ解明されていません。日中の光が体内でのメラトニンとセロトニンの生成に影響し、ひいては睡眠サイクル（概日リズム）に影響することはわかっていて、睡眠が足りないと、往々にして気分は落ち込みがちです。また、アメリカで行われた研究では、フロリダに住む人でSADを経験するのはわずか1パーセントであるのに対し、アラスカでは9パーセントにのぼりました。けれども、ノルウェイやアイスランドなどでは冬場の日照時間がきわめて短いのに、SADの症例がほとんどないことが報告されています。なぜでしょう。原因は、私たちの期待と社会的信念にあるのかもしれません。アメリカでは、陽光が降り注ぐ暑い気候は、往々にして幸福感などの「良い」感情と結びつけられますが、北欧の国々では、暗い冬の美しさをより称賛するのではないでしょうか。厳しい寒さへの対処法が国や地域によって異なることも一因になっているようです。たとえば、ノルウェイの言葉「friluftsliv」は、直訳すると「自由な空気の生活」で、どんな気候でもアウトドアを楽しむことを意味します。こうして見ていくと、SADはある程度、私たちの信念――ある種のスモール・トラウマと関係があるように思えてきます。

次世代の「ウェルネス・ウェアラブル」技術は、SADを視野に入れたものになるかもしれません。たとえば、ウェアラブルの自然光センサーがスマホにデータを送り、外に出て日光を浴びるようアラートが鳴るといったものです。けれども、このようなテクノロジーの誕生を待つ必要はありません。毎日、わずか20分でも外に出て日光を浴びれば、体内のビタミンDが増えて、気分がよくなるでしょう(注96)。

## 休憩術

現代の24時間営業の世界では、休憩は、睡眠よりさらに分が悪いようです。ダラム大学の研究は、134か国の1万8000人を対象として、日常的にどのくらい休憩を取っているか、休息のために何をしているかを尋ねました。当然かもしれませんが、被験者の大半(3分の2以上)は、もっと休みたいと答えました。また、休憩が少ない人ほど全体的な幸福感が低いという結果が出ました(注97)。

責任の重い仕事、複数の介護責任、友人に会うこと、何かを楽しむこと――これらすべてが休めない社会の原因になっています。私たちはロウソクを両端から燃やしている(昼も夜も忙しい生活を送ること)だけではありません。燃えさかる火の中に生活を丸ごと投げ込み、残るのは床に散ったロウソクのしずくだけ、という有様なのです。少なくとも週末にはそんな気分になるでしょう。

しかしそこにも、社会的な規範、期待、レッテルというスモール・トラウマが存在し、休息をとることを妨げているのです。あるクライアントは、明らかに疲労困憊しているのに、「どれほど疲れていても、昼間に休んでいると怠け者になったように思えます」と言いました。自然界に目を向ければ――私たちもその一部ですが――自然が休憩の仕方を知っているのは明らかです。季節は変わり、昼は夜になり、その間、自然界は絶え間なく、逆らうことなく、再生し、回復し、生まれ変わっています。

同様に私たちも、日常に休憩を取り入れることが大切です。仮眠や昼寝に限らず、読書、音楽を聴く、自然の中で過ごすなど、ストレス要因をスイッチオフできるような活動を生活に取り入れましょう。

## REST：スペースと時間を利用して、元気を取り戻そう

REST――Restore Energy (with) Space (and) Time――私は休憩の取り方の指針として、この標語を好んで使っています。なぜなら能動的に休憩することの大切さを思い出させてくれるからです。また、時間とスペースという貴重なリソースを、仕事や具体的な目標のためだけでなく、元気を取り戻すためにとっておく必要があることも思い出させてくれます。日常生活の中で休息の時間を取るのは難しく思えるかもしれませんが、これから提案するテクニックは、数分しかかかりません。タイム・コンフェッティ（細切れの自由時間）には、ぼんやりと画面をスクロールしたりクリックしたりしがちですが、そのような時間を有効活用しましょう。また、活力を取り戻して若返った気分になれるような休憩の仕方を知ることも有益でしょう（注98）。

**体の休息**――これは最もわかりやすいカテゴリーですが、単に眠ったり、おとなしく座っていたりすることではありません。呼吸法（第1章と第4章を参照）の実践はお勧めで、副交感神経を活性化させ、体を「休んで消化する」状態に導くことができます。また、デスクワークをしている人は、長時間座りっぱな

しの姿勢は痛みや不快感をもたらすので、デスクを使って緩やかなストレッチをしたり、1時間に1回、椅子から立ち上がって体を動かしたりしましょう。逆に仕事で体をよく動かす人は、動かないことが休憩になります。

**頭の休息**——「ブレインフォグ（脳に霧がかかったようにぼんやりして頭が回らなくなる）」の問題は現在、広く蔓延しています。頭を休ませるには、マルチタスクをしたくなる衝動を抑えて1つのタスクに集中しましょう。アプリやスマホのアラートをオフにし、メールをログオフして、部屋の扉を閉めれば、1つのタスクに集中できます。多くの人はマルチタスクの神話に染まっているので、これには少々練習が必要ですが、努力するだけの価値はあるでしょう。

**社会的休息**——社会的休息とは、孤独になることではありません（もっとも、孤独になりたければ、そうしても問題はありません）。社会的休息とは、ありのままの自分でいられる、気の置けない人たちと時を過ごすことです。彼らは元気の源なので、生涯、大切にしましょう。このような人々は、愛する家族ではなく、友人かもしれません。たまにしか会わない人といるときの方が、自分らしくいられることも多いものです。

**感覚の休息**——必要とする休息の量は人によって異なり、感受性の高い人（第9章）は静かな時間をより多く必要とするでしょう。日中、しばらく目を閉じて視覚を休ませるだけでも効果があります。自然の中で人工的でない刺激を受けることも、感覚をリラックスさせるのに役立ちます。

**感情の休息**――あなたの感情のエネルギーを吸い取るバンパイアを見つけ、そうした人たちと過ごす時間を制限、あるいは完全にカットしましょう。第3章のエクササイズは、感情バイオームを育て、感情を休ませるのに役立つでしょう。

**創造性**――現在、私たちの頭は、分析的なタスクに多くの時間を費やしていて、創造力を育てる機会はほとんどありません。そこで、私はお気に入りの美術館を定期的に訪れるようにしています。そこにいると創造力が高まるように感じるからです。それができない人や、苦手な人は、1日に3回、5分ほど時間を割いて、落書きをしてみましょう。また、大人向けの塗り絵、特にマンダラ模様の塗り絵はよい休息になります。

**スピリチュアル**――宗教を信仰していなくても、スピリチュアルな安らぎを得ることはできます。秘訣は、自分がこの世界の一部であることを感じることで、他者を助けると、それを実感できます。自分のことばかり考えていると疲れ果ててしまいますが、他者を助けると幸福感が増し、心が安らぐのです(注99)。スピリチュアルな方法で元気を回復することは、前述の「人生の目的」とも関係があり、自身の矢印に従うことが有益な理由の1つでもあります。

ここで重要なのは、自分の生活に合わせて休憩を調整することです。あなたが必要とする休憩は、パートナーや友人や家族のそれとは異なるでしょう。自分に向く休憩を取ることが、真の休息のカギになります。

## 大地から生まれたものを食べ、体を動かそう

本書は、栄養学や運動についての本ではありませんが、私たちが食べるものと、そのエネルギーをどのように燃焼させるかが、心の免疫システムに与える影響に触れないわけにはいきません。そこで、次のささやかな提案をしましょう。

「大地から生まれたものを食べよう、そして体を動かそう」

世の中には数えきれないほど多くの、あるいは想像が及ばないほど多様なダイエット法があります。ダイエット産業は、新型コロナウイルス感染症拡大の時期に成長した数少ない健康部門の1つで、私たちのウエストサイズと同じく、今も成長し続けています(注100)。何を食べ何を食べるべきでないかについて、ダイエット法によって主張が異なるので、私たちが混乱するのも無理はありません。こうしたダイエットの効果については多くの研究がなされてきましたが、私の考えは、次の一言に尽きます。**「できるだけ自然なものを食べましょう」**。実にシンプルな教えです。果物、野菜、ナッツ、種、いくらかの魚と、(肉を食べるなら)ホワイトミートを少々(注101)。それぞれ収穫したばかりか、摘んだばかり、あるいは羽をむしったばかりに見えるものが望ましいでしょう。もちろん、病気を抱えている人は多少異なるかもしれませんが、何を食べるべきかという問題にこれまで費やされてきた時間は、かなり過剰だったようです。あなたのひいおばあちゃんがいいと言ってくれるものなら、おそらく食べても大丈夫です。一方、遺伝子組み換えなどの超加工食品は、避けるか、少ししか食べないようにしましょう。

加えて、人類は朝から晩まで食べ続けるように進化したわけではないことを覚えておきましょう。先史時代には、ネットで注文できる宅配サービスはなかったのです。そのため1日24時間のうち食べない時間が長く、食料が乏しい時期にはさらに長い間、絶食を強いられました。

腸内細菌は、消化という仕事をこなすのに時間を必要とします。だからその仕事を邪魔しないよう、腸内環境をそっとしておかなければなりません。これが、夜には少なくとも11~12時間、何も食べないことが推奨されている理由の1つです。実のところ、「ブレックファースト（breakfast）」は、夜の断食（fast）を中止（break）するという意味なのです。

私のアドバイスの2つ目は、動くこと（movement）です。私がエクササイズではなくあえてmovementという言葉を使うのは、エクササイズにはさまざまな意味があり、中にはスモール・トラウマになるものもあるからです。前述した通り、人間の体は、一日中机の前に座っているようには進化していません。健康な心と体を維持するために、私たちは動かなければならないのです。だからと言って、毎日2時間ジムで汗を流す必要はありません（それがあなたの趣味なら話は別ですが）。体を動かすための、簡単な方法を紹介しましょう。

**◎座ってしていることを、立ってできないでしょうか。たとえば、パソコンに向かって仕事をしているのなら、スタンディングデスクを使ってみてはいかがでしょう。答えがノーならそれでも結構です。そう自問するだけでも価値があります。**

**◎立ってしていることを、歩きながらできないでしょうか。電話でのおしゃべりならできるでしょう。散歩しながらのおしゃべりはもっとよさそうです。**

歩くことが素晴らしいのは、体だけでなく心の健康にも役立つからです。また、努力しなくても、誰でもすぐできます。アイオワ州立大学の研究によって、どこで何のために歩くかは、効果に影響しないことがわかりました。ただ立ち上がり、片足をもう片方の足の前に出し続けるだけで、心も体も元気になるのです（注102）。

歩くことは日々の活動量を増やす最も簡単な方法の1つで、確かに効果があります。私たちは数にこだわりがちですが、1日1万歩は理想的な数字であって、むしろ7000歩くらいが適当とされています。毎日よく歩き、心拍数を上げ、体に刺激を与えるようにすれば、体力と健康全般に改善が見られるでしょう。

## つながりは絶対に必要

私たちは人とのつながりを必要とします。第1章では、孤独が蔓延していることと、それが心と体の健康にとってどれほど有害かを述べました。人間は社会的な生き物であり、集団で生活するよう進化してきました。現在では食料や住まいを得たり、捕食者から身を守ったりするために、必ずしも他者を必要としませんが、社会的なサポートを得るため、あるいは、自分の目的を達成するために、一体感を感じさせてくれる他者の存在はやはり必要です。**つながりを感じることは、心理的な健康のみならず、健康全般にとっても欠かせないのです**。だからと言って、そのために有意義で奥深い会話をする必要はありません。バスを待つ間やレジでのちょっとした会話のような、ささやかなやりとりでも、他者とのつながりを感じることができます。最初は照れくさかったり、気まずく感じたりするかもしれません。なぜなら、私たちは、他者からどのくらい好かれているかを過小評価しがちだからです。いわゆる好感度ギャップ《ライキング・ギャップ》と呼ばれる現象です（注103）。

一番望ましいのは直接会って話すことですが、それができない場合もあります。そんなときは、些細なことでも電話で話すと、人とのつながりを感じることができます。現在、人とつながる方法はたくさんありますが、ソーシャルメディアの使い方には注意が必要です。研究によると、受動的に「いいね！」を押したり、やりとりのないままスクローリングしたりしていると、気分の落ち込みや自己肯定感の低下につながるそうです。この素晴らしいテクノロジーをうまく使って、本物の友人や家族、あるいは共通の興味を持つ人たちとつながり、コミュニケーションをとりましょう。あなたが好きなものが何でも、どれほど抽象的であっても、そのためのウェブページはきっとあります。

## 人間の代わりに、犬、猫、鳥、魚、植物とつながろう

私は動物が大好きなので、ここでの意見は少々偏っているかもしれませんが、動物と一緒に過ごすと、孤独感が癒やされることを示すデータが多くあります。猫好きの人は、猫がゴロゴロ喉を鳴らす音を聞くと、副交感神経が活性化し、ストレスレベルが下がるそうです（注104）。猫の動画を見るだけでも効果があり、少々酔狂に思えますが、猫好きの人が集まって猫の動画を鑑賞するフェスティバルがあるほどです！　その効果を裏づける証拠もあり、暇な時間に猫の映像を見る人は、総じてポジティブでエネルギッシュだということが示されています（注105）。何より、動物は他者とのつながりを感じさせてくれます。だから、何らかの理由で人とつながることができない場合は、他の生き物と一緒に過ごすことを考えてみましょう。猫でも、犬でも、爬虫類でも、何でもいいのです。さらに言えば、植物を育てるだけでも、穏

やかな気持ちになれるでしょう。室内で植物を育てると、ストレスが軽減されるという研究結果もあります（注106）。

## 毎日、感謝する

パートナーと私は毎晩、感謝のエクササイズをしていますが、それは夜に限らず、1日中いつでもできます。けれども、習慣化するには、毎日同じ時間に行う方がよいでしょう。ポジティブ心理学分野の多くの研究が示しているのは、**感謝の気持ちを養うと幸福感が高まり、人生をより広い視野から見られるようになる**ということです（注107）。このエクササイズはとても簡単なので、効果があることを信じにくいですが、私がこれを勧めたクライアントは皆、数か月以内に考え方が変わりました。

このエクササイズの方法として、心理学者やセラピストは、感謝することを3つ思い浮かべることを勧めます。それは、子どもが生まれたとか、新しい職を得た、といったメジャー・ライフイベントでなくてもよいのです。むしろ、日々の生活のささやかな出来事の方がよいでしょう。パートナーと私はそれを5つ挙げるようにしていますが、最初の2つはいつも同じで、互いへの感謝と、家族への感謝です。後の3つは、公園での散歩が気持ちよかったとか、仕事で褒めてもらったというような、ささやかなことばかりです。このエクササイズは人生の良い面を見るよう脳を鍛え直すためのものなので、感謝の対象は何でもよいのです。第4章で触れたように、人間は生存を脅かすものを環境から探し出すようにプログラムされています。そのため、明るい要素に気づくようになるには、少々努力がいります。ささやかであっても、そうした要素は存在するはずです。

## 自分を愛さなくてもよい理由

自分を愛することは最優先事項ではありません。「まず自分を愛せなかったら、行動を起こすことはできない」と考えている人を数多く私は見てきました。この考えを広めた人々に悪意はなかったはずですが、この考えは人を孤立させ、寂しい気持ちにさせ、自己愛が湧き上がる魔法のような瞬間まで立ち往生させるでしょう。

中でも、幼い頃に無条件の愛を経験しなかった人にとっては、自分を愛することはかなり難しいかもしれません（第8章参照）。私は、いくらかは同情から、そしていくらかは専門家としての経験から、「**一番に自分を愛すること」は神話にすぎない**ということを、お伝えしたいです。セラピーやカウンセリング、それに、誰かに一番に愛されることは、すべて助けになります。だから、自分を愛せるようになるまで待ったりしないで、一歩、踏み出しましょう。セラピーやカウンセリングを受けたり、誰かを愛し愛されたりするうちに、愛とはどういうものかがわかってくるでしょう。

## 自分に優しくすることから始める。それが若返りの秘訣

自分に優しくすることにコストはかかりません。そう、お金という意味では、コストはまったくかからないのです。それにもかかわらず、自分に優しくすることは、他の人に寛大さや思いやりを示すよりはるかに難しいと、多くの人が感じています。もし、あなたが自分を愛する境地にまだ達していないのであれば、自分に優しくすることから始めましょう。そうすれば時間を巻き戻して、若さを保てるそうです。ある研究では、慈悲の瞑想（180〜182ページの「マインドフルなセルフコンパッション」と同様）を行った

グループと行わなかったグループで、生物学的老化の指標であるテロメアの長さを調べました。すると、瞑想を行った人々の方が、テロメアが長かったそうです。テロメアは老化にともなって短くなり、早期の死亡と関係しています（注108）。そういうわけで、自分を愛せなくても自分に優しくするというのが、私の処方箋の要です。

## 人生は短距離走ではなく、マラソン

本書はもうじき幕を閉じますが、あなたが本書で学んだことを活用して、未知の深淵に飛びこんでいくことを私は願っています。それは、あなたが思うほど怖くはありません。たとえ人生がさらなるスモール・トラウマをあなたに突きつけても、今やあなたはそれらに対処するための、ツール、心の免疫、スキルといった武器を手にしているはずです。それでもまだ不安を感じるようなら、最後のエクササイズを紹介しましょう。

エクササイズ

### 「もう少しで見逃すところだった！」日記

1週間を振り返って、注目に値するようなことは何も思い出せない、と感じたことはないでしょうか。自分のことで頭がいっぱいだと、人生が与えてくれる多くのことを見逃しがちです。そこで私がお勧めしたいのは、「もう少しで見逃すところだった！」日記に、見逃しかけていた事柄を書き留めて、1週間分の世界と関わることです。たとえば曇りの日に差し込む陽光、カフェで後ろの席から聞こえてくる母親と子どもとのやりとりなど、往々にしてささやかで、ありふれているけれど、実に魅力的な出来事がいくつもあったはずです。それらは人生を味わい深いものにしてくれます。

人生は「小さなこと」に満ちています。それはスモール・トラウマかもしれませんが、日常の魅力的な出来事かもしれません。何を摑み、何を手放すかは、あなた次第です。

**人生を謳歌するためのプロンプト**

1 何をしているときに、自分が最も生き生きしていると感じられるでしょうか?

2 人生において変えることのできない何かとうまく付き合うには、どうすればよいでしょうか?

3 本書で学んだことを今すぐ実行しましょう!

## 最後に

このスモール・トラウマとの聖なる闘いに加わってくださったことにお礼を申し上げます。私がこの本を書いたのは、1つには、多くの人に「私は理解されている」と感じてほしかったからです。今、あなたもそれを手助けできます。もしよければ、あなたのスモール・トラウマをSNSでシェアしてください（ハッシュタグ #スモール・トラウマ または、インスタグラムの私のアカウント @drmegarroll へどうぞ）。私たち全員がスモール・トラウマに光を当てれば、この小さいけれど狡猾なトラウマについて、語ったり対処したりすることが容易になるでしょう。あらためて、ありがとう。あなたのこれからの人生にエールを送ります。

# 謝辞

私が「スモール・トラウマ」の構想を、素晴らしいエージェントであるドリー・シモンズに初めて明かしたのは、彼女がピカデリーのウルスリーでアフタヌーンティーをごちそうしてくれていたときのことでした。ご存じでしょうか、ウルスリーは『ハリー・ポッター』の映画に出てきそうな古風なレストランで、子どもの頃から私が思い描いてきたロンドンの世界そのものでした。アメリカの砂漠の街アリゾナで育った私には、それだけでもドキドキするような体験でしたが、無視されがちな小さなトラウマについて私が語ると、愛すべきエージェントの目は一段と輝きを増したのです。私たちは一緒に仕事を始めたばかりでしたが、映画に出てきそうなこのレストランで、私は自分の予感が的中したことを知りました。この世界はスモール・トラウマのことを知る必要があるのです。私とスモール・トラウマを信じてくれたシモンズに心の底から感謝します。彼女と私は、世界に蔓延するメンタルヘルスの問題と闘うことになりました。

ニール・モルディとブーバからは、シモンズに並ぶほどのサポートと励ましを受けました。彼らは私の仮説「まず自分を愛する必要はない」をリアルタイムで証明してくれましたし、数え切れないほどの抱擁と「本当の愛」が、枯れた魂に命を吹き込むことを証明してくれました。また、親友のテッサ・レイシーへの感謝を述べないわけにはいきません。彼女は毎日私にインスピレーションを与えてくれましたし、ニールやブーバと同じく、荒れ狂う海でビーコンとなって私を家まで導いてくれました。そして、1980年代のことをいつも思い出させてくれる妹のエイミー・ロイにも感謝します。正直言って、日に20回、彼女が送ってくるレトロなミームがなければ、どれほど寂しかったことでしょう。

他にも心から感謝したい人はたくさんいます。リディア・グッドをはじめとするソーソンズとハーパーコリンズのチームメンバー、幸運にも友人と呼べる素晴らしい健康ジャーナリストたち、「詳しすぎる説明」という悪魔を撃退する方法を教えてくれた前作の共著者ルイーズ・アトキンソン、スモール・トラウマの言葉を広める手助けをしてくれたコミュニケーションのプロ、マース・ウェブとジュリア・チャンピオン。指導教官のシオバイン・オリオーダン博士のコーチング心理学に関する百科事典並みの知識には頭が下がります！　それ以上に、仕事に限らず人生の多くの分野で私を助けてくれた、あなたの温かな励ましとサポートに深く感謝しています。私の個人的なセラピストであるデイビッド・スミスは、この旅で私を支え、導いてくれました！

モチベーションについて言えば、ジェニファー・ケネディは、どういうわけか、いつも言うべき言葉を知っていて、最高のチアリーダーになってくれました。そして、砂漠の街に住む不恰好でちょっと内気な少女をいろいろな形で（たいていはケーキ付きで）支えてくれた家族ぐるみの友人、シャーロット・スマイスにも感謝します。あなたは間違いなく私の「獲得した家族」です。

ここで新型コロナウイルス感染症の初期に私たちから引き離された、愛すべき父、グラハム・キングホーン・アロールのことをお伝えします。父は何年もの間、困難な日々を過ごし、ようやく順調に暮らせるようになった矢先に、天に召されました。そのことは今も辛くてたまりません。この本は父のために、父がいつも与えてくれた揺るぎない無条件の愛に敬意を表して書きました。父は大変な苦しみを味わいましたが、私の願いは、父の闘病を見てきたことにより、メンタルヘルスに関するあらゆる問題に光を当てることができるようになることです。愛しているわ、パパ。

最後に、メンタルヘルスに関して無視され、汚名を着せられ、疎外されたことのあるすべての人へ。あなたの生活体験とスモール・トラウマは、あなたと同じように、あなた独自のものですが、あなたは一人ぼっちではありません。スモール・トラウマについて語り合い、それをカーペットの下から引っ張り出して、メンタルヘルスというスペクトラムについて、より良い理解と治療への道を開きましょう。

## 注釈

**1** Holmes, T. H. and Rahe, R. H. 'The social readjustment rating scale', Journal of Psychosomatic Research, 11(2) (1967),pp. 213-18.

**2** Lackner, J. M., Gudleski, G. D. and Blanchard, E. B. 'Beyond abuse: The association among parenting style, abdominal pain, and somatization in IBS patients', Behaviour Research and Therapy, 42(1) (2004), pp. 41-56.

**3** Bretherton, I. 'The origins of attachment theory: John Bowlby and Mary Ainsworth', Developmental Psychology, 28(5) (1992), p. 759.

**4** De Schipper, J. C., Oosterman, M. and Schuengel, C. 'Temperament, disordered attachment, and parental sensitivity in foster care: Diff erential fi ndings on attachment security for shy children', Attachment & Human Development, 14(4) (2012), pp. 349-65.

**5** 『フェリスはある朝突然に』、あるいはジョン・ヒューズの映画作品を見たことのない人は、この本を読むのを中断して、今すぐ手近なストリーミング・サービスにアクセスしましょう！　1980年代の映画には、スモール・トラウマの例がたくさんあります。

**6** Passmore, H. A., Lutz, P. K. and Howell, A. J. 'Eco-anxiety: A cascade of fundamental existential anxieties', Journal of Constructivist Psychology (2022), pp. 1-16, DOI: 10.1080/10720537.2022.2068706.

**7** Seligman, M. E. The Hope Circuit: A Psychologist's Journey from Helplessness to Optimism, Hachette UK, 2018.

**8** Layard, P. R. G. and Layard, R. Happiness: Lessons from a New Science, Penguin UK, 2011.

**9** Agarwal, S. K., Chapron, C., Giudice, L. C., Laufer, M. R., Leyland, N., Missmer, S. A., Singh, S. S. and Taylor, H. S. 'Clinical diagnosis of endometriosis: A call to action', American Journal of Obstetrics and Gynecology, 220(4) (2019), pp. 354-64.

**10** Chen, E. H., Shofer, F. S., Dean, A. J., Hollander, J. E., Baxt, W.G., Robey, J. L., Sease, K. L. and Mills, A. M. 'Gender disparity in analgesic treatment of emergency department patients with acute abdominal pain', Academic Emergency Medicine, 15(5)(2008), pp. 414-18.

**11** Diener, E., Seligman, M. E., Choi, H. and Oishi, S. 'Happiest people revisited', Perspectives on Psychological Science, 13(2)(2018), pp. 176-84.

**12** Brickman, P., Coates, D. and Janoff -Bulman, R. 'Lottery winners and accident victims: Is happiness relative?', Journal of Personality and Social Psychology, 36(8) (1978), p. 917.

**13** Kraft, T. L. and Pressman, S. D. 'Grin and bear it: The influence of manipulated facial expression on the stress response', Psychological Science, 23(11) (2012), pp. 1372-78.

**14** Wilkes, C., Kydd, R., Sagar, M. and Broadbent, E. 'Upright posture improves affect and fatigue in people with depressive symptoms', Journal of Behavior Therapy and Experimental Psychiatry, 54 (2017), pp. 143-49.

**15** Keyes, C. L. 'The mental health continuum: From languishing to flourishing in life', Journal of Health and Social Behavior(2002), pp. 207-22.

**16** Affleck, W., Carmichael, V. and Whitley, R. 'Men's mental health: Social determinants and implications for services', The Canadian Journal of Psychiatry, 63(9) (2018), pp. 581-89.

**17** Check permissions in Lomas, T. 'Towards a positive crosscultural lexicography: Enriching our emotional landscape through 216 "untranslatable" words pertaining to well-being', The Journal of Positive Psychology (2016), pp. 1-13. doi: 10.1080/17439760.2015.1127993.

**18** Jiang, T., Cheung, W. Y., Wildschut, T. and Sedikides, C. 'Nostalgia, reflection, brooding: Psychological benefi ts and autobiographical memory functions', Consciousness and Cognition, 90 (2021). doi: 10.1016/j.concog.2021.103107.

**19** Cheung, W. Y., Wildschut, T., Sedikides, C., Hepper, E. G., Arndt, J. and Vingerhoets, A. J. 'Back to the future: Nostalgia increases optimism', Personality and Social Psychology Bulletin, 39(11) (2013), pp. 1484-96.

**20** Sedikides, C., Leunissen, J. and Wildschut, T. 'The psychological benefi ts of music-evoked nostalgia', Psychology of Music (2021). doi: 10.1177/03057356211064641.

**21** Cheung, W. Y., Hepper, E. G., Reid, C. A., Green, J. D., Wildschut, T. and Sedikides C. 'Anticipated nostalgia: Looking forward to looking back', Cognition and Emotion, 34(3) (2020), pp. 511-25, doi: 10.1080/02699931.2019.1649247.

**22** Vervliet, B. and Boddez, Y. 'Memories of 100 years of human fear conditioning research and expectations for its future', Behaviour Research and Therapy, 135 (2020), pp. 1-9.

**23** Pittman, C. M. and Karle, E. M. Rewire Your Anxious Brain: How to Use the Neuroscience of Fear to End Anxiety, Panic, and Worry, New Harbinger Publications, 2015.

**24** Rozlog, L. A., Kiecolt Glaser, J. K., Marucha, P. T., Sheridan, J. F. and Glaser, R. 'Stress and immunity: Implications for viral disease and wound healing', Journal of Periodontology, 70(7) (1999), pp. 786-92.

**25** Scholey, A., Haskell, C., Robertson, B., Kennedy, D., Milne, A. and Wetherell, M. 'Chewing gum alleviates negative mood and reduces cortisol during acute laboratory psychological stress', Physiology & Behavior, 97(3-4) (2009), pp. 304-12.

**26** Gallup, A. C. and Eldakar, O. T. 'The thermoregulatory theory of yawning: What we know from over 5 years of research', Frontiers in Neuroscience, 6 (2013), p. 188.

**27** DeBoer, L. B., Powers, M. B., Utschig, A. C., Otto, M. W. and Smits, J. A. 'Exploring exercise as an avenue for the treatment of anxiety disorders', Expert Review of Neurotherapeutics, 12(8) (2012), pp. 1011-22.

**28** Powers, M. B., Asmundson, G. J. and Smits, J. A. 'Exercise for mood and anxiety disorders: The state-of-the science', Cognitive Behaviour Therapy, 44(4) (2015), pp. 237-39.

**29** Stonerock, G. L., Hoff man, B. M., Smith, P. J., and Blumenthal, J. A. 'Exercise as Treatment for Anxiety: Systematic Review and Analysis.' Annals of behavioral medicine: a publication of the Society of Behavioral Medicine vol. 49,4 (2015): 542-56. DOI: 10.1007/s12160-014-9685-9.

**30** Abramowitz, J. S., Deacon, B. J. and Whiteside, S. P., Exposure Therapy for Anxiety: Principles and Practice, Guilford Publications, 2019.

**31** Burca, S. and Creu, R. Z. 'Perfectionism and neuroticism: Evidence for a common genetic

and environmental etiology', Journal of Personality, 89(4) (2021), pp. 819-30.

**32** Lopes, B. and Yu, H. 'Who do you troll and why: An investigation into the relationship between the Dark Triad Personalities and online trolling behaviours towards popular and less popular Facebook profiles', Computers in Human Behavior, 77 (2017), pp. 69-76.

**33** Avast, 2021. 'Avast Foundation survey reveals trolling becoming an accepted behaviour for younger generations'. 以下で参照可能：https://press.avast.com/en-gb/avast-foundation-survey-revealstrolling-becoming-an-accepted-behaviour-for -younger-generations?_ga=2.256764171.1422491308.1638966148-989583476.1638875314 (Accessed: 29/05/2022).

**34** Cheng, J., Bernstein, M., Danescu-Niculescu-Mizil, C. and Leskovec, J. 'Anyone can become a troll: Causes of trolling behavior in online discussions', in Proceedings of the 2017 ACM Conference on Computer Supported Cooperative Work and Social Computing (February 2017), pp. 1217-30.

**35** Suler, J. 'The online disinhibition effect', International Journal of Applied Psychoanalytic Studies, 2(2) (2005), pp. 184-88.

**36** Rosenbaum, D. A., Fournier, L. R., Levy-Tzedek S., et al. 'Sooner rather than later: Precrastination rather than procrastination. Current Directions in Psychological Science, 28(3) (2019), pp. 229-33, doi:10.1177/0963721419833652.

**37** Wiehler, A., Branzoli, F., Adanyeguh, I., Mochel, F. and Pessiglione, M. 'A neuro-metabolic account of why daylong cognitive work alters the control of economic decisions', Current Biology, 32(16) (2022) pp. 3564-75.e5. doi: 10.1016/j.cub.2022.07.010.

**38** STEMは、科学（science）、技術（technology）、工学（engineering）、数学（mathematics）の頭文字からなる。

**39** Sakulku, J. 'The impostor phenomenon', The Journal of Behavioral Science, 6(1) (2011), pp. 75-97.

**40** Gravois, J. 'You're not fooling anyone', Chronicle of Higher Education, 54(11) (2007).

**41** Bernard, D. L., Hoggard, L. S. and Neblett, E. W. Jr. 'Racial discrimination, racial identity, and impostor phenomenon: A profile approach', Cultural Diversity and Ethnic Minority Psychology, 24(1), (2018), pp. 51-61.

**42** Cokley, K., Awad, G., Smith, L. et al. 'The roles of gender stigma consciousness, impostor phenomenon and academic self-concept in the academic outcomes of women and men', Sex Roles, 73 (2015), pp. 414-26; https://doi.org/10.1007/s11199-015-0516-7.

**43** Bravata, D. M., Watts, S. A., Keefer, A. L., Madhusudhan, D. K., Taylor, K. T., Clark, D. M. and Hagg, H. K. 'Prevalence, predictors, and treatment of impostor syndrome: A systematic review', Journal of General Internal Medicine, 35(4) (2020), pp. 1252-75.

**44** Sue, D. W. Microaggressions in Everyday Life: Race, Gender, and Sexual Orientation, John Wiley & Sons, 2010.

**45** Feiler, D. and Müller-Trede, J. 'The one that got away: Overestimation of forgone

alternatives as a hidden source of regret', Psychological Science, 33(2) (2022), pp. 314–24.
**46** Carney, D. R., Cuddy, A. J. and Yap, A. J. 'Power posing: Brief nonverbal displays affect neuroendocrine levels and risk tolerance', Psychological Science, 21(10) (2010), pp. 1363-68.
**47** Kerr, M. and Charles, N. 'Servers and providers: The distribution of food within the family', The Sociological Review, 34(1) (1986), pp. 115-57.
**48** Evers, C., Marijn Stok, F. and de Ridder, D. T. 'Feeding your feelings: Emotion regulation strategies and emotional eating', Personality and Social Psychology Bulletin, 36(6) (2010), pp. 792-804.
**49** (p.176の表の中)
食前と食後の空腹度
10 = 飢餓(脱力感、めまい)、9 = 貪欲(イライラ、エネルギー低下)、8 = 非常に空腹(お腹が鳴る、食べ物のことで頭がいっぱい)、7 = わずかに空腹(食べ物のことを考えている)、6 = 中立(空腹でも満腹でもない)、5 = わずかに満腹(心地よく満足)、4 = 満腹(やや不快)、3 = 非常に満腹(膨満感、ズボンがきつく感じる)、2 = 過度に満腹(非常に膨満感があり、わずかに吐き気がする)、1=苦痛を感じるほど満腹(痛みを感じるほど膨満感があり、非常に気分が悪い)。
**50** Parker, G., Parker, I. and Brotchie, H. 'Mood state effects of chocolate', Journal of Affective Disorders, 92(2) (2006), pp. 149-59.
**51** Cota, D., Tschöp, M. H., Horvath, T. L. and Levine, A. S. 'Cannabinoids, opioids and eating behavior: The molecular face of hedonism?', Brain Research Reviews, 51(1) (2006), pp. 85-107.
**52** Brouwer, Amanda M. and Mosack, Katie E. 'Motivating healthy diet behaviors: The self-as-doer identity', Self and Identity, 14(6) (2015), p. 638.
**53** Skorka-Brown, J., Andrade, J., Whalley, B. and May, J. 'Playing Tetris decreases drug and other cravings in real world settings', Addictive Behaviors, 51 (2015), pp. 165-70.
**54** Hung, I. W. and Labroo, A. A. 'From firm muscles to firm willpower: Understanding the role of embodied cognition in self-regulation', Journal of Consumer Research, 37(6) (2011), pp. 1046-64.
**55** きわめて繊細で込み入った物語をごくシンプルに要約したことをお詫びします。
**56** Stein, H., Koontz, A. D., Allen, J. G., Fultz, J., Brethour, J. R., Allen, D., Evans, R. B. and Fonagy, P. 'Adult attachment questionnaires: Disagreement rates, construct and criterion validity', Topeka, Kansas, The Menninger Clinic Research Dept, 2000.
**57** Cohen, S., Janicki-Deverts, D., Turner, R. B. and Doyle, W. J. 'Does hugging provide stress-buffering social support? A study of susceptibility to upper respiratory infection and illness', Psychological Science, 26(2) (2015), pp. 135-47.
**58** Hodgson, K., Barton, L., Darling, M., Antao, V., Kim, F. A. and Monavvari, A. 'Pets' impact on your patients' health: Leveraging benefits and mitigating risk', The Journal of the American Board of Family Medicine, 28(4) (2015), pp. 526-34.
**59** Parrott, W. G. and Smith, R. H. 'Distinguishing the experiences of envy and jealousy',

Journal of Personality and Social Psychology, 64(6) (1993), p. 906.

**60** Dunbar, R. How Many Friends Does One Person Need? Dunbar's Number and Other Evolutionary Quirks, Faber & Faber, 2010.

**61** Grusec, J. E. 'Social learning theory and developmental psychology: The legacies of Robert R. Sears and Albert Bandura', in R. D. Parke, P. A. Ornstein, J. J. Rieser and C. Zahn-Waxler (eds), A Century of Developmental Psychology, American Psychological Association, 1994, pp. 473-97.

**62** McGill, J. M., Burke, L. K. and Adler-Baeder, F. 'The dyadic influences of mindfulness on relationship functioning', Journal of Social and Personal Relationships, 37(12) (2020), pp. 2941-51.

**63** Cunnington, D., Junge, M. F. and Fernando, A. T. 'Insomnia: Prevalence, consequences and effective treatment', The Medical Journal of Australia, 199(8) (2013), S36-40. doi: 10.5694/mja13.10718.

**64** Hirshkowitz, M., Whiton, K., Albert, S. M., Alessi, C., Bruni., DonCarlos, L., Hazen, N., Herman, J., Katz, E. S., Kheirandish-Gozal, L. and Neubauer, D. N. 'National Sleep Foundation's sleep time duration recommendations: Methodology and results summary', Sleep Health, 1(1) (2015), pp. 40-43.

**65** Herzog-Krzywoszanska, R. and Krzywoszanski, L. 'Bedtime procrastination, sleep-related behaviors, and demographic factors in an online survey on a Polish sample', Frontiers in Neuroscience (2019), p. 963.

**66** Sturm, R. and Cohen, D. A. 'Free time and physical activity among Americans 15 years or older: Cross-sectional analysis of the American Time Use Survey', Preventing Chronic Disease (2019), p. 16.

**67** Schulte, B. Overwhelmed: How to Work, Love, and Play When No One Has the Time, Macmillan, 2015.

**68** Sjöström, S. 'Labelling theory', in Routledge International Handbook of Critical Mental Health, Routledge, 2017, pp. 15-23.

**69** Aron, E. N. The Highly Sensitive Person: How to Thrive When the World Overwhelms You, New York, Harmony Books, 1997.

**70** Lionetti, F., Aron, A., Aron, E. N., Burns, G. L., Jagiellowicz, J. and Pluess, M. 'Dandelions, tulips and orchids: Evidence for the existence of low-sensitive, medium-sensitive and high-sensitive individuals', Translational Psychiatry, 8(1) (2018), pp. 1-11.

**71** Domhoff , G. W. 'The content of dreams: Methodologic and theoretical implications', Principles and Practices of Sleep Medicine, 4 (2005), pp. 522-34.

**72** Cartwright, R. D. The Twenty-four Hour Mind: The Role of Sleep and Dreaming in Our Emotional Lives, Oxford University Press, 2010.

**73** https://sleepeducation.org/sleep-caffeine/.

**74** Schmidt, R. E., Courvoisier, D. S., Cullati, S., Kraehenmann, R. and Linden, M. V. D. 'Too

imperfect to fall asleep: Perfectionism, pre-sleep counterfactual processing, and insomnia', Frontiers in Psychology, 9 (2018), p. 1288.

**75** Akram, U., Ellis, J. G. and Barclay, N. L. 'Anxiety mediates the relationship between perfectionism and insomnia symptoms: A longitudinal study', PloS one, 10(10) (2015), p. e0138865.

**76** Erikson, E. H. Insight and Responsibility, Norton, Levinson, D. J. The Seasons of a Man's Life, Knopf, 1994.

**77** Kim, A. M., Tingen, C. M. and Woodruff, T. K. 'Sex bias in trials and treatment must end', Nature, 465(7299) (2010), pp. 688-89.

**78** Beery, A. K. and Zucker, I. 'Sex bias in neuroscience and biomedical research', Neuroscience & Biobehavioral Reviews, 35(3) (2011), pp. 565-72.

**79** Doherty, M. A. 'Sexual bias in personality theory', The Counseling Psychologist, 4(1) (1973), pp. 67-75.

**80** Jackson, M. Broken Dreams: An Intimate History of the Midlife Crisis, Reaktion Books, 2021.

**81** Neugarten, B. L. 'Time, age, and the life cycle', The American Journal of Psychiatry, 136 (1979), pp. 887-94.

**82** Rook, K. S., Catalano, R. and Dooley, D. 'The timing of major life events: Effects of departing from the social clock', American Journal of Community Psychology, 17(2) (1989), pp. 233-58.

**83** Shale, S. 'Moral injury and the COVID-19 pandemic: Reframing what it is, who it affects and how care leaders can manage it', BMJ Leader, 4(4) (2020) pp. 224-27.

**84** Panchal, S. and Jackson, E. '"Turning 30" transitions: Generation Y hits quarter-life', The Coaching Psychologist, 3(2) (2007), pp. 46-51.

**85** O'Riordan, S., Palmer, S. and Panchal, S. 'The bigger picture: Building upon the "Developmental Coaching: Transitions Continuum"', European Journal of Applied Positive Psychology, 1(6) (2017), pp. 1-4.

**86** Wels, H., Van der Waal, K., Spiegel, A. and Kamsteeg, F. 'Victor Turner and liminality: An introduction', Anthropology Southern Africa, 34(1-2) (2011), pp. 1-4.

**87** Oeppen, J. and Vaupel, J. W. 'Broken limits to life expectancy', Science, 296(5570) (2002), pp. 1029-31.

**88** Rubinstein, H. R. and Foster, J. L. '"I don't know whether it is to do with age or to do with hormones and whether it is do with a stage in your life": Making sense of menopause and the body', Journal of Health Psychology, 18(2) (2013), pp. 292-307.

**89** Hvas, L. 'Menopausal women's positive experience of growing older', Maturitas, 54(3) (2006), pp. 245-51.

**90** Hayes, S. C., Strosahl, K. D. and Wilson, K. G. (2011). Acceptance and Commitment Therapy: The Process and Practice of Mindful Change (2nd edn), Guilford Press, 2006.

**91** Lee, J. and Smith, J. P. 'Work, retirement, and depression', Journal of Population Ageing, 2(1) (2009), pp. 57-71.

**92** James, J. B., Besen, E., Matz-Costa, C. and Pitt-Catsouphes, M. 'Engaged as we age: The end of retirement as we know it', The Sloan Center on Aging and Work, Issue Brief, 24 (2010), pp. 1-20.

**93** Chernev, A., Böckenholt, U. and Goodman, J. 'Choice overload: A conceptual review and meta analysis', Journal of Consumer Psychology, 25(2) (2015), pp. 333-58.

**94** Burnett, B. and Evans, D. Designing Your Life: Build a Life that Works For You, Random House, 2016.

**95** Chepesiuk R. 'Missing the dark: Health effects of light pollution', Environmental Health Perspectives, 117(1) (2009), A20-A27. https://doi.org/10.1289/ehp.117-a20.

**96** Anglin, R. E., Samaan, Z., Walter, S. D. and McDonald, S. D. 'Vitamin D deficiency and depression in adults: Systematic review and meta-analysis', The British Journal of Psychiatry, 202(2) (2013), pp. 100-7.

**97** Callard, F. 'Hubbub: Troubling rest through experimental entanglements', The Lancet, 384(9957) (2014), p. 1839.

**98** Dalton-Smith, S. Sacred Rest: Recover Your Life, Renew Your Energy, Restore Your Sanity, FaithWords, 2017.

**99** Piliavin, J. A. and Siegl, E. 'Health benefits of volunteering in the Wisconsin longitudinal study', Journal of Health and Social Behavior, 48(4) (2007), pp. 450-64.

**100** Global Wellness Institute (no date). Wellness Industry Statistics & Facts. 以下で参照可能：https://globalwellnessinstitute.org/press-room/statistics-and-facts/#:~:text=The%20healthy%20eating%2C%20nutrition%2C%20%26,during%20the%20COVID%2D19%20pandemic (Accessed: 29 May 2022).

**101** Longo, V. D. and Anderson, R. M. 'Nutrition, longevity and disease: From molecular mechanisms to interventions', Cell, 185(9) (2022), pp. 1455-70.

**102** Miller, J. C. and Krizan, Z. 'Walking facilitates positive affect (even when expecting the opposite)', Emotion, 16(5) (2016), p. 775.

**103** Boothby, E. J., Cooney, G., Sandstrom, G. M. and Clark, M. S. 'The liking gap in conversations: Do people like us more than we think?' Psychological Science, 29(11) (2018), pp. 1742-56.

**104** Aganov, S., Nayshtetik, E., Nagibin, V. and Lebed, Y. 'Pure purr virtual reality technology: Measuring heart rate variability and anxiety levels in healthy volunteers affected by moderate stress', Archives of Medical Science, 18(2) (2022), p. 336.

**105** 'Emotion regulation, procrastination, and watching cat videos online: Who watches Internet cats, why, and to what effect?' Computers in Human Behavior, 52 (2015), pp. 168-76.

**106** Lee, M. S., Lee, J., Park, B. J. and Miyazaki, Y. 'Interaction with indoor plants may reduce psychological and physiological stress by suppressing autonomic nervous system activity in

young adults: A randomized crossover study', Journal of Physiological Anthropology, 34(1) (2015), pp. 1-6.

**107** Wood, A. M., Froh, J. J. and Geraghty, A. W. 'Gratitude and well-being: A review and theoretical integration', Clinical Psychology Review, 30(7) (2010), pp. 890-905.

**108** Hoge, E. A., Chen, M. M., Orr, E., Metcalf, C. A., Fischer, L. E., Pollack, M. H., DeVivo, I. and Simon, N. M. 'Loving-kindness meditation practice associated with longer telomeres in women', Brain, Behavior, and Immunity, 32 (2013), pp. 159-63.

[著者紹介]

**メグ・アロール**（Meg Arroll）

健康心理学を専門とする認定学術心理士・心理学者。英国心理学会準研究員、米国心理学会会員、サリー大学にて博士号取得。英国心理学会のアセスメント担当者であり、個人開業の心理学者でもある。元イースト・ロンドン大学講師およびフェロー、BPP大学上級講師。国際コーチング心理学学会会員。共著に『The Shrinkology Solution: Discover Your Eating Type, Lose Weight and Keep it off - For Life』がある。

[訳者紹介]

**野中香方子**（のなか・きょうこ）

翻訳家。お茶の水女子大学卒業。訳書に『一番大切なのに誰も教えてくれない　メンタルマネジメント大全』『脳を鍛えるには運動しかない!』『心の傷は遺伝する』『シリコンバレー式 よい休息』『Humankind 希望の歴史』他多数。

TINY TRAUMAS: When You Don't Know What's Wrong,
But Nothing Feels Quite Right
by Dr. Meg Arroll

Published by arrangement with Dr. Meg Arroll Ltd.
c/o Dorie Simmonds Agency Ltd., London
through Tuttle-Mori Agency, Inc., Tokyo

**なぜか「なんとなく生きづらい」の正体**

2024年10月20日　初版印刷
2024年10月30日　初版発行

著　者　メグ・アロール
訳　者　野中香方子
装　幀　krran
発行者　小野寺優
発行所　株式会社河出書房新社
〒162-8544　東京都新宿区東五軒町2-13
電話03-3404-1201（営業）　03-3404-8611（編集）
https://www.kawade.co.jp/
組　版　株式会社キャップス
印刷・製本　三松堂株式会社

Printed in Japan　ISBN978-4-309-30040-5